劳动经济学

Labor Economics

7th Edition

第七版

袁伦渠 主编

王守志 林玳玳 刘盾 副主编

“十二五”普通高等教育本科国家级规划教材

21世纪高等院校经济学系列教材

国家重点学科

北京市精品课程教材

北京高等教育精品教材

东北财经大学出版社 大连

Dongbei University of Finance & Economics Press

图书在版编目（CIP）数据

劳动经济学 / 袁伦渠主编．—7版．—大连：东北财经大学出版社，2023.10（2025.8重印）
（21世纪高等院校经济学系列教材）
ISBN 978-7-5654-4980-2

Ⅰ.劳…　Ⅱ.袁…　Ⅲ.劳动经济学-高等学校-教材　Ⅳ.F240

中国国家版本馆CIP数据核字（2023）第197296号

东北财经大学出版社出版
（大连市黑石礁尖山街217号　邮政编码　116025）
网　址：http://www.dufep.cn
读者信箱：dufep@dufe.edu.cn
大连天骄彩色印刷有限公司印刷　东北财经大学出版社发行

幅面尺寸：185mm×260mm　字数：361千字　印张：17.25
2023年10月第7版　2025年8月第2次印刷

责任编辑：蔡　丽　责任校对：惠恩乐
封面设计：原　皓　版式设计：原　皓

定价：58.00元

教学支持　售后服务　联系电话：（0411）84710309

如有印装质量问题，请联系营销部：（0411）84710711

总序

编写一套适合全国高等院校财经类专业教学需要、反映当前理论研究成果的经济学类课程教材，是一项意义深远、任务艰巨的工程。

为适应高等院校经济学类专业教学需要，我们与长期从事经济学课程教学的同仁组成“21世纪高等院校经济学系列教材”编审委员会，经过反复讨论和研究以及多次修改与完善，陆续完成了系列教材的编写，并交付出版社出版。这套教材的编者分别来自北京大学、清华大学、中国人民大学、北京交通大学、复旦大学、南开大学、华中科技大学、上海财经大学等高校。

在编写过程中，我们强调了五点要求：第一，要按照教育部规定的经济学类核心课程教学基本要求编写教材；第二，要注意吸收经济学领域已公认的最新研究成果；第三，要将经济理论与我国社会主义市场经济建设的实践紧密结合，努力解释和解决现实问题；第四，理论讲解要深入浅出，避免晦涩冗长和平淡无味；第五，篇章结构要科学合理，内容形式生动活泼。

这套经济学教材考虑了不同层次读者的情况，读者可根据需要学习其中的内容。其既适合全国高等院校财经类专业教学使用，也适合各类管理人员及其他读者学习或研究使用。

我们希望这套教材能够给使用者带来方便，并成为广大读者的良师益友。书中难免有不妥及疏漏之处，欢迎读者批评指正和提出宝贵意见。

胡代光

北京大学

高鸿业

中国人民大学

第七版前言

劳动经济学是经济学的一个重要分支，是一门应用性很强的学科，它主要研究劳动力市场的运行规律、劳动力资源的充分开发与优化配置、就业与收入分配以及有关的公共政策等。在高度集中的计划经济体制下，在相当长的时期内，我国劳动经济学的理论和研究方法相当落后，甚至处于停滞不前的状态。许多研究，包括我们自己撰写的一些图书在内，仅仅是对现时政策和管理方式的解释，只重视宏观分析，不重视微观分析；只重视定性分析，忽视定量分析，更没有具备劳动经济学应有的理论逻辑和对劳动经济行为、劳动经济态势的预测。这种僵化的劳动经济学自然已不能适应时代发展的需要了。

党的十一届三中全会以来，随着改革开放的深入和社会主义市场经济体制的逐步建立，我国出现了多种多样的经济成分；与此相适应，在我国劳动经济的诸多领域，出现了许多新情况、新问题，如劳动力市场开始出现并逐步发育成熟，充分就业、收入分配与劳动关系等方面也发生了根本的变化。在这种情况下，就更迫切需要对传统的计划经济条件下的劳动经济学进行脱胎换骨的改造，编写出与社会主义市场经济体制相适应的劳动经济学教材。

在本教材的编写过程中，我们结合几十年以来的教学与科研积累，研读了有代表性的现代劳动经济学图书，学习和吸收了改革开放以来我国劳动经济学领域学者的最新研究成果，总结了我国劳动经济领域改革的理论和实践经验，本着科学、创新、务实的态度，力图写出一部符合新时代要求的劳动经济学教材。

在编写本教材的第一版之时，劳动经济学在我国还是一门比较年轻的学科，它的发展又长期受到计划经济体制的局限，因此将现代劳动经济学理论与中国的实际相结合，编写具有中国特色的劳动经济学教材，尚有一定的难度。例如，在借鉴西方劳动经济学理论和方法时，如何将其与我国劳动经济问题紧密结合，做到水乳交融，避免照抄照搬和“食洋不化”。又如，我国当时处于由计划经济体制向市场经济体制转轨的时期，劳动力市场的发育尚不完善，如何在不规则的市场运作中发现劳动力市场运行的基本规律？虽然在本教材的编写过程中，我们尽力克服这些困难，但做得还不够，建立起有中国特色的劳动经济学体系，仍然任重而道远。我们希望本教材的出版有助于进一步推动对我国劳动经济学理论的研究，并为普通高等学校的学生和感兴趣的其他读者提供一本较好的教材，为劳动经济学学科建设作出自己应有的贡献。

本教材的编写以社会主义市场经济体制为背景，将现代劳动经济学的一般原理与我国市场经济的具体实践相结合，从微观分析、宏观分析和制度分析的不同层面和视角，综合反映劳动力市场的基本特征与运行机制。全书共分11章。第1章为导论，概述劳动经济学的研究对象和方法，使读者对全书的轮廓有一个初步的了解。第2至第7章属于劳动经济学的微观分析，是现代主流劳动经济学的基础与核心。其中，第2至第4章依次阐述了劳动力供给、劳动力需求以及由二者决定的劳动力市场均衡的基础理论，第5章介绍的人力资本理论是对劳动力供给理论的深化，第6和第7章则探讨了不同劳动力市场条件下的工资决定问题。第8和第9章属于劳动经济学的宏观分析，主要讨论就业、失业与宏观经济变动的关系。第10和第11章属于劳动经济学的制度分析，分别讨论了政府对劳动力市场的宏观调控，以及劳动关系及其调整、中国劳动关系的现状和发展趋势等。此外，本教材在部分章后设置了“学思践悟”的课程思政内容，在每章结束后编写了“本章小结”“关键术语”，对本章内容进行了概括，并设置了“基本训练”，供读者参考学习。

本教材第一版由袁伦渠担任主编，王守志、林玳玳担任副主编，为本教材提供第一版书稿的人员（以姓氏笔画为序）包括王守志、张同全、赵祥宇、赵忠义、崔沪、彭兆祺、葛海良。在主编的主持下，编者们多次讨论修改，列出了编写大纲，然后分工写出全书书稿，由主编、副主编进行了修改，最后由主编统稿、定稿。

2007年，应广大读者要求本教材出版了第二版，基本上保留了原教材的内容体系和知识结构，仅对部分章节进行了调整。例如，将第2章和第3章合并，以使逻辑结构更严谨一些；按照科学发展观的要求和理论政策的新进展，增删了部分内容，如对第1章“导论”部分进行了补充，对个别重复部分进行了删减，使之更贴近中国的实际；对个别图表、公式进行了更正。参加第二版修订工作的除主编、副主编以外，还有张影强、刘盾，最后由本教材的主编总纂定稿。

2010年，本教材出版了第三版，更正了教材中的公式、数据、图表等个别错漏之处，更新了部分数据和图表，增加了一些参考文献。本教材的主编、副主编和博士研究生耿元参加了第三版修订工作，最后由主编定稿。

2014年，本教材出版了第四版，对陈旧数据进行了更新，并对图表重新进行了绘制，删除了个别段落。此外，在一些涉及官方统计口径的地方，用“城镇”替代了第三版书中的“城市”，用“乡村”替代了第三版书中的“县”，因为2010年人口普查资料是分别按城、镇、乡分类进行统计的。第四版修订工作是由本教材的主编、副主编和研究生郭义共同完成的，最后由主编定稿。

2017年，本教材出版了第五版，对教材中的1.3部分“劳动经济学的形成与发展”进行了重新编写，对劳动年龄上限的内容进行了补充；对书中陈旧的数据进行了更新，重新绘制了图表，删除了个别段落，删除已废止的法规等，同时修正了部分文字错误。第五版修订工作是由本教材的主编、副主编和博士耿元共同完成的，最后由主编定稿。

2021年，本教材出版了第六版。除了优化一些段落及文字表述之外，本教材的编者根据党的十八大、十九大以来有关就业、劳动关系、收入分配的新思想以及国际、国内劳动力市场的新形势，在第6、8、9、10和11章增设了“思政园地”“拓展阅读”栏目，涉及收入分配制度改革、技术性失业、就业优先战略、体面劳动和网约工作平台等方面，这两个栏目是以二维码的互联网阅读方式与读者见面的；在第2、4和10章的“基本训练”中增加了“案例分析题”。“思政园地”“拓展阅读”栏目和案例分析题赋予了本教材更多的现实关切与时代内涵。同时，“思政园地”使本教材具备了“课程思政”的特色，体现出将“立德树人”作为教育的根本任务的教育理念。此外，第六版更新了部分内容，如1.3.1部分、1.3.2部分、4.6.3部分、11.1.2部分、11.2部分，表2-5、表5-1、表5-2、表6-1，以及新的法律、法规等；删除了部分内容，如第五版的3.6.3部分、表5-3等；优化了部分章的标题级次，如2.1部分、5.3部分、6.2部分、8.1部分、8.2部分等。第六版修订工作是由本教材的主编、副主编以及中国劳动关系学院的刘盾共同完成的，北京物资学院的林原也有所贡献，最后全书由主编定稿。

2023年，本教材出版了第七版。本教材第七版的主要特色是注重思政引领，融入党的二十大精神。党的二十大报告指出：“用社会主义核心价值观铸魂育人，完善思想政治工作体系，推进大中小学思想政治教育一体化建设。坚持依法治国和以德治国相结合，把社会主义核心价值观融入法治建设、融入社会发展、融入日常生活。”本书在部分章通过课堂思政栏目的形式，结合党的二十大报告内容，引导学生深入社会实践，关注现实问题，使他们在加强对专业知识的内化吸收与灵活应用的同时，开阔经世济民的眼界与胸怀，坚定中国特色社会主义道路自信、理论自信、制度自信、文化自信，努力践行习近平新时代中国特色社会主义思想，达到价值塑造、知识传授、能力培养三位一体的立德树人之效。

本教材第七版更正了部分错漏之处，对多处涉及统计数据的内容作了数据更新，特别是增加了多篇“学思践悟”（由第六版的“思政园地”更名而来）、“拓展阅读”资料，内容涉及中国古代的劳动经济思想、就业优先战略、以人力资本红利促进经济高质量发展，以及面向人口老龄化的就业促进政策等，从而进一步突出教材的时效性与思政引领作用。第七版修订工作主要由副主编之一、中国劳动关系学院的刘盾完成，最后由主编审校定稿。

本教材的编写得到了我国著名劳动经济学家、中国人民大学博士生导师赵履宽教授的关心、鼓励和支持，他对本教材的指导思想和篇章结构都提出了具体意见和要求；中国人民大学博士生导师曾湘泉教授和当时任教于中国劳动关系学院的常凯教授也对本教材提出了修改意见；时任北方交通大学（2003年改名为北京交通大学）经济管理学院院长的博士生导师王稼琼教授（现任北京交通大学校长）也对本教材给予了大力支持，提供了宽松的写作条件。可以说，本教材的问世凝聚了上述学者和专家大量的心血，在此谨向他们表示最衷心的感谢！

本教材2002年由东北财经大学出版社出版以来，不仅广受读者好评，还多次获得荣誉：北京高等教育精品教材（2005年）、北京市精品课程教材（2007年）、

“十二五”普通高等教育本科国家级规划教材（2014年）。这些成果的获得是主编、副主编和彭兆祺、石美遐、史振磊、罗江、刘盾等教学一线教师悉心投入的结晶。同时，感谢东北财经大学出版社编辑的支持、鼓励，以及广大读者的厚爱。

如何运用马列主义、毛泽东思想、邓小平理论、“三个代表”重要思想、科学发展观和习近平新时代中国特色社会主义思想，联系中国的实际，编写具有中国特色的《劳动经济学》教材，还需要长期艰苦的努力。由于本教材编者的理论水平有限，对我国劳动经济学研究领域中的许多问题尚未做到深入细致的研究，难免有不足之处，恳请读者批评指正。

袁伦渠

2023年7月

于北京交通大学

目　录

第1章 导 论

学习目标

通过本章的学习，你应该能够：

1. 了解劳动经济学的形成与发展的一般过程。
2. 懂得实证研究方法与规范研究方法的区别。
3. 掌握劳动力资源的稀缺性特征、劳动经济学的研究对象。

1.1 现代劳动经济学的研究对象

劳动经济学是研究市场经济制度中的劳动力市场现象及劳动力市场运行规律的科学。

1.1.1 劳动力资源的稀缺性

人们生活的一个基本事实是通过消费各种消费资料以满足自身的需要。从经济学的观点看，构成消费对象的消费资料不仅是有形的物质资料（如衣物、食品、住所等），而且包括无形的非物质资料（如服务、安全、闲暇等）。只有消费这些资料，人们的需要才能得到满足。但生产或形成赖以消费的资料均需劳动，均需消费各种资源（如资本资源、自然资源、劳动力资源等），而社会没有足以满足人们全部需要的资源。资源的有限性被称为资源的稀缺性，或者更准确地说，相对于社会的无限需要而言，客观上存在制约满足人类需要的力量，此种力量被定义为资源的稀缺性。

例如，在现代社会，人们为了获得更多的劳动收入，从而获得更多的经济物品，对劳动时间的需要是无限的；为了获得更多的享受和发展，对闲暇的需要也是无限的，但是能够用于生产消费和闲暇消费的时间资源对消费主体而言总是有限的。劳动力资源的稀缺性始终是制约社会与个人需要得到充分满足的基本因素。

劳动力资源与其他资源相比较，虽有其自身的若干特点，但在稀缺性方面与其他资源具有共同的属性。劳动力资源的稀缺性具有如下属性：

其一，劳动力资源的稀缺性是相对于社会和个人的无限需要和愿望而言的，是相对的稀缺性。在一定时期内，社会可支配的劳动力资源，无论其绝对量有多大，都是一个既定的量。任何一个既定的量与无限性相比都是不足的，即具有稀缺性。

其二，劳动力资源的稀缺性又具有绝对的属性。社会和个人的需要和愿望不断增长、变化，已有的需要得到满足，又会产生新的需要。因此，劳动力资源的稀缺性存在于社会历史发展的各个阶段，从而使其具有普遍和绝对的属性。

其三，在市场经济中，劳动力资源稀缺性的本质表现是消费劳动力资源的支付能力、支付手段的稀缺性。消费资料的形成是劳动的结果，是消费各种资源的产物。若消费各种资源的支付能力、支付手段是无限的，那么消费资料是无限的。然而，消费各种资源以生产或形成经济物品的支付能力、支付手段是有限的，这也正是资源（包括劳动力资源）闲置的根本原因之一。

劳动力资源稀缺性的第三个属性具有极为重要的理论意义与实践意义。无论是社会还是个人，在追求满足其自身需要和愿望的过程中，表面上是受到资源稀缺的约束，本质上都受到支付能力、支付手段的约束。如前所述，闲暇可使个人得到享受和获得发展，可以满足人们的多种需要和愿望。但是，闲暇消费仍然需要支付能力，用以保证闲暇消费得以进行的条件。再如，无论是我国还是其他国家，失业和就业不充分都是社会上很普遍的现象，是劳动力资源闲置的典型表现。劳动力资源是稀缺的，怎么还会闲置呢？根本原因在于资源稀缺的本质——支付能力有限。若支付能力无限充分，就不会存在荒芜的土地、浩瀚的沙漠……生产多少经济物品都可以得到支付，也就不会存在资源的闲置。

劳动力资源的稀缺性以及劳动力资源在社会生产中的能动作用，导致任何经济行为、任何经济决策都有成本。社会和个人追求某一目标，就意味着对另一目标的放弃。这里的成本概念不是指实际成本，而是指机会成本。机会成本是指将稀缺的资源用以满足此种需要和愿望而放弃的对彼种需要和愿望的满足。例如，某人从事商店店员职业，一日可得200元工资；从事建筑工人职业，一日可得300元工资。然而，他只能就职于一处，选择建筑工人职业，就需放弃商店店员职业，那么放弃商店店员职业的200元工资，就是获得建筑工人职业300元工资的机会成本。

现代劳动经济学产生于劳动力资源的稀缺性与成本的存在，其研究对象正是这种客观存在所决定的。

1.1.2 效用最大化与选择

在现代市场经济中，市场运作的主体是企业和个人。市场主体的经济行为都有自己的目标，并以理性的方式追求这一目标。个人追求的目标是效用最大化，即在个人可支配资源的约束条件下，使个人需要和愿望得到最大程度的满足。企业追求的目标是利润最大化。这里不对“利润”作纯经济学的分析，而仅把利润定义为企业生产经营的总收入与总费用的差额部分。利润最大化的含义就是：如果上述的差额是正值，则越大越好；如果是负值，则越小越好。利润最大化不过是效用最大化的变形，它突出了效用的货币收益方面，而忽略了非货币收益方面。

效用最大化的观点通常作为经济分析的基本假设。它并不是说任一市场主体的每一种经济选择和经济决策行为都达到了效用最大化的目标，而是说主体的行为可以用效用最大化的观点加以分析和预测。

设想这样一种情况：假设其他条件均相同或具有可比性，某个人既可以从事每小时获得50元的工作，也可以从事每小时获得200元的工作，那么依据效用最大化的观点解释人的行为，将会得出人会选择后一种工作的结论。这一结论并不排斥某人可能去选择前者。效用最大化的观点只是强调选择后者是经济行为主体的一般选择和趋势。又如，当企业面临工资上涨而资本价格不变，且资本替代劳动不存在任何障碍的情况时，依据效用最大化的观点解释企业此时的行为，将会得出企业将用资本替代劳动的结论。

企业和个人千差万别，各自的目标存在差异，但只要目标确定下来，效用最大化的观点对人们的经济行为就能提供有说服力的分析和预测。

社会和个人需要的满足程度受到资源稀缺性的约束，追求效用最大化，人们就要对如何利用资源进行选择。所谓选择，就是指主体对如何利用资源去生产物品和消费闲暇进行决策，从而最大限度地满足主体自身的需要和愿望。个人及其家庭在劳动时间及闲暇的分配方面进行选择，对教育与培训的种类和水平进行选择，对工资水平进行选择，对职业进行选择；企业对生产方法进行选择，对使用劳动力的数量和结构进行选择，对多用工时或多用劳动力进行选择，对劳动费用进行选择；政府对就业水平进行选择，对利率、税率进行选择，对经济增长率进行选择，等等。如何利用资源，表现为对资源的配置。通过人们无数次的各种各样的选择，可用于生产经济物品的劳动力资源被按一定的工资分配到不同的职业、企业、部门和地区，从而在劳动方面最终回答一个经济社会必须解决的问题：生产什么、如何生产、为谁生产。

劳动经济学的研究对象说到底是由劳动力资源的稀缺性引起的选择问题，即劳动力资源的配置问题。因此，现代劳动经济学可以初步定义为研究稀缺的劳动力资源配置的科学。

1.1.3 劳动力市场

在现代社会，劳动力资源与其他资源的配置一样，都是通过市场实现的。这里，我们不准备对劳动力市场的概念在文字层面的表述进行周密详尽的考察，那也许是哲学家的事情；我们只是把劳动力市场理解为通过劳动力供给与劳动力需求的运动，实现劳动力资源配置的机制和形式。

劳动力市场是要素市场的重要组成部分。图1-1表示的是劳动力市场的基本功能，其根据经济学的基本理论，描述一个最简单的经济系统的收入循环流程。

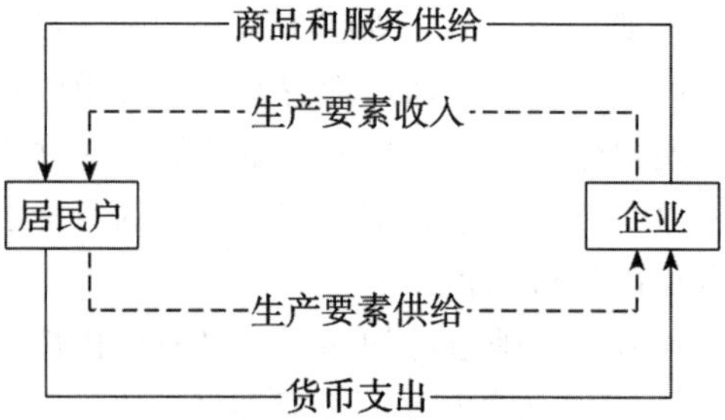

图1-1　经济系统的收入循环流程

在图1-1中，经济系统由居民户（家庭户）和企业组成。虚线连接的循环是要素市场，实线连接的循环是商品和服务市场。在要素市场，居民户是生产要素的供给者，企业是生产要素的需求者，由于使用生产要素而向居民户支付要素报酬（如工资）。在商品和服务市场中，居民户是商品和服务的需求者，企业则是供给者，居民户向企业支付货币来交换商品和服务。在商品和服务市场与要素市场上，供需主体双方互相换位；在同一市场，则是供给与需求的相互对立和适应。供给与需求的选择反映了按照一定的价格进行商品和服务的交换。

在劳动力市场上，居民户是劳动力的供给方，企业是劳动力的需求方，通过双方的无数次选择，按照一定的工资率（从供给角度看是要素服务的收入，从需求角度看是要素使用的成本）将劳动力配置于某种产品和服务的生产岗位上。劳动力市场上劳动力供求的运动，同时决定一个经济社会的就业规模和工资量。从生产要素投入的视角观察，劳动力的供求运动调节劳动力资源的配置；从收入的视角观察，劳动力的供求运动决定工资。就业量与工资的决定是劳动力市场的基本功能。

从上述分析可见，劳动力市场的功能与其他市场是相似的，即通过商品的供求决定价格机制的实现、调节资源的配置；解决生产什么、如何生产和为谁生产这一经济社会的基本课题。如产品市场，哪一种产品的价格高，就生产哪一种；用什么方法生产成本低，就用什么方法；谁在产品生产中作出的贡献大，谁得到的产品（收入）就多。

劳动力市场如果完全依此运行，现代劳动经济学就将不存在。不可否认，劳动力市场具有与其他市场相类似的功能。不过，劳动力市场配置的劳动力资源、所交换的商品——劳动力与其他市场配置的资源、所交换的商品相比，具有显著不同的特殊性，这种特殊性所导致的劳动力市场与其他市场的重大区别是现代劳动经济学产生的基础。

劳动力具有如下特点：

1.1.3.1 劳动力与劳动力所有者不可分割

劳动力与劳动力所有者绝不是同一个概念。劳动力，即人的劳动能力，是活的人体中的一种功能，是每当人生产某种使用价值时所运用的体力和智力的总和。劳动力不能独立存在。作为劳动力市场交换客体的劳动力，只是指劳动力的使用权，故劳动力的交换只是劳动力使用权的让渡。劳动力只能寄寓在人身上，所以在劳动力的使用权让渡出去之后，劳动力的所有者依然对劳动力使用的所有方面有全面的关注，如工作条件、环境、安全、职业发展前景等。劳动力的使用状况反过来对劳动者产生全面的影响。

1.1.3.2 劳动力的形成与再生产是社会劳动的结果

劳动力具有生理性的特征，这一特征具体表现在：

① 劳动力的形成是以消费社会劳动为条件的。

② 劳动力形成周期较长，在现代社会普遍认为至少需要16年。

③ 劳动力不能贮存。劳动力会随着生命的新陈代谢而逐渐衰弱，直到永远地失去。

④ 劳动力不间断地作为商品被交换，其承担者的生命必须得到维持，必须保证每天最起码的维持生命的收入或物质生活条件。

⑤ 劳动力具有生命周期和生理间歇周期。劳动力是有生命的物质实体，因职业不同，其生命周期也不同（如体操运动员的职业生命周期较短，而商店店员的职业生命周期较长），总体观察在40~50年。在一个自然时间单位内，如一昼夜，必须保证劳动力有一定的休息时间。

1.1.3.3 劳动力在劳动过程中具有能动作用

任何生产都是与人的劳动息息相关的，离开了人的劳动，无法形成生产力，也就无法形成生产过程。其他资源开发利用的程度，也都受到劳动力资源开发、利用程度的制约。而一切经济活动的最终目标是劳动者和整个社会福利水平的提高。

由于劳动力具有上述特征，劳动力市场与其他市场相比具有重大区别。其区别主要表现在下述方面：

首先，劳动者及其家庭个体的动机和行为对劳动力市场的运行有重大影响。劳动力的种种社会和生理特征、劳动力的无限适应性、劳动力供给者在教育与职业培训之前就关心未来劳动力利用情况的事实等种种复杂情况，使得劳动力市场的运行不仅受到劳动者个人及其家庭个体的偏好、选择和决策的影响，而且受到劳动力的消费领域（即生产领域）劳动力利用状况对劳动力流通领域的双重影响。可以与其他市场比较：某种商品或某种要素市场如资本市场、机器或生产线的供给者，在交换结束之后既不知道也不关心（在经济学原理的领域内）其产品的利用情况；劳动力市场则完全不同。这一事实说明劳动力市场的运行比其他市场具有更为复杂的特征。

其次，劳动力市场的供求运动以及就业和工资决定的机制，受到一定的制度结构的制约。其具体表现为：

（1）工会组织与雇主组织，特别是前者，对劳动力市场的运行有重大影响

劳动力自身的一系列特征决定劳动者在市场的竞争地位相对低，在物质利益规律的作用下必然产生劳动力供给者的组织，即工会组织。工会的出现及对劳动关系的全面作用造成劳动力市场有别于其他市场的种种特点。

（2）社会经济政策及体制安排

任何经济社会都要解决资源稀缺性问题，但解决该问题的体制安排和选择有重大差异：一种是计划经济体制；另一种是市场经济体制。前者排斥市场机制，后者则使市场机制在资源配置方面发挥其基础性作用。在市场经济体制中，政府不仅要促进经济长期、稳定发展，保持社会安定，而且要适当干预市场运行，使之保持某种均衡。为此，政府制定一系列经济政策来实现其目标，其中许多政策及体制安排，如劳动关系法、实体劳动法等，都对劳动力市场产生重大影响。

现代劳动经济学的主要任务就是要认识劳动力市场的种种复杂现象，理解并揭示劳动力供给、劳动力需求，以及工资和就业决定机制对劳动力资源配置的作用原理。总之，现代劳动经济学是研究劳动力市场现象及运行规律的科学。

1.2 现代劳动经济学的研究方法

现代劳动经济学是现代经济学体系的组成部分，必须用科学的方法加以研究，并依照认识客观事物的一般规律，从劳动力市场现象的普遍联系中归纳和概括出劳动力市场的运行原理。现代劳动经济学的研究方法主要有两种，即实证研究方法和规范研究方法。

1.2.1 实证研究方法

1.2.1.1 实证研究方法的含义和特点

实证研究方法来自哲学上的实证主义。在实证主义哲学家中，“实证”一词含有实在、有用、确定、相对等含义。实证主义方法是认识客观现象，向人们提供实在、有用、确定、精确的知识的方法，其重点是研究现象本身“是什么”。经济学与现代劳动经济学所运用的实证研究方法与哲学中的实证主义方法虽有渊源，却是有差异的。实证研究方法试图超越或排斥价值判断，只揭示经济现实内在的构成因素及因素间的普遍联系，归纳和概括现象的本质及运行规律。

实证研究方法具有以下两个特点：

其一，实证研究方法的目的在于认识客观事实，研究现象自身的运动规律及内在逻辑。

其二，实证研究方法对经济现象研究所得出的结论具有客观性，并可根据经验和事实进行检验。

1.2.1.2 实证研究方法的步骤

运用实证研究方法分析研究经济现象，目的在于创立用以说明经济现象的理论。因此，运用实证研究方法研究客观现象的过程，也就是形成经济理论的过程。这一过程可分为如下步骤：

① 确定所要研究的对象，分析构成要素及影响，搜集并对相关的事实资料进行分类。

② 设定假设条件。现代劳动经济学研究经济行为中人在劳动力市场的行为，由研究对象的特征所决定，试图把所有复杂因素都包括进去。显然，这是既不现实又不可能的。因此，必须对某一理论所适用的条件进行设定。虽然所假设的条件有一些是不现实的，但没有这些假设条件，就无法进行科学研究。经济行为中人的行为，特别是人在劳动力市场的选择和决策，不可能带进实验室里，更不能放在显微镜下或装在试管里加以观察。物理学家观察自由落体运动规律时，设定一系列假设条件（如空气阻力如何等），这些假设是不真实的，但没有人怀疑其结论的正确性。运用实证研究方法研究问题，必须正确设定假设条件。

③ 提出理论假说。假说是对现象进行客观研究所得出的暂时性结论，也就是未经过证明的理论。假说是对存在的经济现象的经验性概括和总结，但还不能说明它是否能成为具有普遍意义的理论。

④ 验证。这是指在不同条件下和不同时间用事实检验假说是否正确。检验包括应用假说对现象的运行发展进行预测。经得住事实和时间检验的假说便可以确定为规律，无法判定正确性的假说便被放弃或进行修改。本教材中所阐述的绝大部分理论都是应用这种方法所形成的。

运用实证研究方法研究劳动力市场现象，需要经济学知识和均衡分析、市场非均衡分析、静态分析及动态分析方法，还需要逻辑学、数学、统计学等多方面的知识和分析工具。

1.2.2 规范研究方法

规范研究方法以某种价值判断为基础，说明经济现象及运行应该是什么的问题。规范研究方法研究客观现象的目的在于：提出一定的标准作为经济理论的前提，并以该标准作为制定经济政策的依据，以及研究如何使经济现象的运行符合这些标准。

规范研究方法具有以下几个特点：

第一，规范研究方法以某种价值判断为基础，解决客观经济现象“应该是什么”的问题，即说明所要研究的对象本身是好还是坏，对社会具有积极意义还是消极意义。规范研究方法研究经济现象的出发点和归宿离不开价值判断。这里的价值概念不是仅指经济学中商品的价值，而是指经济现象的社会价值。

迄今为止，人类经济活动是沿着自然经济、商品经济的顺序发展的。商品经济取代自然经济并成为社会经济活动的主导方式，交换成为这种方式最重要的外在特征之一。市场主体之间的经济联系通过交换来实现。因此，规范研究方法的价值判断严格地说是指互惠的交换。互惠是从社会的角度看没有人损失的交换，即交换的结果使社会的福利不因交换而减少。互惠包括以下情况：

① 参与交换的各主体均受益。

② 参与交换的部分主体受益，但无人受损。

③ 参与交换的部分主体受益，部分主体受损，但受益大于受损。如果受损者得到补偿，此种交换即转换成第二种情况。

规范研究方法是从上述的价值判断的角度出发来研究经济现象的，并研究如何实现上述标准。

第二，规范研究方法研究经济现象的目的主要在于为政府制定经济政策服务。实现互惠的交换当然对社会有积极意义，但是由于存在如下障碍，互惠的交换不能实现：

① 信息障碍。由于信息缺陷或信息偏误，市场主体不能进行互惠交换。

② 体制障碍。交换本身是互惠的，但实际存在的某种惯例、政策及体制安排，阻碍互惠交换的实现。

③ 市场缺陷。虽然潜在的交换是互惠的，但由于市场自身的缺陷或者参与交换的主体受观念或习惯的干扰而无法进行交换。

上述互惠交换的障碍仅仅依靠市场自身的力量很难消除，甚至不能消除，需要政府制定一定的社会经济政策及进行体制调整才能推进互惠交换的发展，以增进社会福利。因此，规范研究方法往往成为政府制定社会经济政策的工具。以公共产品的生产为例，某种产品的生产可以增进社会福利，公众可以免费消费，从而使其不具有支付动机，产品的生产者不能从该种产品的生产中得到利益，因此就不生产。这样，政府可以制定一定的税收政策，通过国家的财政系统对公共产品进行购买，免费为社会服务，如公共道路的照明服务、义务教育等。再如，结构性失业是劳动力市场的一个很普遍的现象，对付这类失业的一个有效办法是职业技能开发培训，而这个办法与其他商业经营一样风险很大，商业银行很难负担，政府可以通过积极的劳动力市场政策，用政府贷款或其他形式支持、扶助职业技能开发培训等。

实证研究方法排斥价值判断，规范研究方法却以价值判断为基础，但是两种研究方法并不是完全对立的。劳动经济学毕竟不同于物理学、化学等自然科学，它无法摆脱规范问题，因此也就无法回避价值判断问题。实践表明，规范研究方法脱离不开实证研究方法对经济现象的客观分析；实证研究方法也离不开价值判断的指导。因此，在研究劳动经济学时要把两种方法结合起来运用。

1.3 劳动经济学的形成与发展

劳动经济学是研究市场经济制度中劳动力市场现象及劳动力市场运行规律的科学。作为经济学的重要分支，劳动经济学从萌芽到产生、发展已有两百多年的历史，经历了曲折复杂的过程。

1.3.1 国外劳动经济学的形成与发展

1.3.1.1 古典经济学家将劳动和工资问题看作经济理论的重要内容

劳动经济学是从经济学中分化出来的，是经济学的一个分支，其萌芽和产生与经济学的发展有密切的联系。17世纪中叶至19世纪70年代是古典经济学产生、发展和完成的时期，古典经济学派将劳动和工资问题看作经济理论的重要内容。

早在两百多年前，以英国亚当·斯密（Adam Smith）和大卫·李嘉图（David Ricardo）为代表的古典经济学派就对劳动与工资问题作过深入的论述。斯密提出劳动决定价值的理论，明确提出“劳动是衡量一切商品交换价值的真实尺度”[①]，商品的价值是由劳动创造的，生产商品时花费的社会必要劳动时间是商品价值的尺度。李嘉图更明确提出了劳动时间决定价值量的原理和“工资、利润、地租”三位一体的分配形式，认为“如果体现在商品中的劳动量规定商品的交换价值，那么，劳动量每有增加，就一定会使在其上的施加劳动的商品的价值增加，劳动量每有减少，也一定会使之减少”[②]。

因为劳动是生产过程的基本要素，工资是国民收入的组成部分，每个经济学家都不得不对这个问题进行理论探讨，所以长期以来劳动经济学理论一直是经济学理论的重要组成部分。

1.3.1.2 20世纪20年代制度经济学建立了独立的劳动经济学

劳动经济学作为一门独立的学科产生于20世纪20年代。根据美国劳动经济学家麦克纳特的考证，劳动经济学是由美国制度学派的经济学者首先建立起来的。该派学者认为各种制度（如家庭、企业、同业工会、政府机关等）对经济发展起着重要作用，因此，他们在研究经济问题时特别重视这些制度的结构和内容。

---

① 斯密．国民财富的性质和原因的研究（上册）［M］．郭大力，王亚南，译．北京：商务印书馆，1972：25.

② 李嘉图．政治经济学及赋税原理［M］．郭大力，王亚南，译．北京：商务印书馆，1976：9.

第一次世界大战后，美国经济发展异常迅速，成为经济最发达的国家之一。伴随着经济的发展，工人阶级队伍不断壮大，工会力量日益增强，劳资双方的关系日趋紧张，工会领导下的大罢工给社会经济发展造成了严重的负面影响。当时有些制度学派的经济学者专门从事劳动问题的研究，用制度不完善来解释劳资双方的矛盾，用工会和雇主组织之间的关系来分析美国的劳动问题，并把自己的理论体系称为劳动经济学。在第一批以劳动经济学命名的著作中，最早的一本是1925年出版的美国学者所罗门·布拉姆（Solomen Blum）的《劳动经济学》。同时，美国一些大学（如芝加哥大学、威斯康星大学等）先后在经济学系单独开设了劳动经济学课程，出现了一批专门研究劳动经济学问题的学者。从此，劳动经济学被承认为一门独立的经济学科。

早期的劳动经济学强调制度的作用，主张工会与雇主通过谈判提高工资待遇、改善劳动条件，使这门学科的研究集中于工会运动，范围过于狭窄，理论性不强。

1.3.1.3 20世纪40年代芝加哥学派的“劳动经济学革命”

20世纪二三十年代的资本主义世界经济大危机，给刚刚发展起来的劳动经济学带来了严峻的挑战。失业和贫困的加剧使劳动关系更紧张，资本主义世界陷入困境之中。早期的劳动经济学由于范围狭窄，无法对现实起到有效的指导作用。到20世纪30年代末，劳动经济学几乎陷入了无人问津的境况。

现实引发了经济学家对宏观劳动力市场问题的深入思考。20世纪40年代以后，美国芝加哥学派发动了一场“劳动经济学革命”，重新肯定19世纪新古典经济学的传统，反对凯恩斯主义的政策，认为市场机制可以自发调节经济，使其趋于平衡，不需要政府采取措施进行干预。具体到劳动问题上，他们强调劳动力市场的自发调节作用，因而把劳动力市场的论述增加到劳动经济学中，并成为这门学科的主要内容。此后，劳动经济学的研究内容不断增加，除了原有的工会运动和劳资关系外，还包括劳动力的供给与需求、工资的决定与结构、失业问题、劳动政策等内容。这次革命以后，劳动经济学在美国有了很大的发展，各大学的经济系几乎都开设了劳动经济学课程，研究劳动经济学的学者也大大增加。

1.3.1.4 20世纪60年代以来国外劳动经济学的发展

20世纪60年代以来，劳动经济学在发达国家得到进一步发展。受芝加哥学派“劳动经济学革命”的影响，以新古典经济学为代表的劳动经济学者进一步将劳动经济学与主流经济学即新古典经济学的研究方法相融合，更加注重立足竞争性市场假设、微观价格理论以及计量经济学方法来研究劳动力市场的各个方面，并由此催生了人力资本投资、劳动力市场分割、工会对劳动力市场的影响，以及就业、失业和工作流动等细分研究领域的发展。

1961年，美国劳动经济学家舒尔茨发表了题为《人力资本投资》的演讲，提出普通教育、培训、健康、保健、流动等形成和增加人力资本，并且人力资本投资带来的收益大于成本的理论，于是人力资本成为劳动经济学研究的新内容。随后，以加里·贝克尔（Gary S. Becker）为代表的美国经济学家不仅进一步发展了人力资本投资理论及相关的实证研究，还将微观个体的效用最大化原理扩展至工作时间、婚姻家庭等日常决策领域。20世纪80年代之后，国外劳动经济学界开始使用新古典主义的微观经济学方法，探讨歧视和劳动力流动障碍导致的劳动力市场分割问题、工会与劳动力市场制度对工资和就业的影响，以及“工作搜寻”行为和效率工资原理对就业、失业和工资差距的影响等。2008年全球金融危机之后，随着人们对过去数十年来收入差距扩大和非正规就业比例增加的反思，收入分配和就业质量问题也开始成为劳动经济学界的重要研究议题。

与此同时，随着劳动经济学的研究重心逐步从“劳动问题”转向劳动力市场，研究方法逐步从规范分析转向实证分析，劳动关系（产业关系）这一劳动经济学研究的传统领域逐渐从劳动经济学中分化出来，成为一门相对独立的学科。研究劳动关系的学者，除重视吸取劳动经济学的内容，将劳动经济学作为劳动关系领域的理论基础与分析工具之外，越来越重视与社会学、法学、组织行为学和政治学等不同学科学者的互动和交流，从而使劳动关系成为一个跨学科研究的领域。在澳大利亚和英国，劳动关系成为一个独立的学科。在德国等其他一些欧洲大陆的国家，劳动关系则更多地从属于法学或社会学学科。

1.3.1.5 马克思主义劳动经济学的产生与发展

马克思和恩格斯批判吸收了前人关于劳动经济学论述的合理内核，在《共产党宣言》《英国工人阶级状况》《资本论》《哥达纲领批判》等著作中，对劳动经济问题作了精辟论述，如关于价值、劳动二重性、剩余价值理论、生产价格理论，以及利润、地租、工资理论，劳动与劳动力的科学区分等，这奠定了马克思主义劳动经济学的理论基础。

第二次世界大战后，苏联学者在批判西方劳动经济学的基础上建立了他们称之为马克思主义的劳动经济学，或将其称为社会主义劳动经济学。与西方劳动经济学不同，苏联学者主要研究社会劳动组织、企业劳动组织与按劳分配等，成为计划经济体制下的劳动经济学，形成与西方劳动经济学相对立的局面。

1.3.2 劳动经济学在中国的发展

1.3.2.1 中华人民共和国成立前劳动经济学相关图书的出版

中华人民共和国成立前，我国学者就出版了劳动经济学的相关图书。1929年，商务印书馆出版了著名社会学家陈达的著作《中国劳工问题》。1931年，朱通九在黎明书局出版了《劳动经济》。1934年，陈振鹭在上海大学书店出版了《劳动问题大纲》。这些学者的研究主要针对劳工社会问题，以制度分析为主，与主流劳动经济学有很大区别。在该阶段，劳动经济学主要是作为社会学和经济学专业中的一门课程，没有成为一个独立的学科。

1.3.2.2 计划经济体制下劳动经济学的产生与发展

中华人民共和国成立后，劳动经济学成为一个独立的学科和专业。20世纪50年代初，我国邀请苏联专家来华讲学，全面吸收了苏联劳动经济学理论，翻译出版了柯斯津的《劳动经济学》和梁思尼科夫的《劳动经济》。1981年，生活·读书·新知三联书店出版了苏联伊万诺夫和麦奇科夫斯基合作的《劳动经济学》。这些图书成为当时我国劳动经济学专业学生和劳动干部的参考书，它们与计划经济体制相适应，论证了劳动工资政策的合理性。

改革开放前，我国的劳动经济学理论与实践长期受苏联的影响，脱离中国实际，而且起步不久就受到“左”的错误干扰和“文化大革命”的破坏，再加上高度集中的计划经济体制的影响，在相当长的一段时间里背离了主流劳动经济学的研究范式，其内容与研究方法相当落后，甚至处于停滞不前的状态。我国的劳动经济学理论在研究对象方面偏重劳动关系和劳动政策；研究的主要目的是论证劳动政策的适应性、劳动制度和工资制度的合理性；研究方法偏重规范的方法。

1.3.2.3 我国社会主义市场经济体制下劳动经济学的发展

党的十一届三中全会后，随着改革开放的逐步深入和社会主义市场经济体制的逐步建立，我国经济学界开始引入西方主流劳动经济学的理论与方法，劳动经济学的理论研究有了重大突破，主要体现在以下几个方面：

① 劳动力具有商品性质的理论，即劳动力作为商品是通过劳动力市场与用人单位谈判成交，实现劳动力使用权的让渡，也实现就业。

② 劳动力产权归个人所有的理论，即劳动力的生产费用由个人和家庭负担，劳动是谋生手段；劳动力产权归个人所有，劳动者有权支配自己的劳动力，有选择职业、转换岗位的自由。

③ 企业用工主体与劳动力市场理论，即国家用工主体转换为企业用工主体，企业与劳动者在劳动力市场上实现双向选择。

④ 按劳分配与按生产要素分配理论。

随着1992年中国共产党第十四次全国代表大会召开，社会主义市场经济体制得以确立，劳动力市场得以建立并不断完善。此阶段成为劳动力市场的剧烈变革期，由此带来的一系列问题，如国有企业职工下岗、农村剩余劳动力大量转移、人力资本投资、收入差距扩大、劳动力市场分割等，以及由此衍生的不同侧面，都成为我国劳动经济学界研究的焦点。其中对农村劳动力流动、收入差距的测量与影响因素、人力资本投资收益、隐性失业和就业弹性等问题的研究，几乎已经按照西方劳动经济学的理论与方法展开。

21世纪后，我国劳动力市场进一步开放，高等教育改革、“民工荒”出现、收入差距进一步扩大等问题引发了我国劳动经济学相关研究的进一步拓展。就业方面的热点问题包括就业弹性、大学生就业、女性就业及劳动力参与率、“民工荒”的原因以及与之相关的“刘易斯拐点”“人口红利”问题等。收入差距方面主要关注功能性及规模性收入分配的测算、导致收入差距的市场化及非市场化因素、人力资本收益及市场分割对收入分配的影响等。

1.3.2.4 我国劳动经济学的教学与科研发展

1950年，清华大学、燕京大学、辅仁大学社会学系设立了劳动组。1952年我国高等院校院系调整时，以上3所大学的劳动组合并为劳动专修科，先设在中央财经学院（现中央财经大学），后迁到中国人民大学。1954年，北京劳动干部学校、北京实验工人技术学校建立。北京劳动干部学校在全国首次设立了劳动经济系和劳动保护系。1958年，北京劳动干部学校与北京实验工人技术学校合并，升格为北京劳动学院；1963年，该学院增设物资管理系，校名改为北京经济学院（1995年，北京经济学院和北京财贸学院合并组建成首都经济贸易大学）。1979年，中国人民大学成立了劳动经济研究室，并于1983年成立劳动人事学院。20世纪80年代，西方劳动经济学开始被引入国内高校课堂。1987年，国内一些高校开始使用美国经济学家弗里曼（R. B. Freeman）和霍夫曼（S. D. Hoffman）的教材。自20世纪90年代中期起，国内高校纷纷设立劳动经济学专业。1994年，中国人民大学劳动人事学院设立博士点；2001年，首都经济贸易大学成立劳动经济学博士点。截至2019年，全国开设劳动经济学课程的高校有两百余所，有劳动经济学硕士点的高校和科研机构有35个，有12家单位可以招收劳动经济学方向的博士研究生。

在劳动经济学教育蓬勃发展的同时，劳动经济学的科研机构也纷纷建立起来。1981年后，原国家劳动部开始相继成立一批与劳动科学相关的研究所，包括劳动保护科学研究所、劳动科学研究所、工资研究所、国际劳工问题研究所、社会保险研究所等。以上研究所经过多次更名、合并，最终于2017年10月整合成为中国劳动和社会保障科学研究院。1982年，中国劳动学会成立，成为我国第一个全国性的劳动科学专业学术团体。2016年5月，中国劳动经济学会正式成立，中国劳动经济学界拥有了一个自己的全国性专业学术团体。这些科研机构和学术团体的研究涉及劳动经济学的基本理论、劳动力市场、劳动关系、劳动与就业政策、社会保障、人力资源开发与管理等。

我国劳动经济学专业学术刊物有《中国劳动》《劳动经济与劳动关系》《人口与经济》《劳动经济研究》《劳动经济评论》等。中国劳动经济学界也积累了大量的长期微观调查数据，如北京大学的“中国健康与养老追踪调查”、中国社会科学院的“中国城市劳动力调查”、北京师范大学的“中国家庭收入调查”等，它们为中国劳动经济学研究提供了丰富、宝贵的第一手数据。

1.3.3 劳动经济学与劳动科学体系之间的关系

劳动是一种普遍的社会现象，是人类最主要的实践活动。劳动和人是分不开的，凡是有人的地方都有劳动问题。正因为劳动如此重要，许多学科都从不同角度对劳动加以研究：

① 从经济学的角度研究劳动，则形成劳动经济学；
② 从社会学的角度研究劳动，则形成劳动社会学；
③ 从法学的角度研究劳动，则形成劳动法学（包括劳动保护学）；
④ 从统计学的角度研究劳动，则形成劳动统计学；
⑤ 从历史学的角度研究劳动，则形成劳动史学；
⑥ 从生理学的角度研究劳动，则形成劳动生理学；
⑦ 从卫生学的角度研究劳动，则形成劳动卫生学；
⑧ 从心理学的角度研究劳动，则形成劳动心理学。①

这样便形成了一个劳动科学体系（见表1-1）。②

表1-1 劳动科学体系

劳动科学体系	关于劳动的社会科学	劳动经济学	是劳动科学体系中发展最早、影响最大、成熟度最高的一个主干学科，是劳动科学体系中的基础理论学科
		劳动社会学	从社会学中分化出来的一个年轻学科，既是社会学的一个分支，又是劳动科学体系的一个组成部分。它运用社会学的原理和方法，研究人的劳动活动。其特点包括两个方面：一是从社会总体的角度对劳动进行综合、总体的研究；二是注重实地调查研究
		劳动法学（包括劳动保护学）	研究调整劳动关系的法律规范的科学，既是法学的分支，又是劳动科学体系的组成部分，包括劳动法、劳动保护法等
		劳动统计学	研究劳动统计的理论与方法的学科，着重研究劳动现象的数量方面，在劳动经济方面研究劳动生产率统计、工资统计、员工人数统计等
		劳动史学	研究劳动科学产生及发展演变规律的历史

① 伊万诺夫，麦奇科夫斯基．劳动经济学［M］．袁伦渠，劳保忠，刘学忠，等译．北京：生活·读书·新知三联书店，1981.

② 曾湘泉，袁伦渠．我国高校设立劳动科学一级学科势在必行［N］．光明日报，2009-11-12（12）．

续表

劳动科学体系	关于劳动的自然科学	劳动生理学	研究人体在劳动过程中技能活动变化规律的科学，目的是消除或减少人体过度生理疲劳、改进劳动方法和劳动工具等
		劳动卫生学	研究劳动者在劳动过程中的安全和健康的保护
		劳动心理学	研究劳动过程中劳动者与工作环境、劳动者之间相互作用而产生的心理活动及规律的科学。狭义的劳动心理学包括工效学、人体工程学、工业心理学等；广义的劳动心理学包括管理心理学、职业心理学等

由此可见，对劳动问题的研究既涉及社会科学方面，又涉及自然科学方面。劳动是一种非常复杂又涉及多方面的现象，涉及经济学、社会学、法学、统计学、历史学、生理学、卫生学、心理学等学科。劳动科学体系是一个多学科的知识群，而劳动经济学是其中发展最早、影响最大、成熟度最高的一个主干学科，是劳动科学体系中的基础理论学科。

学思践悟

中国古代的劳动经济思想

劳动经济学成为一门显学虽然是在西方近代，但古代中国的先贤们已经阐发了比较朴素又丰富的劳动经济思想。比如先秦儒家关于劳动经济的观点涉及劳动生产、分工、分配、保障等诸多方面，对后代及欧洲思想影响深远。欧洲重农学派的创始人魁奈就受其理论影响，被称为“欧洲的孔夫子”。了解我国古代劳动经济思想的精华，并与现代劳动经济理论加以对照和融合，不仅有利于增强我们的文化自信，而且对于实现马克思主义基本原理与中华优秀传统文化相结合具有重要的借鉴意义。

一、关于劳动力再生产的思想

中国古代经济以农业为本，而劳动力是农业最重要的要素投入。为了使社会整体财富增加，中国古代思想家无不对劳动者特别重视。早在春秋战国时期，墨子和管子就提出了劳动力在经济活动中的重要性。面对诸侯战乱导致的青壮年劳动力短缺状况，墨子提出：“然则土地者，所有余也；王民者，所不足也。”（《墨子·非攻中》）管子也提出：“彼民非谷不食，谷非地不生，地非民不动，民非作力毋以

致财。”又说：“天下之所生，生于用力，用力之所生，生于劳身。”（《管子·八观》）

既然劳动力在社会经济生活中具有举足轻重的作用，从宏观上确保劳动力的供给就成为十分重要的问题。

增加劳动力供给的第一种方法是孔子一以贯之的主张——施行仁政，使民归附。“上好礼，则民莫敢不敬；上好义，则民莫敢不服；上好信，则民莫敢不用情。夫如是，则四方之民，襁负其子而至。”（《论语·子路》）统治者尚礼、好义、崇信，那么四方人口没有不来归附的，这不失为快速增加人口的良策。

第二种方法是鼓励及时婚育，促进人口增殖。比如孔子将繁育后代作为最大的孝道，强调：“天地之性，人为贵。人之行莫大于孝。”“父母生之，续莫大焉。”（《孝经·圣治》）。至于婚姻的年龄，孔子认为：“男子二十而冠，有为人父之端。女子十五许嫁，有适人之道。”（《孔子家语·本命解》）由此可看出孔子对于增加自然人口的急切心情。

二、关于劳动生产管理的思想

古代思想家认为劳动生产要顺应天时、地利、人和，也就是因时制宜、因地制宜、因人制宜地安排生产。

其一，讲求依照时令安排农业生产。孟子说：“不违农时，谷不可胜食也。数罟不入洿池，鱼鳖不可胜食也。斧斤以时入山林，材木不可胜用也。”（《孟子·梁惠王上》）不但农业要按照农时进行生产，而且其他的林牧副渔等领域也是如此。荀子也特别强调按照“天时”进行劳动生产。在《富国篇》中，荀子反复强调“无夺民时”“守时力民”“使民夏不宛暍，冬不冻寒，急不伤力，缓不后时”（《荀子·富国》）等，即只有顺时从事生产活动，才能更好地发挥劳动者在生产劳动中的积极性和主动性，才能提高效率。

其二，强调因地制宜安排劳动力。为了充分发挥劳动力的技能，使之与自然力形成最佳结合，《淮南子》强调要“用宜其人”，在安排劳动力时，应根据各地的自然条件，让人们从事自己所熟悉和喜爱的职业，如使“水处者渔，山处者术，谷处者牧，陆处者农”（《淮南子·齐俗训》）。司马迁十分重视地理条件对各种职业的影响。如在交通要道从事商业的人较多，“四方辐辏，并至而会，地小人众，故其民益玩巧而事末也”（《史记·货殖列传》）。他认为这种现象是有利于地区经济发展的，并非人人都要务农。

其三，重视对劳动力配置的宏观管理。为了从宏观上加强对劳动力的管理，《管子》提出详细的调查项目，如“理园圃而食者几何家?”“人之开田而耕者几何家?”“男女有巧伎能利备用者几何人?”“处女操工事者几何人?”“工之巧，出足以利军伍，处可以修城郭补守备者几何人?”等等（《管子·问》）。这种调查无疑能为社会劳动力的配置提供全面的依据。为了优化劳动力的空间配置，需要对劳动力流动加以正确的引导。最早提出这一思想的是战国时期的商鞅。他认为一个国家如“地胜其民”，就应“事徕”（《商君书·算地》），招募移民参加农业开垦。此后，西汉晁错的移民实边论、东汉王符的募民垦边论，在一定程度上是为国防守边而提出的。崔寔则主要从经济发展的需要出发，认为："徙贫人不能自业者于宽地，此亦开草辟土振人之术也。"（《政论》）南宋叶适也指出闽浙一带人口稠密，人们"无地以自业"，必须"去狭而就广"，让多余劳力迁移荆楚等地，方可收"田垦而税增"之效（《叶适集·民事中》）。

三、关于劳动社会分工的思想

孔子将劳动分为知识分子的智力劳动和劳动者的体力劳动两种。关于智力劳动，孔子说："君子谋道不谋食。耕也，馁在其中矣；学也，禄在其中矣。君子忧道不忧贫。"（《论语·卫灵公》）"谋道"是指追求道义、落实道义，本身是一种脑力劳动；"谋食"是指耕种庄稼获得饮食之类的体力劳动。荀子不但注意到了以脑力劳动为生的君子和以体力劳动为生的"小人"，还注意到了百工和商贾之流："农以力尽田，贾以察尽财，百工以巧尽械器，士大夫以上至于公侯莫不以仁厚知能尽官职。"（《荀子·荣辱》）同时，荀子对因分工获得财富给予肯定。

春秋时管仲提出四民分业论，主张各种职业的人分开居住："处工就官府，处商就市井，处农就田野。"这样做是为了让劳动者"其心安焉，不见异物而迁焉"。（《国语·齐语》）西晋时期，傅玄又进一步提出了分业定人论，他强调"业分则不相乱"，认为"为政之要，计人而置官，分人而授事，士农工商之分不可斯须废也"。（《晋书·傅玄列传》）

正所谓术业有专攻。劳动者恪守专业分工，是为了精进专业技能。荀况认为，对个人应要求终身从事一项职业，以便提高专业技能。他说："好稼者众矣，而后稷独传者，壹也；好乐者众矣，而夔独传者，壹也。"（《荀子·解蔽》）韩非也指出，要提高劳动生产率，就要避免让劳动力频繁改行和迁移；否则，"数变业""数摇徙"，就必然会"失其功"。（《韩非子·解老》）管仲对各种职业都提出相应的技能要求，如农要能依时耕作，"尽其四支之敏"；工要能"辨其功苦"，商要能"负任担荷""服牛轺马"等等。（《国语·齐语》）为了提高劳动者素质，一方面要加强职业教育，另一方面要鼓励劳动者学习和掌握技能。管仲要求各种职业的人都要注意对子女的专业教育，使其"少而习焉"，"其父兄之教不肃而成，其子弟之学不劳而能"。（《国语·齐语》）运用奖励手段促使劳动者提高技术水平，这是《管子》的又一见解。它建议对"民之能明于农事者""能蕃育六畜者""能树艺者""能树瓜瓠、荤菜、百果使蕃育者""能已民疾病者""能知时者"及精通某一工艺技能的人，均"置之黄金一斤，直食八石"，而且还免除他们的兵役和征差（《管子·山权数》）。

四、关于收入分配与社会保障的思想

"民本""仁爱""大同"思想是中国儒家思想的精髓，这使得儒家以及深受其影响的后世思想家素来重视收入的公平分配。如孔子曰："丘也闻有国有家者，不患寡而患不均，不患贫而患不安。盖均无贫，和无寡，安无倾。"（《论语·季氏》）意即只有分配公平才能实现社会和谐稳定。从现代的理论划分口径来看，相关思想体现在作为收入源头的财富本身的分配、收入的初次分配和收入的再分配。

首先，重视财富的公平分配。在农业经济时代，土地是最重要的生产资料。中国历朝历代都将均田制作为重要的经济政策，以避免土地所有权的过度集中。孟子说："民之为道也，有恒产者有恒心，无恒产者无恒心。苟无恒心，放辟邪侈，无不为已。"（《孟子·滕文公上》）这里的"恒产"主要指劳动人民能够赖以生产出维持一家生存所必需的基本生活资料。至于"恒产"的数量，孟子说："五亩之宅，树墙下以桑，匹妇蚕之，则老者足以衣帛矣。五母鸡，二母彘，无失其时，老者足以无失肉矣。百亩之田，匹夫耕之，八口之家足以无饥矣。"（《孟子·尽心上》）

其次，重视初次分配环节的规则公平。中国古代思想家讲求"君子爱财，取之有道"（《增广贤文》），强调"民生在勤，勤则不匮"（《左传·宣公十二年》）。南宋朱熹对孔子的分配思想作出了解释："寡谓民少，贫谓财乏，均谓各得其分，安谓上下相安。"（《四书章句集注》）"均谓各得其分"体现出公平分配不在于结果上的平均主义，而在于分配标准的公平。荀子也强调"明分"，即"制礼仪以分之，使有贵贱之等，长幼之差，知愚、能不能之分，皆使人载其事而各得其宜，然后使悫禄多少厚薄之称"（《荀子·荣辱》），亦即收入多寡应与阶层、年龄、能力相适应。

最后，重视通过社会共济实现收入再分配。《墨子》云："有力者疾以助人，有财者勉以分人，有道者劝以教人"（《墨子》卷二《尚贤下》）。《左传·僖公二十一年》云："修城郭，贬食，省用，务穑，劝分，此其务也。"这表达了有无之间、贫富之间互助互济的思想。早在汉代时期就出现了我国历史上最早的"老年人保护法"，除此之外，对于退休的员工，给予一次性重赏、颁发"老年证"等一系列善待老人的举措。从西周时期起，我国历朝历代就开始实行积储防饥、安置流民、赈灾济荒、医疗救恤等社会救济政策。

五、关于宏观调控与稳定就业的思想

中国古代宏观调控思想在调控目标上主要是围绕价格稳定，尤其是粮食价格稳定。春秋末期的范蠡和战国初期的李悝都提出了调控粮食价格的思想，通过政府收购和抛售粮食的办法使粮食保持在一个合理的价格范围，避免谷贱伤农，之后形成了平籴、平粜、常平仓等调节粮食丰歉、平抑粮价的措施。战国秦汉时期出现了"重则至，轻则去""有以重至而轻处者"等思想，为了吸引某种商品，就抬高其价格，这种货物就会多起来，从而价格下降，又由于货物长途运来，再运走损失较大，只好低价出售，这种思想在后来的救灾中被运用。我国古代也有通过货币投放调节物价的思想，如汉代的贾谊说："上挟铜积以御轻重，钱轻则以术敛之，重则以术散之，货物必平。"（《汉书·食货志下》）

难能可贵的是，古代思想家也有通过扩大消费来扩大就业的主张。如《管子·轻重篇》提出，在旱涝灾荒之年，百姓不能种田了，官府可以修建宫室台榭，招收贫苦百姓来做工，并非为了观赏玩乐，而是为了百姓有工作。《管子·侈靡篇》说，“富者靡之，贫者为之”，可以“雕卵然后瀹之，雕橑然后爨之”。为了百姓有工作，富人可以奢侈一点，如煮蛋可先在蛋上画花，烧木材可先在木材上雕花，这样就为贫苦者创造了就业机会。中国古代在灾难期间频繁采取的以工代赈措施也体现了稳定就业的思想。以工代赈的思想和实践萌芽于春秋时期的齐国，《管子》和《晏子》均有对以工代赈措施的记述，即国君允准动用“公帑”修建宫室台榭，以拉动就业、救助灾民。北宋时期，以工代赈成为主要的赈济措施，官府和民间纷纷筹资，组织修建农田水利和交通设施等公共工程，吸纳灾民就业。

资料来源：

［1］李巍．中国古代劳动经济思想探源［J］．经济研究导刊，2016，（12）：7-8.

［2］钟祥财．中国古代的劳动力管理思想［J］．国内外经济管理，1989（4）：38-40.

［3］常华兵．中国古代分配思想与现代社会分配改革［J］．经济论坛，2017（8）：145-152.

［4］李万勇．我国古代社会保障思想及其现实启发［J］．就业与保障，2020（19）：160-161.

［5］胡荣涛．习近平新时代中国特色社会主义经济思想的文化自信——论习近平新时代中国特色社会主义经济思想与中国古代经济思想的六大渊源［J］．河北经贸大学学报（综合版），2018，18（3）：5-12.

本章小结

本章在关于现代劳动经济学的研究对象方面，从劳动力资源的稀缺性、效用最大化与选择、劳动力市场三个角度进行界定；在研究方法方面，讨论了实证研究方法与规范研究方法；在劳动经济学的形成与发展方面，比较详细地阐述了国外劳动经济学的形成与发展、劳动经济学在中国的发展、劳动经济学与劳动科学体系之间的关系。

关键术语

稀缺性　资源配置　效用最大化

基本训练

1. 简述劳动经济学的研究对象。
2. 劳动力具有哪些特点?
3. 为什么说规范研究方法往往为政府制定经济政策提供服务?

第2章　劳动力供给

学习目标

通过本章的学习，你应该能够：

1. 理解劳动力、劳动力参与率等基本概念。

2. 掌握影响一个国家或地区劳动力供给的因素、劳动力供给与工资率的相互关系以及最低劳动力供给价格的含义。

3. 掌握个人和家庭劳动力供给的基本模式以及劳动力参与决策的一般内容。

4. 学会应用劳动力参与率解析劳动力供给运动的实际变动。

2.1　劳动力与劳动力供给

2.1.1　劳动力概述

2.1.1.1　劳动力的含义

马克思对劳动力下的定义为："我们把劳动力或劳动能力，理解为人的身体即活的人体中存在的、每当人生产某种使用价值时就运用的体力和智力的总和。"[①] 从这个定义中我们可以看到：

首先，劳动力是指人的劳动能力。自然界的一切其他能力，无论是天然的还是经过加工的水力、电力、牲畜的力量等，它们只能作为劳动的手段，而不是劳动力；只有人类与自然界的物质变换过程才属于劳动范畴，劳动力是唯一的与人类劳动相联系的概念。

其次，劳动力是存在于人体之内的，是活的人体中的一种能力，不能离开人体

① 马克思．资本论［M］//马克思恩格斯全集（第23卷）．中共中央马克思恩格斯列宁斯大林著作编译局，译．北京：人民出版社，1972：190.

而独立存在。劳动力如人体所具有的其他机能一样不能独立存在，不论代价如何都是如此。因此，人的生命与健康是劳动力存在的基础，人是劳动力的体现者和承担者。

再次，劳动力是体力与智力的总和。要进行劳动，必须具有一定的知识与技能。正是由于劳动力是体力和智力的总和，所以其具有极其广泛的适用性。各种劳动过程，无论其表现形式、劳动成果、劳动过程等多么复杂，劳动力均可以与其相适应。所以，劳动力绝不是一种简单的生理现象，而是包括许多自然、经济、文化因素在内的统一体。

最后，劳动力和劳动不同。劳动是人们创造使用价值或效用的有目的的活动，这种活动的实现以劳动力的存在为前提，即劳动力的使用就是劳动本身，而劳动是这种力的物质表现。

劳动力的总和即体力和智力统一于人的身体，不能脱离人体，故在劳动力本质含义的基础之上，劳动经济学者又把人口中有劳动能力的人口部分称作“劳动力”，也就是劳动力的总和。

现代劳动经济学所要研究的劳动力，其含义更为具体：它是指在一定年龄之内，具有劳动能力与就业要求，能够从事某种职业劳动的全部人口，包括就业者和失业者。没有就业意愿或就业要求的人口不属于劳动力的范畴。

2.1.1.2 劳动力与非劳动力人口

一国的劳动力与非劳动力人口一般根据本国的统计制度，通过人口普查、劳动力调查进行统计和估算（如图2-1所示）。

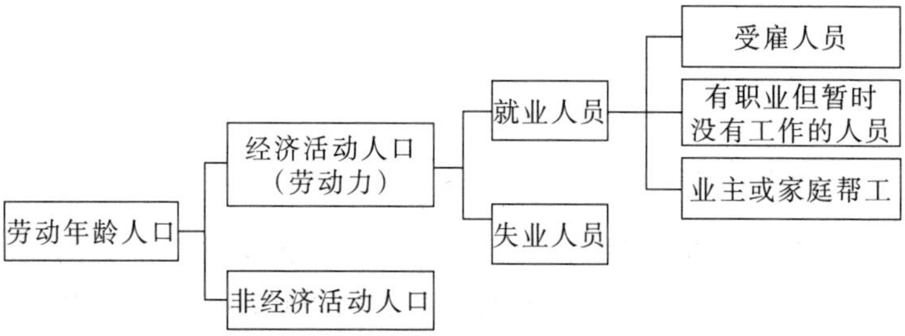

图2-1 人口与劳动力

通用的就业人员的统计标准如下：

第一，受雇人员，即在规定时期内（根据统计制度）正在从事有工资或其他形式劳动收入的职业的人员。

第二，因在职学习、疾病、休假、天气恶劣、劳动争议、单位停工等原因，有职业但暂时没有工作的人员。

第三，私营企业雇主、个人经营者、协助家庭从事经营而不领取报酬的家庭成员，或在规定时期内从事一定时间工作的上述人员。

失业人员的统计标准如下：

第一，在规定时期内能够参加工作、积极寻找工作而没有工作的人。

第二，在规定时期内被临时解雇、正在等待重新被雇用的人。

第三，由于疾病而妨碍寻找工作的人等。

我国在考虑国际惯例、国情和未来发展趋势的基础上，对就业人员和失业人员作出了以下定义：

就业人员，也称从业人员、社会劳动者，是指从事一定社会经济活动并取得劳动报酬或经营收入的人员。已办理离休、退休、退职手续，但又再次从业（含有酬或自营等各种劳动方式）的人员，也被视为就业人员。就业人员中不包括从事少量经济活动的在读学生。这个概念包括五个方面的含义：

① 劳动者需具有劳动能力，包括劳动权利能力和劳动行为能力；

② 劳动者达到法定劳动年龄，在我国为年满16周岁；

③ 其从事的劳动属于社会劳动；

④ 其从事有报酬的职业，而不是义务劳动；

⑤ 其从事的是得到社会承认并且合法的劳动。

失业人员是指在规定的劳动年龄内具有劳动能力、在调查期内无业并以某种方式寻求工作的人员。失业人员的定义具体包括以下层次：

第一，“规定的劳动年龄”，其下限即为《中华人民共和国劳动法》（以下简称《劳动法》）所规定的16周岁，其上限为按国家规定的退休年龄。

第二，劳动年龄内的人员是否具有“劳动能力”，在有争议的情况下，以有关部门指定的医疗鉴定机构的鉴定为准。

第三，“调查期”是指每季度末最后一日之前的两个完整周。

第四，“无业”是指没有从事任何社会经济活动，也没有获得工资收入或其他劳动报酬、经营收入。

第五，“以某种方式寻找工作”指的是有求职愿望，并且采取发布求职广告、在职业介绍机构或平台登记、托亲友介绍、为自谋职业作准备等各种有实际行动的方式求职。其具体包括：

① 16周岁及以上在各类学校毕业或肄业的学生中，初次寻找工作但尚未找到工作的人员；

② 企业宣告破产后尚未找到工作的人员；

③ 被企业终止、解除劳动合同或辞退后，尚未找到工作的人员；

④ 辞去原单位职务后尚未找到工作的人员；

⑤ 符合失业人员定义的其他人员。

由此可见，下列人员不包括在失业人员中：

① 正在就读的学生和转学人员；

② 调查期内在各种所有制类型的经济单位从事临时性工作并获取劳动报酬的人员；

③ 已达到国家规定退休年龄而无业的人员；

④ 个体劳动者及帮工；

⑤ 家务劳动者；

⑥ 尚有劳动能力但需要特殊安置的残疾人；

⑦ 自愿失业人员及其他不符合失业定义的人员。

在市场经济条件下，一国的劳动力与非劳动力人口是经常处于变动之中的，如图 2-2 所示。

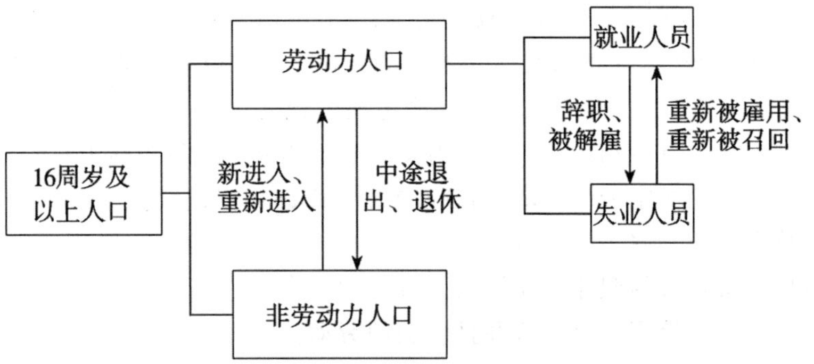

图2-2 劳动力和非劳动力、就业和失业人口

这种变动主要是由各类劳动力市场上的人员流动和身份变动引起的。人员流动大致可分为五种类型：

一是自愿解职或被企业解雇，劳动力由从业状态转化为失业状态；

二是初次就业或被短期解雇后又被原企业重新招用，劳动力由失业状态转化为就业状态；

三是有些人员已经达到劳动年龄上限，申请退休，领取养老金；

四是有些人由就业转化为失业或在失业期曾积极寻找工作后，放弃了就业努力或拒绝参与有酬劳动，这些人也不在劳动力群体范畴之内；

五是有些人从未就业或从未寻找过工作，但后来决定就业或积极地寻找工作。

2.1.1.3 各国对就业年龄的规定

世界各国都根据自己的经济和社会发展状况、人口状况、教育制度、劳动力自身的生理特点等因素，规定了就业年龄的上限和下限。

就业年龄的下限指的是最低就业年龄。国际劳工组织通过的第 138 号《准予就业最低年龄公约》规定最低就业年龄为 14 周岁，而世界上大多数国家都以 16 周岁作为劳动年龄的分界线，如美国和中国。

就业年龄的上限指的是最高就业年龄。不同国家的就业年龄上限不同，如美国、德国、澳大利亚等为67岁，法国为66岁，加拿大、日本、瑞典、西班牙、墨西哥等为65岁，以色列为男性67岁、女性62岁。我国1951年颁布的《中华人民共和国劳动保险条例》规定，我国劳动年龄上限男性为60岁，女干部为55岁，女工人为50岁。我国1992年又规定：党政机关、群众团体的县处级女干部或高级知识分子，凡能坚持正常工作，本人自愿，其退休年龄可到60岁。规定了劳动年龄的上限，并不是说超过这一年龄就不允许劳动，而是说劳动者达到这个年龄以后，就具备了申请退休、领取养老金的资格。

2.1.2 劳动力参与率

劳动力参与率是与劳动力供给相关的一个重要概念，它是衡量、测度人口参与社会劳动程度的指标。其含义是经济活动人口（包括就业人口和失业人口）在一定范围内劳动年龄人口所占的比率。一定范围内的人口可依若干标志进行分类，如总人口、不同年龄组人口或不同性别人口等。以总人口计算的劳动力参与率被称为总人口劳动力参与率；以某一年龄别（性别）计算的劳动力参与率被称为年龄别（性别）劳动力参与率。其具体计算公式分别为：

$$\text{总人口劳动力参与率}=\frac{\text{经济活动人口(包括就业人口和失业人口)}}{\text{总劳动年龄人口}}\times 100\%$$

$$\text{年龄别(性别)劳动力参与率}=\frac{\text{某年龄(性别)}}{\text{经济活动人口}}/\text{该年龄(性别)人口}\times 100\%$$

劳动力参与率只是测度和反映人口参与劳动程度的指标，它本身并不是影响人口参与劳动的因素。劳动力参与率由于能够准确地反映劳动力参与程度的变动情况，所以成为分析劳动力供给变动的一个重要工具。

一般来说，影响劳动力参与率的因素有以下几个方面：

第一，教育事业的发展状况，如教育年限、教育的机会成本、就业起点与工资率等。教育事业的发展状况对青年人口（16~19周岁年龄组）的劳动力参与率有重大影响。这个年龄组应该在校学习，由于在校学习的学生一般不计入劳动力人口，所以如果社会上年轻人受教育年限普遍延长，那么16周岁及以上人口中将有不少人不进入劳动力群体，劳动力参与率自然会降低。

第二，社会保障等制度的完善程度。养老保险等社会保障制度的完善与否对老年人口的劳动力参与率有很大的影响。如果这些制度完善到“老有所养”，那么老年人口的劳动力参与率将降低。此外，退休年龄对老年人口的劳动力参与率也有影响。

第三，性别对劳动力参与率有重要影响。随着世界各国女性劳动力参与率的提高，各国总劳动力参与率也有所提高。

第四，宏观经济状况，如经济周期中的繁荣与衰退的交替对劳动力参与决策的种种影响。如果经济处于长期衰退状态，失业者长期找不到工作，就可能打击个人心情，失去寻找工作的耐心和意愿，使他们退出劳动力群体，从而劳动力参与率降低。

第五，从整个国民经济来考察，人口的年龄构成与劳动力参与率之间存在密切的关系。按年龄段划分，人口总体是由儿童人口、劳动力人口和非劳动力人口三部分组成的。劳动力只是总人口中的一部分，而且在时间上二者是相互关联的。劳动力人口的增长依存于人口总体年龄构成的变动。

影响劳动力参与率的因素错综复杂，各因素对劳动力参与率的影响程度、方向也不一样；即使是同样的因素，对不同的劳动力供给决策主体发挥作用的程度和方向也不一致，因此无法准确核算出各因素对劳动力参与率影响的大小。

2.1.3 劳动力供给与劳动力供给曲线

所谓劳动力供给，是指在一定的工资率条件下，劳动力供给的决策主体（家庭或个人）愿意并且能够提供的劳动时间。劳动力供给者提供一定量劳动时间所愿意接受的工资率被称为劳动力供给价格。

在市场经济中，劳动力供给的决策主体是劳动者家庭或个人。在劳动力进行供给决策时，决策主体一般面临两种选择：一是劳动力参与决策，即是否进入劳动力市场寻求有酬劳动；二是劳动时间决策，即在个人可支配的时间中进行闲暇与劳动时间的选择。两种选择可同时进行，亦可分别决定。

劳动力供给决策受到种种因素的影响和制约。如果把影响劳动力供给的各种因素作为自变量，把劳动力供给作为因变量，则可以用函数关系来表示影响劳动力供给的因素（x_i）与劳动力供给（S）之间的关系，这个函数被称为劳动力供给函数。

$$S=f(x_1, x_2, \cdots, x_i, \cdots, x_n) \quad (i=1, 2, \cdots, n) \tag{2-1}$$

影响劳动力供给的因素x_i有无限个，且各因素与劳动力供给的关系极为复杂，完全揭示它们之间的关系几乎是不可能的，因此，我们只能从劳动力市场分析的角度考察几种最主要的因素。

如果我们只考虑劳动力供给与工资率之间的关系，假设其他条件不变，工资率（W）是影响劳动力供给的唯一因素，则可以把劳动力供给函数表示为：

$$S=f(W) \tag{2-2}$$

劳动力供给函数就是用函数表达式的形式来表述劳动力供给的概念。同时，可以用劳动力供给表和供给曲线来表述劳动力供给的概念。用来表明工资率与劳动力供给量之间关系的表格被称为劳动力供给表（见表2-1）。假设工资率与劳动力供给无限可分，则可以把工资率与劳动力供给之间的关系描述为劳动力供给曲线（如图2-3所示）。

表2-1 劳动力供给表

工资率（W）（元/时）	劳动力供给（S）（人/时）	符 号
15	150	a
20	200	b
25	280	c
30	400	d
35	500	e
40	700	f

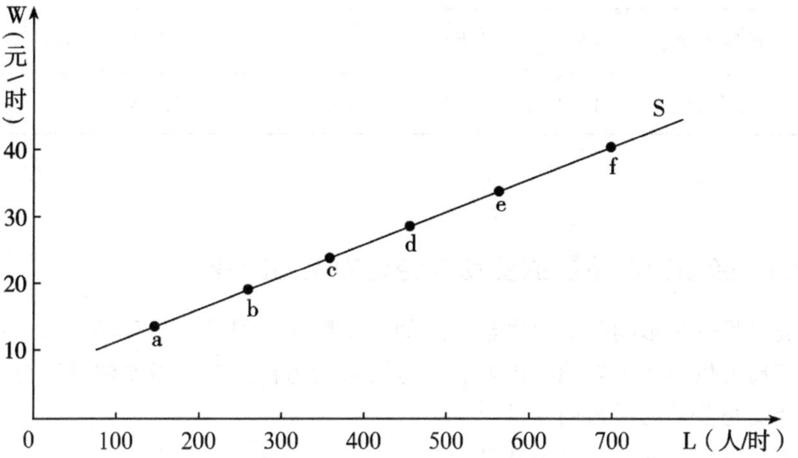

图2-3 劳动力供给曲线

从表2-1和图2-3中可以看到，随着工资率的提高，劳动力供给量增多；根据劳动力供给表画出的劳动力供给曲线是从左下方向右上方倾斜的曲线。应当说明的是，劳动力供给曲线是一条平滑的曲线，而不是一条折线，这是因为我们假设了工资率和供给量是无限可分的。虽然这种假设不完全符合实际，但为了分析方便（同时它确实能反映出供给变化的大致趋势和一般规律），我们仍然这样假设。

从劳动力供给与工资率的关系中可以看到，当工资率变化时，劳动力供给量相应地发生变化。劳动力供给量的变动对工资率变动的反应程度被定义为劳动力供给的工资弹性，简称劳动力供给弹性。其计算公式是劳动力供给量变动的百分比（ΔS/S）与工资率变动的百分比（ΔW/W）的比值：

$$E_s = \frac{\Delta S/S}{\Delta W/W} \qquad (2-3)$$

劳动力供给弹性值一般分布在0到无穷大（∞）之间，但是也存在收入效应大于替代效应时弹性值为负的情况。根据劳动力供给弹性的不同取值，劳动力供给弹性被分为六类（见表2-2）。

表2-2 劳动力供给弹性

种　类	取值	经济含义
劳动力供给无弹性	$E_s=0$	无论工资率如何变动（在劳动力市场分析的实际可能范围内），劳动力供给量固定不变
劳动力供给有无限弹性	$E_s \to \infty$	工资率给定，而劳动力供给量变动的绝对值大于零
劳动力供给单位弹性	$E_s=1$	工资率变动的百分比与劳动力供给量变动的百分比相同
劳动力供给富有弹性	$E_s>1$	劳动力供给量变动的百分比大于工资率变动的百分比
劳动力供给缺乏弹性	$0<E_s<1$	劳动力供给量变动的百分比小于工资率变动的百分比
劳动力供给负弹性	$E_s<0$	随着工资率的上升，劳动力供给量减少

2.1.4 劳动力供给量的变动与劳动力供给的变动

工资率虽然是影响劳动力供给变动的重要因素，但其他多种经济的、社会的因素也对劳动力供给产生影响。因此，在考察劳动力供给时，需要注意区分劳动力供给量的变动与劳动力供给的变动。

劳动力供给量的变动是指在其他条件不变的情况下，仅由工资率变动所引起的劳动力供给的变动。这种变动表现为在同一条劳动力供给曲线上的移动（如图2-4所示）。

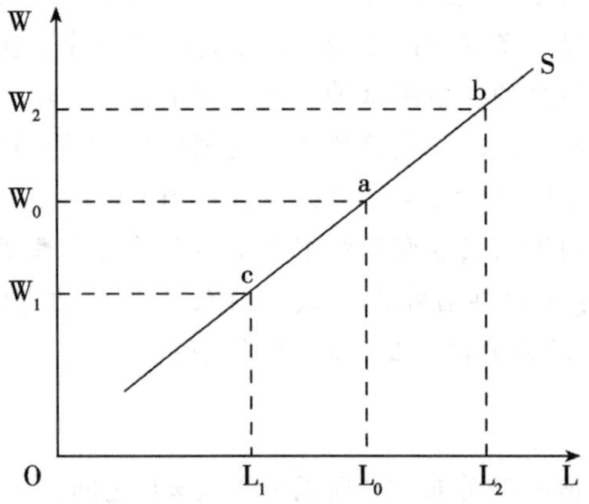

图2-4 劳动力供给量的变动

在图2-4中，纵轴为工资率W，横轴为劳动力供给量L，S为劳动力供给曲线。当工资率由W_0提高到W_2时，劳动力供给量则由L_0增加到L_2，表现在劳动力供给曲线S上则是从a点向右上方移动到b点。当工资率由W_0下降到W_1时，劳动力供给量则由L_0减少到L_1，表现在劳动力供给曲线S上则是从a点向左下方移动到c点。

劳动力供给的变动是指在工资率不变的情况下，由其他因素的变动所引起的劳动力供给的变动。劳动力供给的变动表现为劳动力供给曲线的整体移动（如图2-5所示）。

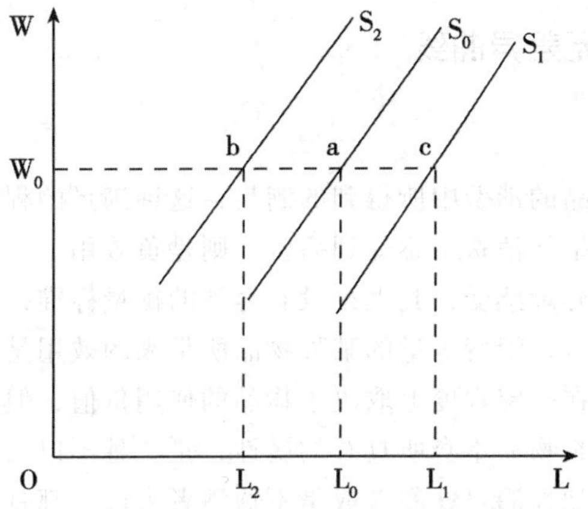

图2-5 劳动力供给的变动

在图2-5中，纵轴为工资率W，横轴为劳动力供给量L，由其他因素（教育成本、保障制度等）的变化引起劳动力供给曲线移动。在同样的工资率W_0的情况下，由劳动力供给曲线S_0决定的劳动力供给为L_0；工资率不变，其他因素变化，劳动力供给曲线由S_0移到S_2，劳动力供给则由L_0减少到L_2；劳动力供给曲线由S_0移到S_1，劳动力供给则由L_0增加到L_1。可见，当工资率不变时，劳动力供给曲线向左移动，劳动力供给减少；向右移动，劳动力供给增加。换言之，劳动力供给曲线左移，反映为劳动力供给减少；反之，则增加。

2.2 个人劳动力供给分析的基本模式

个人劳动力供给是一种时间使用方式的选择。时间的使用主要有两种方式：一种是享受愉悦身心的闲暇活动；另一种是用于工作。一个人可以在家中从事无酬劳动或者学习，比如照顾老幼、清扫等各种家庭生产活动，也可以从事有报酬的工作，把来自工作的收入用于食物、住房、服饰以及幼儿保育等。

因为从事有报酬工作与消费闲暇是达到同一目标的两种方式，所以我们可以暂时忽略它们之间的区别，并且把这些活动都看作主体追求效用最大化目标的明智的选择。由此，我们将把工作决策的特征看成在闲暇和有酬工作之间进行的选择。

如果认为用餐、睡眠以及其他维持生命的时间是由自然规律决定的，那么剩下的可自由支配的时间（如每天16个小时）可分配于工作和闲暇。闲暇与工作时间是相互冲突的，闲暇需求是劳动力供给的反面，从而我们可以方便地通过闲暇的需求分析来分析劳动力供给。对闲暇的需求分析可以像对其他商品需求分析一样进行，从总的自由支配时间中减去闲暇，就是劳动力提供劳动的时间。

2.2.1 效用与无差异曲线

2.2.1.1 效用

效用是从某种物品的消费中所得到的满足，这种满足的程度高即为效用大；反之，就是效用小。如果从消费中感受到痛苦，则是负效用。

效用首先是一种心理感受，其大小没有客观的衡量标准，取决于消费者的主观评价；对不同的人而言，消费等量的某种物品所带来的效用是不同的。

效用的大小虽然在一定程度上取决于物品的使用价值，但其与使用价值并不是同一概念。使用价值是物品本身所具有的属性，是一种不以人们的主观评价为转移的客观存在。比如，烈性酒对饮酒者或是不饮酒者来说，都具有使用价值，但对两者而言，其效用有天壤之别。

效用的大小是不能准确地度量的。在效用理论的初创阶段，效用的度量是建立在基数效用论基础之上的，认为效用犹如物品的重量，可以计量并可加总求和。用处大的效用数量就多，甚至会说出此物是彼物效用的若干倍等。这种说法虽然方便，但亦勉强，因为没有人能够说清楚可以度量的效用是何物。

20世纪30年代，序数效用论的出现弥补了基数效用论的缺陷。这个理论并不要求计量出效用的量是多少，因为效用作为一种主观评价，无法计量，也不能加总求和，但是消费者可以列出物品消费所带来的满足程度的高低或者主观选择的优先顺序。例如，消费者消费唱片和苹果，可以根据消费两种物品所产生的满足程度的高低或者主观选择的优先顺序，赋予其各自的序数，如10、9或者别的一些从大到小排列的数。每个数值只反映效用的高低程度或者先后顺序，而不是效用量。如前所述，如果消费者认为消费唱片的效用大于消费苹果的效用，则可以说唱片的效用是10，苹果的效用是9。数值大，表明效用的评价水平高，选择顺序在前；数值小，表明效用的评价水平低，选择顺序在后。由此可见，序数效用论的特点在于效用只有在比较中才有实际意义，从而避免了单独对某一物品的效用量作估计的难题。

在个人劳动力供给分析的基本模式中，家庭或劳动者个人“消费”的物品被分为两个相互独立的部分：闲暇与劳动时间。消费闲暇，能够给人带来效用。劳动时间的“消费”实际上也能给人带来效用：个人向劳动力市场提供劳动力；从事有酬劳动，则可以给劳动力供给者带来劳动收入，进而可以购买各种物品，其效用不言自明。

2.2.1.2 无差异曲线

劳动时间所能带来的劳动收入与闲暇的各种配置组合，给主体（家庭或个人）带来的效用可以用无差异曲线来描述。

主体对劳动收入与闲暇的组合的评价或选择，如果出现这样一种情况：a种组合与b种组合对一个人提供的效用相同，他不能区别何种组合的效用大或何种组合的选择顺序在前。此时，a、b两种组合对主体来说是无差异的，那么将与a点所示的劳动收入与闲暇的组合具有相同效用的所有组合点连接起来，得到的曲线即无差异曲线（如图2-6所示）。

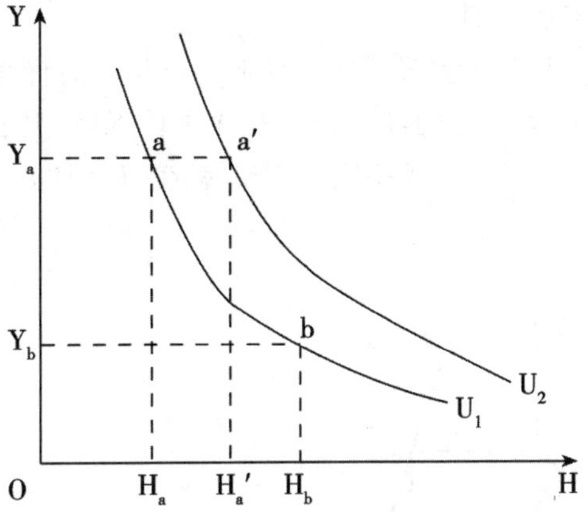

图2-6 无差异曲线

在图2-6中，纵轴为劳动收入Y，横轴为可支配时间H（16小时），从原点向右计量为闲暇，从可支配的时间点H即16小时向左计量为劳动时间。a点组合为（H_a，Y_a），b点的组合为（H_b，Y_b）。a点与b点的组合不同，但对主体的效用相同。把与a点效用相同的所有组合点连接起来，所得到的曲线U_1被称作无差异曲线。它表明，U_1曲线上的任何一点所示的劳动收入与闲暇的组合，带给主体的效用一样，均使其不能区别何种组合的效用大或选择顺序在前。在U_1曲线外的任何一点，如处于a点右侧的a′点，它所表示的组合中，收入不变，但闲暇为H_a'，a′点的组合与a点相比较，效用必定比a点大，选择顺序也必定优先于a点，因而不可能与a点无差异。但从a′点也可以确定另一条无差异曲线，如U_2。U_2曲线上所有点所示的收入与闲暇组合的效用，都比U_1曲线上的收入与闲暇组合的效用大，也就是具有优先的选择顺序。这样的曲线实际上有无数条，每一条曲线对应不同的效用水平，这些曲线的全部被称为主体的选择偏好系统。

无差异曲线具有以下特征：

第一，在同一平面上存在无数条无差异曲线，同一条无差异曲线表示的效用水平相同，不同的无差异曲线的效用水平不同。离原点越远的无差异曲线所表示的效用水平越高，即选择顺序在前；反之，则效用水平越低，选择顺序在后。

第二，在同一平面上，任意两条无差异曲线不相交。因为如果相交，那么在交点上两条无差异曲线表示相同的效用水平，这与前述特征相矛盾。

第三，无差异曲线是一条斜率为负值、凸向原点的曲线。斜率为负值，表明主体为了保持或得到相同的效用，增加一种物品的消费就必须减少另一种物品的消费，两种物品不能同时增加或减少。凸向原点则是由边际替代率递减规律决定的。关于边际替代率将在下文讨论。

第四，主体的偏好不同，无差异曲线的形状不同，即不同的人具有劳动收入替代闲暇的不同比率。通俗地说，某人放弃1小时闲暇从事劳动获得1元收入感到很满足，而别人可能会不屑一顾。

无差异曲线的斜率是与无差异曲线上任何一点相切的直线的斜率，也是无差异曲线在该点的边际替代率。它的经济含义是在主体保持相同效用（效用序列数不变）的条件下，增加（减少）一些闲暇，需要减少（增加）多少劳动收入的比值，如图2-7所示。

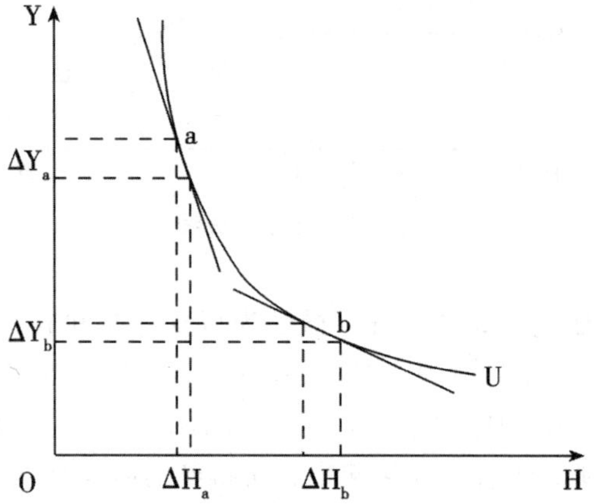

图2-7 边际替代率

在图2-7中，ΔH为闲暇变动量，ΔY为收入变动量。设MRS为边际替代率，则：

$$MRS = \frac{\Delta Y}{\Delta H} \qquad (2\text{-}4)$$

如果ΔH无限趋近于0，则边际替代率MRS就是与无差异曲线相切于a点的切线的斜率。从效用的分析中可知，效用水平即效用序列数是闲暇与劳动收入的函数，闲暇和劳动收入是自变量，效用水平是因变量，效用水平依赖闲暇和劳动收入的变化而变化。设H为闲暇，Y为收入，U为效用水平，则有：

$$U=f(H, Y) \tag{2-5}$$

公式2-5即效用函数。无差异曲线所示的闲暇-收入偏好实际上是效用函数的几何表示。

在无差异曲线上，设效用水平不变，即

$$dU=0$$

根据数学中的全微分公式有：

$$dU = \frac{\partial U}{\partial H}dH + \frac{\partial U}{\partial Y}dY = 0$$

整理得：$\frac{dY}{dH} = \frac{\partial U}{\partial H}/\frac{\partial U}{\partial Y}$

即有：$$MRS = \frac{dY}{dH} = \frac{\partial U}{\partial H}/\frac{\partial U}{\partial Y} \tag{2-6}$$

它说明，为了保持效用不变，增加一种物品的消费，就要减少另一种物品的消费，边际替代率恒为负数。无差异曲线向右下方倾斜的原因就在于此。通常边际替代率取其绝对值。

无差异曲线上有无数个点，每个点都有不同的斜率，也就是有不同的边际替代率。边际替代率是一个变化的值。无差异曲线上的任意一点都表示闲暇和收入的组合，所以在任意的一种组合中，闲暇与收入的替代比率均不相同。通过观察可以得到，从左上向右下移动，无差异曲线的切线由比较陡峭变得比较平缓。它说明边际替代率的绝对值越来越小，也就是边际替代率递减。

边际替代率递减相当于基数效用论的边际效用递减。这里只不过强调了这样一点，即效用的递减仅是相对而言的。

以图2-7为例，在同一条无差异曲线U上，任何一点所示的闲暇-收入的组合，虽然其各自的量均不相同，但都实现同样的效用水平。例如，在a点，闲暇为H_a，收入为Y_a，在闲暇-收入组合中，闲暇较少，收入较多，在维持效用水平不变的前提下，为增加一定量的闲暇ΔH_b，个体只愿放弃较少的收入ΔY_b；反之，为增加一定量的收入ΔY_b，个体愿意放弃较多的闲暇ΔH_b。这充分说明，越是相对稀缺的物品，它的替代能力就越强。边际替代率的绝对值递减是无差异曲线凸向原点的根本原因。

2.2.2 预算约束线

在前面的分析中可以看到，在家庭或个人闲暇-收入选择的偏好系统中，越在右上方的无差异曲线代表的效用水平越高，选择顺序越优先。右上方的无差异曲线与左下方的无差异曲线相比较，或者闲暇多些，或者收入多些，或者两者都多些。主体为什么不选择最高的无差异曲线上的闲暇和收入的组合呢？显然，如果没有任何限制，则在追求效用最大化的驱使之下，人们会这样去做。但实际上并非如此，其根本原因在于人们受到资源的约束。

首先，人们受到个人可支配时间的限制。无论以何种时间单位计量，可支配的时间都是有限的：一天有若干小时可用于劳动或享受闲暇，一周有若干天等。在任何情况下，可支配时间都是一个既定的量，这里把个人可支配的时间记为H。由自然规律所决定，在一个自然时间长度内，如一昼夜24小时，其中8小时用于必不可少的满足人的自然需要时间，其余的16小时为可支配的时间，这期间既可以消费闲暇，也可以从事工作等。

其次，如果个人把他所有可支配的时间均用于劳动（不考虑有关制度因素），个人可获得多少劳动收入呢？这完全取决于个人依劳动能力状况所能获得的市场工资。这里将所有个人可支配的时间全部用于劳动所能获得的劳动收入记为Y。现以图2-8为例进行说明。

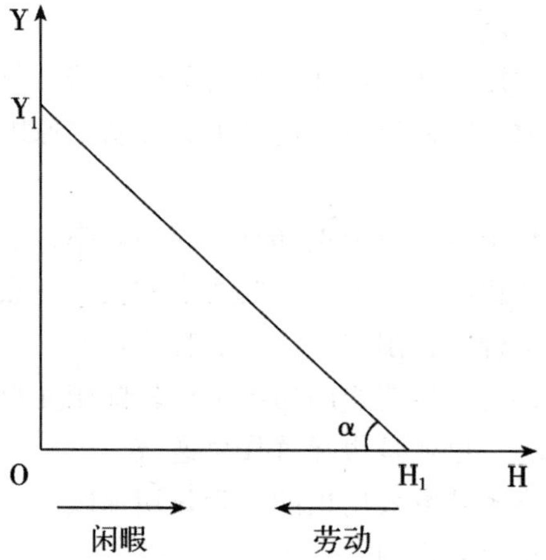

图2-8 预算约束线（一）

在图2-8中，横轴为时间，OH_1为个人可支配的全部时间，从原点向右计量为闲暇，从H_1点向左计量为劳动时间。无论个人在劳动与闲暇之间如何配置选择，劳动时间与闲暇之和等于OH_1。纵轴OY_1为收入。如果将全部可支配的时间都用于劳动，则个人依劳动能力状况所能获得的收入为OY_1。在横轴的H_1点上，闲暇为0，劳动时间为H_1O，收入为OY_1。连接H_1与Y_1点的直线叫预算约束线，它表示个人在时间和劳动能力状况约束下，所能消费闲暇和获得收入的最大组合线。预算约束线内的任何一点所示的闲暇和收入的组合，均无法实现效用最大化；预算约束线外的任何一点所示的闲暇和收入的组合，在既定的可支配时间和劳动能力的条件下是不能达到的。

如果将直线H_1Y_1与横轴的夹角设为α，则可以看到直线的斜率为：

$$\mathrm{tg}\alpha = \frac{OY_1}{OH_1} = \frac{\text{收入}}{\text{时间}} \tag{2-7}$$

由此可见，预算约束线的斜率为个人放弃闲暇从而获得收入的比率，即工资率，亦可以看作闲暇的机会成本。

个人可支配的时间不同，劳动能力不同，工资率就不同，从而个人预算约束线也就不同。以图2-9为例，个人可支配的时间分别为H_1、H_2、H_3，劳动能力相同，从而工资率相同，则在纵轴的截距分别为Y_1、Y_2和Y_3。显然，3条预算约束线平行。由于$H_1<H_2<H_3$，所以预算约束线H_1Y_1在横轴与纵轴的截距离原点较近，H_3Y_3则较远。如果个人可支配的时间相同，假设同为H_1，但劳动能力有差异，从而工资率不同，则工资率低者的预算约束线在纵轴的截距即收入为Y_1，工资率高者的收入为Y_4，显然，$Y_4>Y_1$。由此可见，个人预算约束线的形状取决于个人可支配时间及劳动能力状况，即取决于个人可支配资源的状况。

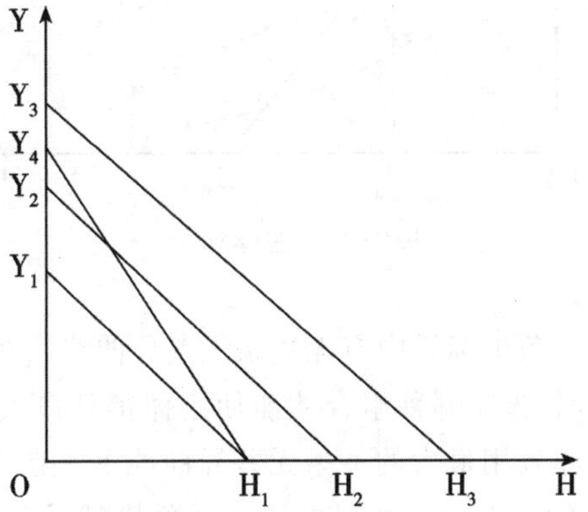

图2-9 预算约束线（二）

2.2.3 主体均衡：在约束条件下效用最大

闲暇-收入无差异曲线说明了个人的主观愿望，预算约束线则反映了个人的现实条件。就主观愿望和个人偏好而言，个人可以作出各种效用水平的选择。如果不考虑其他因素，任何个人都希望选择离原点较远的无差异曲线，以获得更大的满足。但是，能否做到这一点，还要受个人资源状况的限制，这种限制由预算约束线来表示。较多的可支配时间和较高的劳动能力使预算约束线远离原点，较少的可支配时间和较低的劳动能力使预算约束线靠近原点。

闲暇-收入的无差异曲线表示个人这一市场主体的主观愿望，预算约束线表示个人的现实条件和可能性。如何使主观愿望与现实条件结合起来，使主体获得最大效用，或者说，如何在受到资源限制的条件下，在闲暇与劳动时间从而在闲暇与收入之间作出最佳配置，以求最大效用，这就是主体均衡理论所要研究的问题。

所谓主体均衡，是指在资源约束的条件下，闲暇与收入的组合能使主体获得最大效用的状态。研究主体均衡，主要是利用闲暇-收入的无差异曲线和预算约束线这两个分析工具（如图2-10所示）。

在图2-10中，U_i为主体的闲暇-收入的无差异曲线，H_1Y_1为预算约束线。U_2与

H_1Y_1相切于a点，U_1与H_1Y_1相交于b和c两点，U_i的效用水平高低为$U_1<U_2<U_3$。

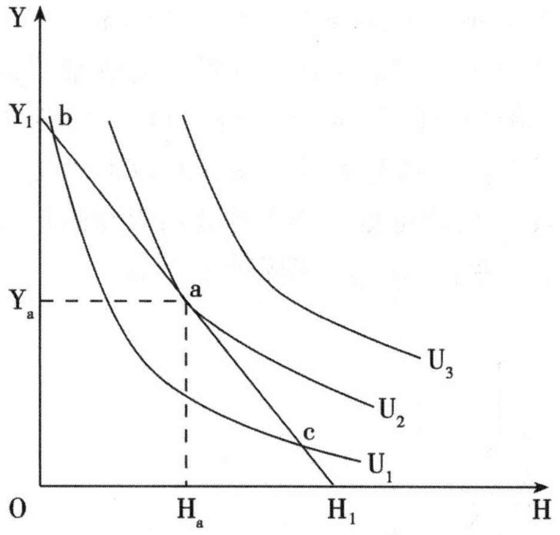

图2-10 主体均衡

前已述及，在平面直角坐标系中有无数条无差异曲线，在图2-10中只画出3条，那么在预算约束线H_1Y_1上选择哪种组合才能使主体得到最大的效用呢？毫无疑问，那种组合必然是在对主体效用最大的一条无差异曲线上。在图2-10中，U_3虽然效用较大，但由于它在H_1Y_1的右上方，相对主体的资源状况而言，它无法达到那样大的效用。U_1与H_1Y_1相交于b与c两点，虽然这两点的组合是在既定资源条件下的最大组合，但是b与c点都在U_1上。显然，U_1的选择顺序在U_2的后面，其效用水平较U_2低。如果b点沿无差异曲线U_1向右下方移动，或者c点沿无差异曲线U_1向左上方移动，那么，在无差异曲线U_1的bc段，其闲暇与收入的组合均在预算约束线H_1Y_1的左下方。显而易见，主体在资源约束下并没有达到最大的效用。进一步仍可以观察到：既然U_1与H_1Y_1相交于b和c点，那么，在U_1与U_2之间的无差异曲线仍和H_1Y_1相交，任何一种组合因都在H_1Y_1上，所以均满足给定的资源条件；同时，任何一种组合均在效用水平比U_2低的无差异曲线上，因此都没有达到最大效用。反之，任何一种组合均在效用水平比U_1高的无差异曲线上，因此，其效用水平均比b和c两点的高。

由此看来，当无差异曲线U_i在H_1Y_1右上方时，主体因资源条件的约束而达不到那样大的效用；当无差异曲线与H_1Y_1相交时，主体在既定资源条件下又没有达到最大效用。因此，只有在a点，即预算约束线H_1Y_1与无差异曲线的切点才能实现主体均衡，a点就是主体在既定资源条件下获得最大效用的均衡点。如果a点沿无差异曲线U_2向左上方或右下方移动，那么其闲暇-收入的组合因在H_1Y_1的右侧而无法达到。在a点上，闲暇为OH_a，劳动时间为H_1H_a，收入为Y_a。

a点是预算约束线与无差异曲线U_2的切点，因此，U_2这条无差异曲线在a点的切线也就是预算约束线H_1Y_1。无差异曲线在a点的斜率与预算约束线的斜率相等。前面已讲过，预算约束线的斜率是个人放弃闲暇从事劳动从而获得收入的比率（工资率)。无差异曲线的斜率是闲暇替代收入的边际替代率。所以主体均衡的条件(主体在资源约束的条件下获得最大效用必须满足的条件)是工资率等于边际替代率，即

$$W=MRS \tag{2-8}$$

在图2-10中，a点介于无差异曲线U_1和U_3之间，代表效用最大化的组合点。但是在有些情况下此类切点并不存在。譬如，当无差异曲线的走向比较陡峭时，预算约束线便会与无差异曲线相交，而不是相切，此时便没有切点。

显示人们偏好的无差异曲线走向比较陡峭，意味着人们在权衡工作和闲暇时，往往把获得闲暇看得更重要，意味着人们每增加1个单位的工作时间或放弃1个单位的闲暇需要以较多的货币工资来补偿。当保持效用不变，为补偿每增加1个单位工作时间所需的货币收入水平高于预算约束线上任意一点的工资率时，人们就会放弃工作而选择闲暇。换言之，当无差异曲线的斜率即边际替代率恒高于预算约束线的斜率即工资率，以致二者间只有交点而永无切点时，人们就会放弃工作或退出劳动力行列。这是主体均衡的一个特例，它表明根据主体的收入与闲暇偏好以及资源约束，不工作是主体最好的选择。

2.2.4　约束条件变化与最佳时间结构的调整

在前面的分析中，在劳动力供给的决策中，个人的资源约束条件是给定的。现在需要继续讨论在约束条件改变时，个人如何分配自己的时间，以取得最大的效用，如何实现新的均衡。

2.2.4.1　纯收入效应

在对图2-10的分析中，可得到主体的最佳选择的时间结构为a点。其资源约束条件以预算约束线来表示。如果个人面临一种新的条件：个人获得与其本人劳动力供给时间量无关的非劳动收入ΔY，此时如何实现新的均衡呢？现以图2-11为例进行分析。

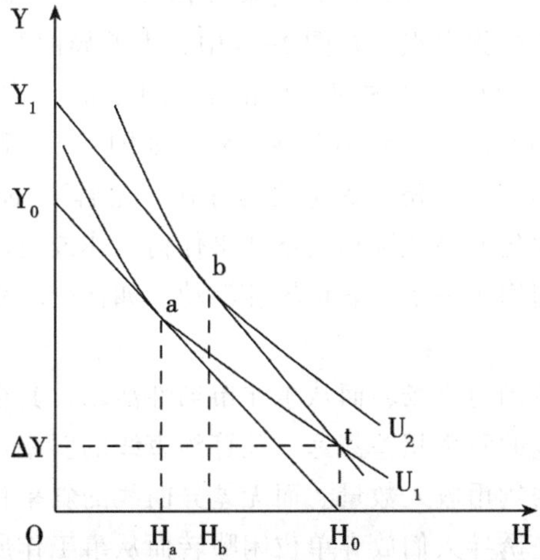

图2-11　纯收入效应

在图 2-11 中，如果条件不发生变化，则均衡点为 a。由于非劳动收入增加，预算约束线平行向右方移动，得到一条新的预算约束线 tY_1。从图中可以清楚地看到，均衡点由 a 移向 b，闲暇增加，而用于劳动的时间减少，闲暇的增加量为 H_aH_b。由此可见，在其他条件不变时，由于非劳动收入的增加，个人可达到的效用水平必定提高。纯收入效应是由一条无差异曲线移向更大效用的无差异曲线所引起的。一般情况下，纯收入效应使闲暇增加，劳动时间减少。

进一步讨论，如果存在的非劳动收入使得预算约束线和决策主体的收入与闲暇偏好为如图 2-12 所示的情形，主体均衡就会发生改变。

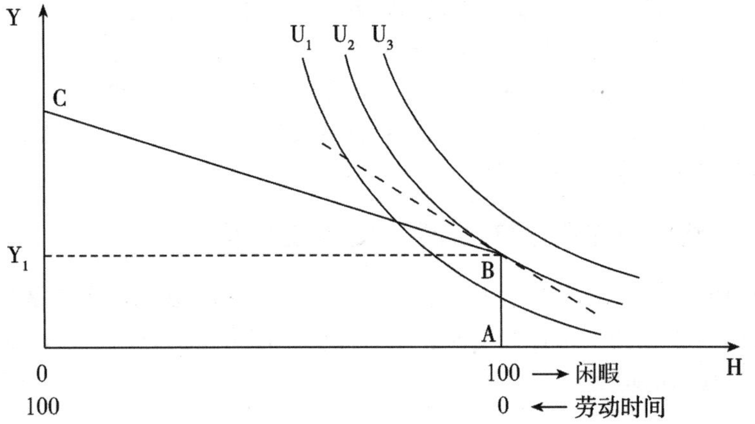

图2-12　存在非劳动收入条件下的工作决策

由于非劳动收入并非按日取得，图 2-12 中横轴和纵轴的变量略有变化。设图 2-12 所反映的时间区间以 1 周为单位，纵轴 Y 代表 1 周的收入，横轴 H 代表 1 周内可资支配的时间总量，Y_1代表 1 周内某人可获得的非劳动收入水平。图中可供决策主体支配的时间总量是 100 小时；预算约束线 BC 代表当工资率和非劳动收入既定时货币收入和闲暇的可能组合点。在图 2-11 中，无差异曲线与预算约束线相切于 a 或 b 点，经济学家称之为存在“内解”（interior solution）。如果无差异曲线相对陡峭，或者预算约束线相对扁平，则不存在内解。如图 2-12 所示，预算约束线 BC 与无差异曲线 U_2相交于 B 点，经济学家称之为存在“角解”（corner solution）。在 B 点上，人们实现效用最大化的最佳选择是不从事任何工作或退出劳动力市场。人们将把全部可资支配的时间用于一系列非市场性活动，如接受教育、从事家务或干脆赋闲等。

人们之所以退出劳动力市场转而从事非市场性活动，其根本原因在于预算约束线的斜率与无差异曲线的斜率相差甚远。预算约束线的斜率代表工资率，即人们放弃单位闲暇所能换取的货币收入数量。而无差异曲线的斜率代表收入与可支配时间之间的边际替代率，是诱导人们放弃单位闲暇转而从事工作所必须给付的货币收入的增量。人们的工作时间为零时的无差异曲线斜率在劳动经济学中被称为“条件工资”。它给出了为诱使人们从事工作所必须给付的最低工资水平。在图2-12中，条件工资由虚线的斜率来代表，在虚线与无差异曲线U_2的切点即B点上人们从事工作的时间为零。

结论是：当市场工资水平（预算约束线的斜率）低于条件工资水平时，由于放弃单位闲暇的效用损失大于从事工作获取货币收入的效用所得，或者说工作的边际效用低于闲暇的边际效用，因此，放弃工作而选择闲暇是人们最理性的选择。这说明，市场工资水平高于条件工资水平是诱导和促使人们工作的前提条件。

2.2.4.2 替代效应

另一个可以改变的限制条件是闲暇替代劳动收入的比率，即工资率。通常情况下，当可支配的时间不变，工资率变化时，个人的劳动收入必然随之变化，由此产生个人预算约束线的相应改变。例如，当工资率提高时，收入必定增加，从而对个人劳动力供给决策产生影响。这里我们所关心的是其他条件都不变，只有工资率的变化对个人时间分配结构调整的影响。我们假设：个人可支配的时间不变，收入不变，只有工资率变化，并且设工资率提高了。可以结合图2-13进行分析。

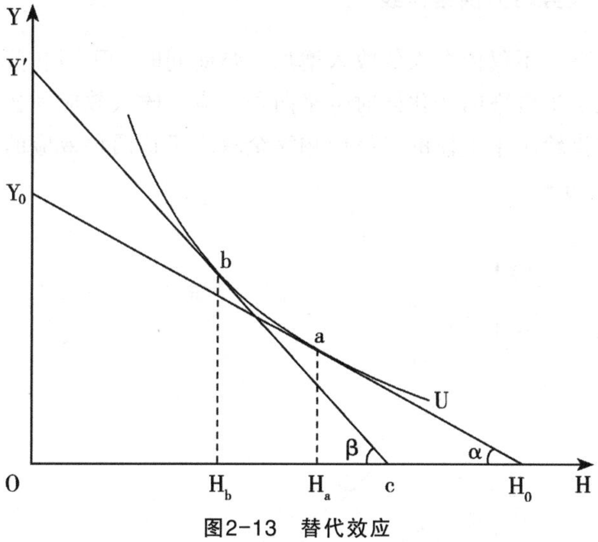

图2-13 替代效应

在图2-13中，闲暇-收入的无差异曲线为U，预算约束线为H_0Y_0，H_0Y_0与横轴的夹角为α，与U相切于a点，此时的工资率为W_1。显然，闲暇为OH_a，劳动时间为H_aH_0。在工资率提高后，直线bc与横轴的夹角设为β，与无差异曲线相切于b点，工资率为W_2。因为$tg\beta>tg\alpha$，所以有$W_2>W_1$。在工资率为W_2的情况下，均衡点由a移向b；相应地，闲暇从OH_a减少到OH_b，劳动力供给时间则从H_0H_a增加到

H_0H_b，劳动力供给时间存在一个正向增量 H_aH_b。由此可见，在其他条件不变的情况下，工资率提高，劳动力供给时间增加，闲暇减少。由经济学原理可知，价格提高的商品，必定增加供给量，所以在工资率提高时，劳动力供给时间必定增加。同时，工资率提高了，意味着闲暇的机会成本提高了，消费闲暇的代价变得更加昂贵。价格提高的商品，必定减少需求量，故在工资率提高的情况下，闲暇必定减少。

因为点a和b在同一条无差异曲线上，点a和b所示的闲暇-收入组合实现相同的效用，所以闲暇减少带来的效用损失得到精确的补偿：劳动时间增加，从而收入增加，带来效用的增加。

我们还可以从另一个角度来分析这个问题，仍以图2-13为例。在无差异曲线U上有无数个点，每个点表示一种闲暇和劳动收入的组合，过每个点都可画出一条切线，如 aH_0 和bc，它们对应不同的斜率，也就是对应不同的工资率。虽然这些切线所表示的个人可支配的资源不相同，但它们都能使主体实现相同的效用水平，其原因在于所有切点都在同一条无差异曲线上。因此可以说，在个人实现相同效用水平的情况下，劳动力供给的决策主体改变其时间分配结构，必定由工资率的变化所引起。相对价格提高的商品必然引起较小的需求，价格提高的商品必然增加其供给，这就是替代效应。

2.2.4.3 个人劳动力供给曲线

工资率的提高，不仅使个人的收入增加，与此同时，闲暇和劳动时间的效用也发生相应的变化。工资率的变化同时带来两种效应：收入效应和替代效应。工资率的变化对劳动力供给决策主体的最终影响完全取决于这两种效应的相互关系。下面结合图2-14进行分析。

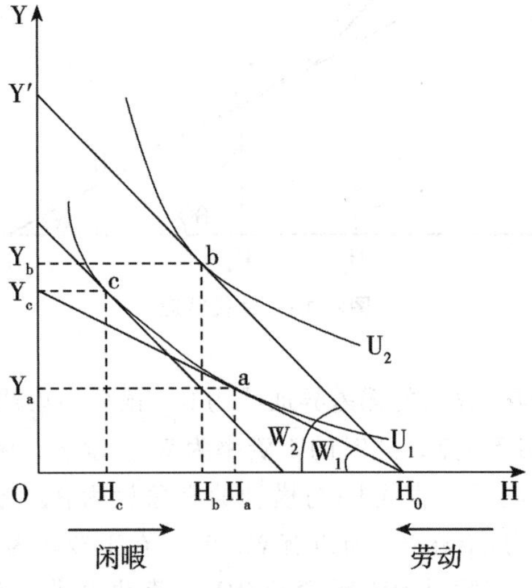

图2-14 收入效应与替代效应

在图2-14中，其符号的含义与图2-13相同，预算约束线与横轴的夹角W_1与W_2相当于工资率。当工资率为W_1时，主体的闲暇-收入的均衡点为a。此时，闲暇为OH_a，收入为Y_a。假设工资率由W_1提高到W_2，则预算约束线为H_0Y'。那么在新的约束条件下，主体的最佳选择是在具有更高效用水平的无差异曲线U_2上的b点实现新的均衡。在均衡点b，闲暇由OH_a减少到OH_b，劳动力供给时间由H_0H_a增加到H_0H_b，有一个正向的增量H_aH_b，劳动收入也由Y_a增加到Y_b，也有一个正向增量Y_aY_b。显然，在主体闲暇-收入偏好和可支配资源既定的情况下，随着工资率的提高，主体的效用达到新的水平，而且工资率对劳动力供给时间的变动有正向影响。

在图2-14中，a点向b点的最佳选择移动，实际上是收入效应和替代效应共同作用的结果。

首先，观察a点向c点的移动，它表示最佳选择点的移动不改变效用水平，而只改变工资率，c点是由与H_0Y'平行的直线与无差异曲线U_1相切所确定的。这就是前面所提到的替代效应。由于替代效应，劳动力供给时间增加了H_aH_c，而闲暇由OH_a减少到OH_c。显然，替代效应对劳动力供给具有正向影响。

其次，观察c点向b点的移动，这种移动可以看作工资率不变，但收入增加了。由于收入增加了，为了获得较多的闲暇，只能减少劳动力供给时间，用增加的收入换取闲暇。如图2-14所示，点c到b的移位就是收入效应。收入效应作用的结果是劳动力供给时间减少了H_bH_c。显然，收入效应对劳动力供给具有负向影响。

由此可见，由于工资率由W_1提高到W_2，最佳选择由点a到b的移位是替代效应与收入效应共同作用的结果。

在上文中，工资率的提高对主体劳动力供给决策的最终影响是增加劳动力供给时间，减少闲暇。但是这种结论是否具有普遍的适用性呢？对这一问题不能简单地回答是或不是。从前面的分析中可以看到，在工资率提高的条件下，主体劳动力供给的决策受到两种效应的影响，劳动力供给时间的变动量最终取决于替代效应与收入效应的相互关系。而这两者的相互关系实际上取决于主体的闲暇-收入偏好，或者说取决于主体的效用函数。在上文中，由于工资率提高产生的替代效应大于收入效应，所以随工资率的提高，主体选择了增加劳动力供给时间。由此推论，如果替代效应小于收入效应，那么随工资率的提高，劳动力供给时间会减少。

经验、事实和理论研究表明，在工资率较低且收入较少时，由于工资率提高产生的替代效应大于收入效应，故随工资率的提高，劳动力供给增加；在工资率维持较高水平并且收入也在较高水平时，由于工资率提高同时产生的两种效应的相互关系发生了变化：替代效应小于收入效应。故随着工资率的提高，替代效应作用下的劳动力供给时间的增加，小于收入效应作用下的劳动力供给时间的减少，最终表现为工资率对劳动力供给的负向影响。图2-15的个人劳动力供给曲线就是上述分析的几何描述。

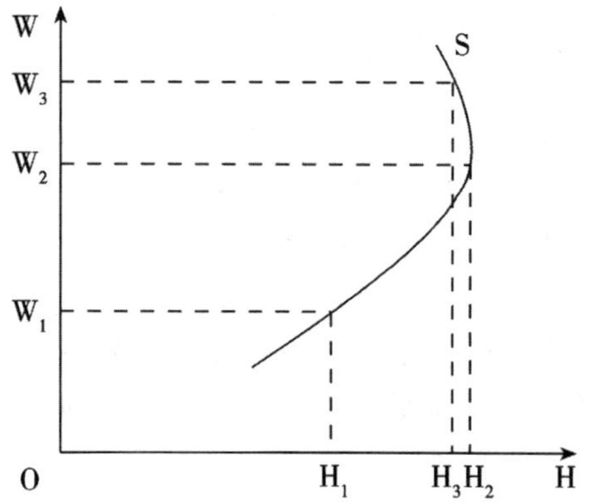

图2-15　个人劳动力供给曲线

在图2-15中，横轴为劳动力供给时间，纵轴为工资率，S为个人劳动力供给曲线。在工资率为W_1时，个人劳动力供给时间为OH_1；随着工资率的提高，劳动力供给时间增加，在工资率为W_2时，劳动力供给时间为OH_2；工资率进一步提高，由W_2提高到W_3时，劳动力供给时间为OH_3，劳动力供给时间反而减少了。由此产生的个人劳动力供给曲线S为“向后弯曲”的形状：当工资率低于W_2时，曲线S的斜率为正值；当工资率高于W_2时，曲线S的斜率为负值，即在工资率大于W_2的区间，工资率的提高使劳动力供给时间减少。

那么，工资率W_2是什么水平？是10元/时还是20元/时，或者其他某种具体水平？劳动力供给分析不能给予确定的回答。如果必须回答的话，只能说具体水平取决于个人闲暇-收入的偏好即个人效用函数的特征。

在本书2.1.2部分讨论劳动力供给的概念时，我们描绘出一条从左下向右上倾斜、斜率为正值的劳动力供给曲线（如图2-3所示），那是一条市场劳动力供给曲线。市场劳动力供给曲线是由众多的个人劳动力供给曲线叠加而成的，其不像个人劳动力供给曲线那样向后弯曲，主要原因在于劳动力市场人数众多，个人偏好千差万别。在某种工资率下，一些个人可能由于收入效应的作用更大，从而减少劳动力供给时间；另一些个人反而大幅度增加劳动力供给时间；还有一些人只是存在替代效应等，所以市场劳动力供给曲线向右上方倾斜。

2.3　家庭劳动力供给分析的基本模式

2.3.1　家庭劳动力供给的选择——就业与非就业选择

在本书2.2部分个人劳动力供给决策的主体均衡分析中，对一定工资率，各个劳动力供给决策主体有各自的最佳劳动力供给时间。劳动力供给时间仅根据自身的闲暇-收入偏好及预算约束线确定，有的最佳劳动力供给时间是每天8小时，有的可能是9小时等，必然呈现出一种随机分布状态。但是在现实的劳动关系与劳动管理中，个人在一定时间段（如每周、每天）内的工作时间通常是被事先规定的，个人并不能完全按照效用最大化的决策完成劳动力供给。其原因在于：其一，企业的生产技术条件及职业工作的客观要求决定在单位时间（如日、周）内保证一定的劳动时间长度；其二，企业管理的需要；其三，劳动时间制度的惯例，等等。所以在单位时间内，一定的劳动时间长度由制度给定，而不能完全由个人自由决定，如每日8小时、每周40小时等。

在社会经济生活中，家庭在消费与劳动力供给方面是基本的决策主体。在以家庭为单位的经济选择和经济行为中，家庭成员之间存在一定的分工协作关系。家庭成员与就业有关的先后顺序如何决定，在很大程度上取决于就业后预期得到的工资率和家务劳动的效率，同时受社会已经形成的习惯及其他因素的影响。

要分析家庭内部的分工协作关系，需对家庭成员的预期工资率和家务劳动的效率进行冗长的讨论才能做到。为了便于分析，假设在家庭内部与就业有关的分工协作关系已经存在，其简化状态是：在考虑妻子是否就业以及家庭的其他成员（如16~19周岁年龄组的青年成员）是否就业时，家庭中已经有人（如家庭的成年男性成员）在就业队伍之中了。这些成员的劳动力供给决策是在一定的家庭收入的基础上作出的。

根据上述两个条件——制度劳动时间和家庭内部分工，建立如图2-16所示的模型。

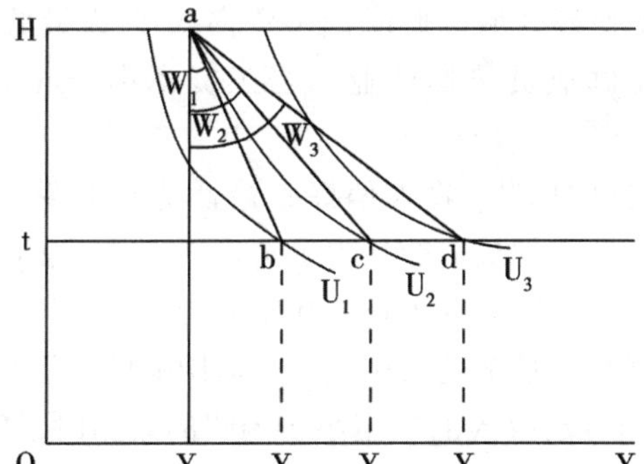

图2-16　就业-非就业选择模型

在图2-16中，横轴表示收入，纵轴为可支配的时间，从原点向上计量为闲暇，从H点向原点计量为劳动时间，Ht为制度给定的劳动时间。OY_a表示家庭已有的收入，闲暇-收入偏好的无差异曲线为U_i，且$U_1<U_2<U_3$；直线ab、ac、ad与制度劳动时间轴相交于b、c和d点，与家庭收入Y_aa直线的夹角分别为工资

率 W_1、W_2 和 W_3，显然，$W_1<W_2<W_3$。当家庭成员的工资率为 W_2、制度劳动时间为Ht时，可以看到，家庭成员选择就业与选择不就业的效用是相同的。在a点，家庭的收入就是已经就业的成员的收入 OY_a，其他家庭成员可支配的闲暇为OH；在c点，家庭收入为（$OY_a+Y_aY_c$），可支配的闲暇则为Ot，即放弃tH的闲暇可使家庭增加 Y_aY_c 的收入。因为a与c两点同在无差异曲线 U_2 上，所以就业与不就业的效用相同。假设工资率低于 W_2，如为 W_1，如果此时选择就业，其组合点为b，b点在无差异曲线 U_1 上，U_1 要比 U_2 的效用水平低；如果此时选择不就业，其组合点为a，效用水平比b点的组合高。因此，在工资率低于 W_2 时，非就业的家庭成员必定选择不就业。再看另外一种情况，假设工资率比 W_2 高，如为 W_3，无差异曲线 U_3 与制度劳动时间轴相交于d点，此时选择就业，可使效用水平达到 U_3，因为 $U_3>U_2$，所以家庭的非就业成员必定选择就业。这样就形成一种非连续的、0-1分布的局面：或者接受规定的制度劳动时间和工资率这些条件去就业，或者不接受条件，不就业。

进一步分析，如果就业，家庭的非就业成员均要放弃tH线段所示的闲暇；在不同的工资率下，分别可增加收入 Y_aY_b、Y_aY_c、Y_aY_d。在工资率为 W_2 时，放弃闲暇而损失的效用足以由增加的收入而带来的效用的增加来补偿，故效用水平一样，所以就业与不就业均无差异。若工资率小于 W_2，则由就业所增加的收入不能补偿放弃闲暇而带来的效用损失，因而效用水平降低，选择不就业。若工资率高于 W_2，则由就业所增加的收入不仅能够补偿放弃闲暇带来的效用损失，而且可以使效用水平增加，从而达到更高的效用水平，所以当然要选择就业。

由此可见，劳动力供给的决策主体家庭成员是否参与劳动，以能否取得最大效用为决策原则。当制度劳动时间为Ht、工资率为 W_0 时，如果决策主体家庭成员处于就业-非就业无差异区域，此时的工资率 W_0 即为最低劳动力供给价格。当工资率大于 W_0 时，家庭成员选择就业；当工资率小于 W_0 时，家庭成员选择不就业。

每个家庭均有各自的闲暇-收入偏好，最低劳动力供给价格也因家庭而异，家庭的收入不同，各个家庭的最低劳动力供给价格也就不相同。最低劳动力供给价格的经济含义，实质上是指在某种工资率和制度劳动时间给定的条件下，劳动收入的增加能否补偿闲暇减少所带来的效用损失，即闲暇的效用与劳动收入的效用之间存在相互替代关系。当劳动收入的效用小于闲暇的效用时，家庭成员不参与劳动；当劳动收入的效用不仅能够替代闲暇的效用，而且能够提高效用水平时，家庭成员就要参与劳动。这里的劳动当然是指有酬劳动。

进一步考察，可以发现不同家庭的最低劳动力供给价格呈正态分布，如图2-17所示。

在图2-17中，横轴为工资率W，纵轴为以最低劳动力供给价格为标志的家庭户的密度分布Q。在工资率较低时，如为 W_1，密度分布较低；在工资率较高时，如为 W_2，密度分布也较低，基本上呈正态分布。当工资率为 W_0 时，一般说来凡是最低劳动力供给价格比W_0低的家庭，其家庭成员就需要就业了。在图2-17中斜线所示部分的面积与正态分布曲线和横轴围成的部分的面积之比，就是当工资率为W_0时家庭中非就业成员就业的概率。有研究证明，这一就业概率与相同统计范围内的劳动力参与率相似。因此，工资率对劳动力参与率有极为重要的影响。它也说明了乡村人口的劳动力参与率在总体水平上比城镇人口的劳动力参与率高的原因。

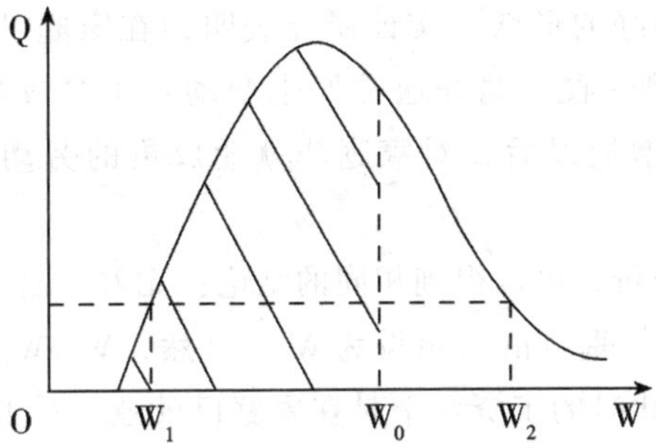

图2-17 最低劳动力供给价格的密度分布

2.3.2 不同条件下的家庭劳动力供给

2.3.2.1 收入效应

如果家庭中已就业成员的劳动收入增加了，那么对家庭非就业成员的劳动力参与率有什么影响呢？现在应用与图2-16相同的模型进行分析（如图2-18所示）。

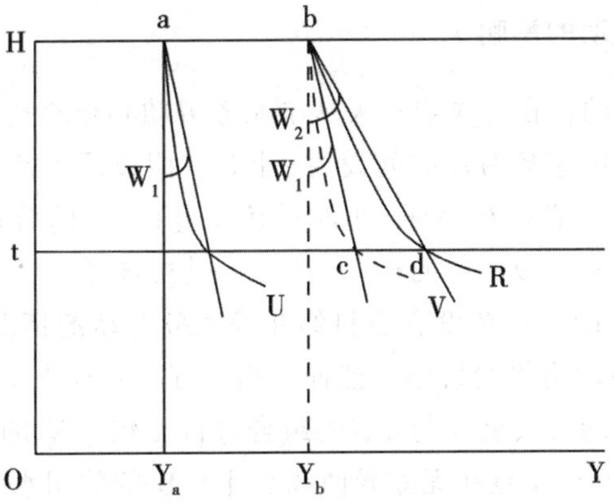

图2-18 收入对就业选择的影响

在图2-18中，家庭中已就业成员的劳动收入为Y_a，家庭非就业成员如果就业的话，其工资率为W_1。若此家庭的闲暇-收入偏好为U，制度劳动时间为Ht，此时家庭非就业成员处在就业-非就业无差异区域，W_1为最低劳动力供给价格。若就业成员的劳动收入由Y_a增加到Y_b，该家庭的闲暇-收入偏好为V，图中的b点与c点同在无差异曲线V上，直线bc与垂线的夹角仍为W_1，非就业成员就业与不就业仍然是无差异的，所以W_1仍是最低劳动力供给价格。但是当家庭就业成员的劳动收入增加以后，家庭的闲暇-收入偏好改变为R这样的形状，家庭非就业成员将会选择不就业。

因此，在家庭就业成员的劳动收入增加以后，非就业成员是否就业关键取决于家庭闲暇-收入偏好的形状。实证研究表明，在家庭已就业人员的劳动收入增加以后，家庭的闲暇-收入偏好通常发生变动：由U或V改变为R这种形状。所以，家庭劳动收入增加以后，对家庭非就业成员的劳动力参与率存在明确的负向影响。

从另外一个角度分析，可以得到相同的结论：无差异曲线R与制度劳动时间轴t相交于d点，直线bd与垂线的夹角设为W_2，显然，$W_2>W_1$，即如果工资率比W_1高，其水平为W_2时，此时的工资水平是在家庭已就业成员的劳动收入增加以后的家庭的最低劳动力供给价格。因此，在家庭收入增加以后，家庭的最低劳动力供给价格上升。如果工资率不变，仍为W_1，家庭的非就业成员就选择不就业。

某种素质结构的劳动力由市场所决定的工资有其自身运动的规律，并不具有主观随意性。它并不会因家庭已就业成员工资水平的提高造成家庭收入的增加，而相应地改变家庭非就业成员可能得到的工资率。其原因在于非就业成员的劳动力素质结构仍同以前一样。因此，工资率由W_1提高到W_2是没有根据的。所以，收入增加导致的家庭闲暇-收入偏好的改变只能对家庭非就业成员的劳动力参与决策产生负向影响。

2.3.2.2 家务劳动的影响

家庭及家庭消费的存在，决定每天从事家务劳动必须耗费一定的时间，如照料幼儿等。将必不可少的家务劳动时间设为c小时，假设照料幼儿由主妇承担，那么主妇若参与有酬劳动，必须在保证c小时后还要有t小时的劳动时间。这样就需在（c+t）小时处（即如图2-19所示的t′的位置上）进行选择。

制度劳动时间为Ht，且在没有照料幼儿等家务劳动的情况中，与图2-18的模型一样，W_1为最低劳动力供给价格。然而，由于存在c小时家务劳动的制约，主妇在就业选择时，效用的得失就应与d点的组合进行比较。W_1的工资率与（c+t）（即t′）的时间轴的交点为e，e点在无差异曲线U_3上，U_3的效用水平不仅远低于U_1的效用水平，而且低于过d点的无差异曲线U_2的效用水平。所以，主妇不会选择就业。既然c小时家务劳动是给定的条件，那么可以看到无差异曲线U_2穿过d、f两点，此时的最低劳动力供给价格是W_2。显然，这时的最低劳动力供给价格比没有c小时制约的条件下要高。但是工资率并不具有主观随意性，即使是同样的工资率，主妇也

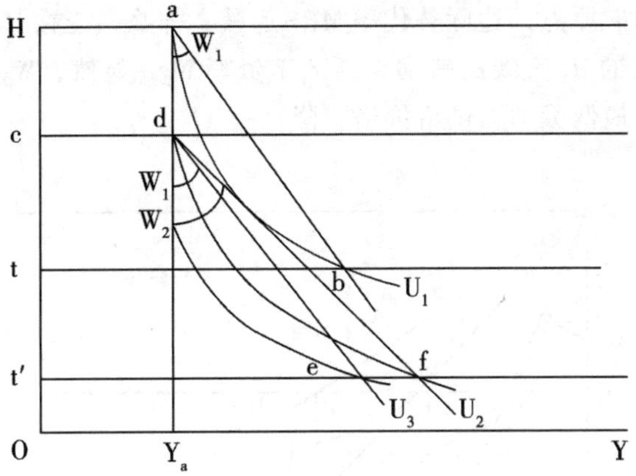

图2-19　家务劳动对就业选择的影响

无法选择就业。从存在既定的家务劳动时间的条件出发，家务劳动的存在对劳动力参与率产生负向影响。

大量的经验材料支持上述结论。一些国家或地区的调查结果显示：家庭处于养育幼儿及孩子在小学教育阶段，对25~35周岁年龄组已婚妇女的劳动力参与率有显著的负向影响。

2.3.2.3　制度劳动时间长度的影响

制度劳动时间长度是影响劳动力参与率的重要变量。在就业-非就业选择模型（如图2-16所示）中，劳动时间长度由一定的劳动管理制度给定。在图2-20中，在制度劳动时间为Ht_1、工资率为W_1时，无差异曲线U_1通过H与a两点。此时，决策主体就业与非就业是无差异的，即W_1为最低劳动力供给价格。如果制度劳动时间由Ht_1缩短为Ht_2，那么直线Ha与缩短后的制度劳动时间轴t_2相交于b点，通过点b的无差异曲线U_2在U_1的右上方。显然，在制度劳动时间缩短、工资率不变的情况下，劳动者的效用必定提高。因此，在其他条件不变的情况下，制度劳动时间缩短，在追求效用最大化的理性原则的驱使下，将刺激劳动力参与率提高。如果更进一步讨论，当工资率为W_1、制度劳动时间为Ht_1，决策主体若选择就业，其闲暇为Ot_1，劳动时间为Ht_1，劳动收入为OY_a。制度劳动时间缩短以后，其闲暇将有一个净的增加，即为t_1t_2。如果此时劳动收入仍为OY_a，那么决策主体的效用水平将提高到U_4，比U_2更高，表明工资率由W_1提高到W_4。这种变化说明：如果制度劳动时间缩短、劳动收入不变，那么工资率实质上是提高的，对劳动力参与率产生正向影响；反之，其他条件不变，制度劳动时间延长，如图中制度劳动时间由Ht_1延长到Ht_3，那么，Ha直线与新的劳动时间轴相交于e点，而过e点的无差异曲线U_3在U_1的左下方，效用水平降低，从而对劳动力参与率产生负向影响。

从图2-20中还可以看到另外一种情况：无差异曲线U_1与缩短后的制度劳动时间轴t_2相交于c点，而c点与H点、a点均在同一条无差异曲线上，效用水平一样。

由于无差异曲线凸向原点，边际替代率MRS递减，那么，连接H点与c点的直线与垂线的夹角所决定的Hc直线的斜率为新的工资率W_2。显然，$W_2<W_1$。因此，制度劳动时间缩短意味最低劳动力供给价格下降。

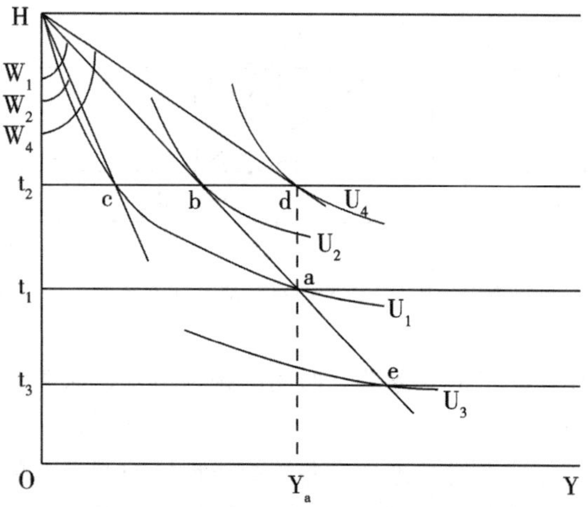

图2-20 劳动时间长度与劳动力参与率

由此推理可得出两点结论：

其一，其他条件不变，工资率不变，制度劳动时间缩短，劳动力供给增加；

其二，由于制度劳动时间缩短，最低劳动力供给价格下降，在市场需求的作用下，就业就会增加。

2.3.2.4 教育、培训对劳动力参与率的影响

教育、培训的人力资本投资对劳动力供给存在显著的影响。在个人或家庭成员中，闲暇总是等于可支配时间减去劳动时间的差。放弃闲暇参与劳动可以增加家庭的收入；放弃闲暇而进行人力资本投资，亦可以增加未来的收入。这里替代闲暇的两种方式所带来的边际效用的相对关系，对劳动力参与率的影响是一目了然的。

在图2-21中，无差异曲线分别为U和V，同样的制度劳动时间Ht，偏好不同的人，最低劳动力供给价格明显不同。闲暇-收入偏好为U的人，最低劳动力供给价格为W_1。偏好U与V的显著差异是闲暇的边际效用不同：偏好V的边际效用大于U的边际效用。由于对人力资本投资有较高回报的预期，所以在工资率等于W_1的情况下，这些人将不选择就业。因而，可以认为，如果其他条件不变，只限于教育、培训等人力资本投资较高回报的预期，那么人力资本投资对劳动力供给是负向影响。正是由于这种关系的存在，造成16~19周岁年龄组的青年人口劳动力参与率自第二次世界大战以后呈持续下降的趋势。

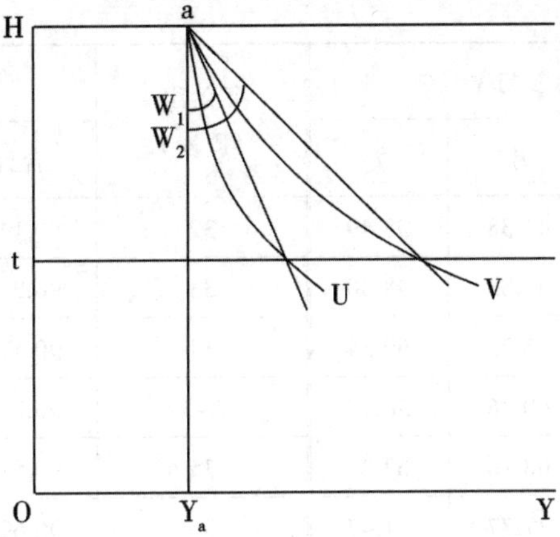

图2-21 教育、培训与劳动力参与率

2.4 劳动力供给的实证分析

2.4.1 劳动力参与率的周期变动

2.4.1.1 劳动力参与率的生命周期

劳动力参与率的生命周期是指劳动力参与率依年龄增长呈周期性变动的曲线。在平面直角坐标中，横轴取年龄或年龄组，纵轴为劳动力参与率，将各年龄或年龄组人口的劳动力参与率连接起来所得到的曲线，即劳动力参与率的生命周期。依据研究目的的不同，可以按照不同的标准选择劳动力参与率指标，从而得出不同性质的劳动力参与率生命周期。

根据中国2010年第六次人口普查提供的全国分年龄、性别的16周岁以上人口的就业状况，可以核算出中国男性和女性各年龄的劳动力参与率（见表2-3），进而绘制出相应的劳动力参与率生命周期曲线（如图2-22所示）。

表2-3 中国男性和女性的劳动力参与率统计资料

年龄组（周岁）	劳动力参与率（%）			年龄组（周岁）	劳动力参与率（%）		
	合计	男	女		合计	男	女
总计	70.96	78.16	63.73	29	89.76	96.80	82.69
16~19	33.47	34.80	32.04	30~34	90.16	97.04	83.19
16	15.29	16.41	14.06	30	89.90	96.93	82.86
17	26.65	28.11	25.09	31	90.07	97.06	82.97

续表

年龄组（周岁）	劳动力参与率（%）			年龄组（周岁）	劳动力参与率（%）		
	合计	男	女		合计	男	女
18	39.99	41.38	38.49	32	90.14	97.05	83.16
19	50.11	51.83	48.30	33	90.28	97.06	83.35
20~24	72.76	76.22	69.34	34	90.41	97.10	83.58
20	58.38	60.36	56.37	35~39	90.75	96.95	84.40
21	65.72	68.16	63.29	35	90.51	97.05	83.84
22	74.60	77.77	71.47	36	90.62	97.03	84.10
23	82.20	86.92	77.55	37	90.71	96.93	84.32
24	85.86	91.64	80.27	38	90.85	96.91	84.66
25~29	88.89	95.78	82.09	39	90.99	96.86	84.94
25	87.56	94.01	81.27	40~44	90.71	96.50	84.82
26	88.55	95.38	81.85	40	90.88	96.69	84.95
27	89.10	96.08	82.21	41	90.79	96.56	84.91
28	89.45	96.53	82.40	42	90.78	96.46	84.99
43	90.70	96.46	84.85	55~59	67.14	80.40	53.80
44	90.40	96.31	84.36	55	71.09	84.61	57.24
45~49	87.66	95.14	80.05	56	68.66	82.28	54.88
45	89.45	95.94	82.79	57	67.17	80.41	54.00
46	88.38	95.40	81.27	58	65.35	78.35	52.30
47	87.46	95.03	79.68	59	62.19	74.85	49.59
48	86.76	94.84	78.57	60~64	49.52	58.26	40.58
49	84.46	93.72	75.38	60	53.98	62.94	44.89
50~54	76.31	89.77	62.41	61	51.38	60.12	42.21
50	78.90	91.81	65.84	62	49.14	57.92	40.21
51	77.26	90.94	62.65	63	46.73	55.39	37.83
52	76.30	89.90	62.19	64	44.42	52.85	35.97
53	75.61	89.18	61.50	65及以上	21.10	27.61	15.11
54	74.21	87.71	60.53				

资料来源：国务院人口普查办公室，国家统计局人口统计司．中国2010年人口普查资料：中册［M］．北京：中国统计出版社，2011．

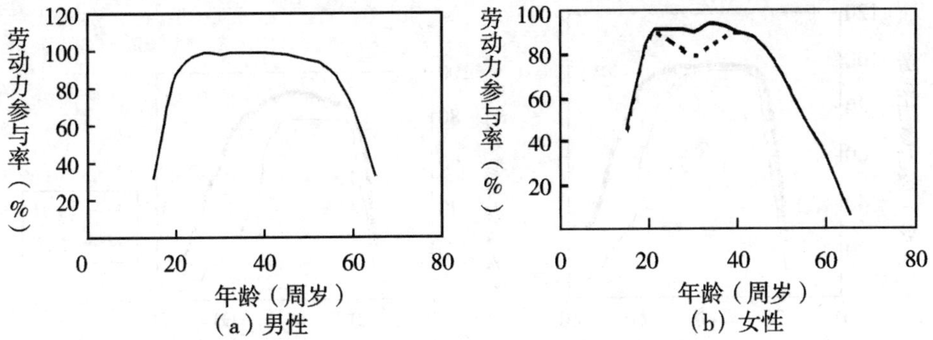

图2-22　中国男性和女性的劳动力参与率生命周期曲线

资料来源：国务院人口普查办公室，国家统计局人口统计司．中国2010年人口普查资料（中册）[M]．北京：中国统计出版社，2011.

我国是发展中国家，城乡经济发展不平衡，经济文化、收入水平都存在比较大的差距，所以城乡劳动力参与率的生命周期有不同的特点。这里我们假设：城镇人口为非农业人口，乡村人口为农业人口。在这样的假设条件下，根据我国城乡劳动力参与率（见表2-4），可以得到城乡劳动力参与率生命周期曲线（如图2-23所示）。

表2-4　**中国城乡劳动力参与率统计**

年龄组（周岁）	城镇劳动力参与率（%）			乡村劳动力参与率（%）		
	合计	男	女	合计	男	女
总计	64.29	73.06	55.50	77.81	83.37	72.21
16~19	24.87	25.70	24.01	43.22	44.88	41.38
20~24	64.61	67.69	61.54	82.58	86.61	78.64
25~29	86.82	94.66	79.18	91.59	97.21	85.92
30~34	87.78	96.41	79.18	93.33	97.86	88.63
35~39	87.81	96.12	79.30	94.24	97.94	90.46
40~44	87.14	95.25	78.76	94.31	97.78	90.82
45~49	82.24	93.00	71.04	93.01	97.32	88.73
50~54	62.65	83.67	41.01	89.22	95.52	82.69
55~59	46.29	65.83	27.17	84.10	91.94	76.02
60~64	24.30	31.82	16.89	68.74	77.77	59.23
65及以上	8.55	11.87	5.54	30.44	39.20	22.32

资料来源：国务院人口普查办公室，国家统计局人口统计司．中国2010年人口普查资料（中册）[M]．北京：中国统计出版社，2011.

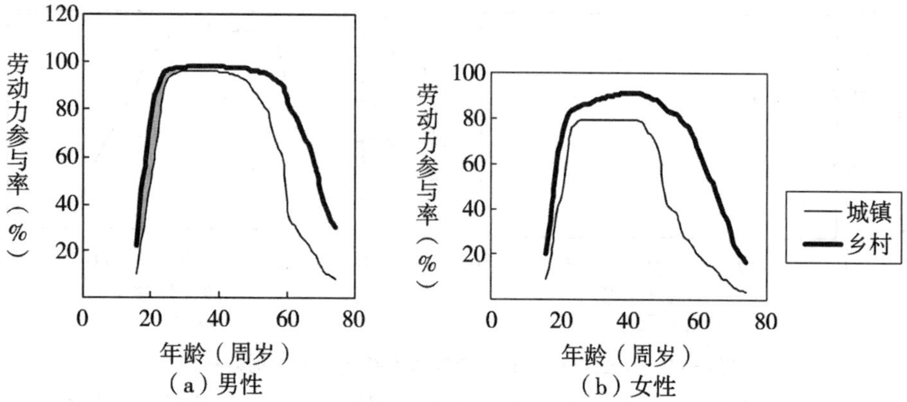

图2-23 中国城乡劳动力参与率生命周期曲线

资料来源：国务院人口普查办公室，国家统计局人口统计司．中国2010年人口普查资料（中册）［M］．北京：中国统计出版社，2011.

2.4.1.2 劳动力参与率生命周期的特点

从上述我国全国劳动力参与率生命周期曲线中可以看到劳动力参与率的一些重要特征，概括起来主要为以下方面：

其一，我国男性、女性劳动力参与率的生命周期曲线都呈倒U形，青年与老年劳动力参与率较低，25~49周岁年龄段劳动力参与率持续保持高水平，一般均在85%以上，其中35~39周岁年龄段劳动力参与率最高，达到了90.75%；男性劳动力参与率总体水平比女性劳动力参与率高。

女性劳动力参与率的生命周期曲线的形状比较复杂。多数国家和地区女性劳动力参与率的生命周期曲线呈M形（如图2-22（b）中的虚线所示），也有一些国家则呈倒U形（如图2-22（b）中的实线所示）。但无论哪种形状，女性劳动力参与率的总体水平均比男性低。在M形的劳动力参与率生命周期曲线中，在16~20周岁年龄段，劳动力参与率迅速上升，形成第一个波峰；20周岁以后，由于婚育退出劳动力市场，劳动力参与率下降，形成第一个波谷；在孩子长大以后，大约在35周岁，劳动力参与率再次上升，形成第二个波峰；50周岁以后，劳动力参与率迅速下降。但在我国，女性劳动力参与率虽在总水平上比男性低，但一般不存在结婚、育儿对劳动力供给的影响，不存在其他一些国家M形曲线所示的变动规律。

其二，24~51周岁的男性90%以上参与社会劳动。其中，26~47周岁男性劳动力参与率高达95%以上；24~46周岁的女性80%以上参与社会劳动。这种情况大体表明80%以上的家庭夫妇均参与社会劳动。

进一步比较研究城乡劳动力参与率的生命周期，发现还有另外一些特征：

首先，16~24周岁年龄段城镇劳动力参与率总体水平比乡村劳动力参与率大约低18个百分点。它表明城镇经济中的劳动力供给的素质结构比乡村经济中的劳动力供给的素质结构要高。

其次，25~49周岁年龄段劳动力参与率虽然总体上都存在乡村大于城镇的现象，但在男性当中城乡差别较小，而女性的劳动力参与率城乡差别较大。这一现象产生的原因与农村的劳动力转移密切相关。劳动收入是我国农民的主要收入来源，在农业比较收益较低且农村生活成本不断提高的条件下，乡村黄金劳动年龄段的男性人口大量流动到城镇务工，滞留在家的农村妇女不得不替代男性从事农业生产工作，因此形成了“农业女性化”的现象。

再次，老年组的劳动力参与率在总体水平上城镇低于乡村。分年龄组观察，55~59周岁年龄组城镇女性劳动力参与率比同年龄组的乡村女性劳动力参与率大约低49个百分点，60~64周岁年龄组则约低42个百分点；60~64周岁年龄组的男性劳动力参与率，城镇比乡村约低46个百分点。这种状况表明城乡保险与社会保障事业的发展程度存在巨大差异，乡村的养老保险制度还不够完善，60周岁以上人口参与劳动的比率还较高；城镇人口中有正常工作的达到这一年龄后基本都已退休，并且有养老保险等社会保障，因此劳动力参与率较低。

最后，乡村人口的劳动力参与率总体上高于城镇人口的劳动力参与率。由此可以推测，伴随着中国经济与社会的发展，以及人口的城镇化进程，乡村人口转变为城镇人口将会使中国的劳动力供给的增长速度下降。

2.4.1.3 劳动力参与率的国际比较

劳动力参与率是影响劳动力供给的极为重要的因素。我国在相当长的时期里都存在劳动力供给大于劳动力需求的矛盾。其直接原因之一可以从劳动力参与率的国际比较中进行考察。表2-5是15周岁及以上人口劳动力参与率的国际比较。

表2-5 15周岁及以上人口劳动力参与率的国际比较

国家和地区	劳动力参与率（%）			女性劳动力参与率（%）		
	2000年	2010年	2022年	2000年	2010年	2022年
世界	64.17	62.03	59.89	50.63	48.83	47.27
高收入国家和地区	60.49	60.22	60.91	50.88	52.02	53.98
欧元区国家	55.10	56.83	57.56	45.64	49.84	52.18
中等收入国家和地区	64.87	62.11	59.04	49.97	47.38	44.59
中等偏上收入国家和地区	70.42	67.00	64.72	60.62	57.22	55.98
中等偏下收入国家和地区	58.14	56.65	53.54	36.78	36.20	33.41
低收入国家和地区	69.16	67.04	66.92	59.55	56.96	58.72

续表

国家和地区	劳动力参与率（%）			女性劳动力参与率（%）		
	2000年	2010年	2022年	2000年	2010年	2022年
东亚和太平洋国家和地区	72.96	68.91	66.34	64.54	60.07	59.02
欧洲和中亚国家和地区	57.62	57.73	57.83	48.82	49.90	50.48
拉丁美洲和加勒比国家和地区	63.12	63.92	62.62	47.52	50.89	51.25
中东和北非国家和地区	47.13	47.05	45.81	18.82	19.80	18.82
南亚国家和地区	56.24	54.22	50.57	28.68	28.08	25.57
撒哈拉以南非洲国家和地区	69.01	67.76	66.75	63.03	61.97	60.92
中国	76.82	70.96	66.90	70.57	63.67	61.07
日本	62.44	59.58	62.34	49.23	48.38	53.97
韩国	61.57	61.36	63.97	49.15	49.94	54.61

注：由于统计口径不同，此处数据与人口普查资料有所差异。

资料来源：世界银行“世界发展指标”（World Development Indicators，WDI）数据库。

从表2-5中可以明显地看到，我国总人口劳动力参与率偏高，女性劳动力参与率偏高。在我国的经济发展中，剔除掉人口规模因素的影响之外，劳动力供给的迅速增长就是在这种高水平的劳动力参与率的作用下形成的。

2.4.2 劳动力参与率的变化趋势

如果从横断面即从各年龄组人口的劳动力参与率的变动情况出发，研究劳动力参与率的长期变动，则一般可看到如下趋势：

首先，16~19周岁年龄组的青年劳动力参与率下降。特别是20世纪60年代以后，由于教育事业的发展，中、高等教育入学率的提高，技术进步对高素质结构劳动力的需求，以及高学历者的较高工资收入等原因，初始就业年龄后移，青年组的劳动力参与率下降。

其次，女性劳动力参与率呈上升趋势。虽然在总体上仍较男性劳动力参与率低，并且存在对经济周期循环的敏感反应性，但自20世纪60年代以来，女性劳动力参与率水平有了显著的提高。形成这种变动趋势的主要原因是：

第一，女性受教育程度普遍提高，与此相应的工资率普遍提高；

第二，制度劳动时间缩短，灵活工时制度普遍推行，如弹性工资制、半日工作、短工劳动等；

第三，人口出生率下降对家务劳动的全面影响；

第四，科学技术进步对产业技术状况、家务劳动效率的全面影响等。

再次，老年人口劳动力参与率下降。这种变化的主要原因是收入保障制度以及各种形式的企业养老保险计划的完善和推广。

最后，25~54周岁年龄段男性劳动力参与率保持高位水平，观察不到因经济周期循环产生的变动，也不存在显著的趋势性变化。长期的变动趋势说明，男性成年人是稳定的高水平劳动力供给的主体，也是家计的主体，他们在家庭经济内部的分工中处于最优先就业的位置。

2.4.3　经济周期与两种劳动力参与假说

所谓经济周期，是指经济运行过程中繁荣与衰退的周期性交替。人们观察到在经济总水平上升或下降时期，总人口劳动力参与率亦发生波动。但是这种波动的变化方向有差异，尤其是在经济衰退时期。在有的经济衰退时期，总人口劳动力参与率上升，而在另一些经济衰退时期，总人口劳动力参与率下降。针对这种状况，研究者们提出两种劳动力参与假说：附加性劳动力假说与悲观性劳动力假说。

两种假说的前提观点是相同的，即男性成年人的劳动力参与率与经济周期不存在敏感的反应性。这个劳动力群体不管短期工资和劳动力市场条件如何发生变化，不管是处在就业状态还是处在非就业状态，总是停留在劳动力市场中。他们的流动表现为就业者和失业者之间的流动，而不表现为劳动力与非劳动力之间的流动。这个劳动力群体被称为一级劳动力。与此相对的劳动力群体被称为劳动力市场的二级劳动力。二级劳动力主要由中年妇女和16~19周岁的青年构成。二级劳动力参与率与经济运行周期存在较敏感的反应性。

附加性劳动力假说认为，在经济总水平下降时期，一些一级劳动力处于失业状态。此时，为了保证家庭已有的收入水平，二级劳动力走出家庭，以期寻找工作。因此，二级劳动力参与率与失业率之间存在正向关系：失业率上升，二级劳动力参与率提高。

悲观性劳动力假说认为，在就业率下降、失业率上升时期，一些一级劳动力处于失业状态，但仍滞留在劳动力市场，而许多二级劳动力对寻找新的工作机会的前景持悲观态度，因而宁愿退出劳动力市场，而不愿成为失业者。因此，二级劳动力参与率与失业率呈反向关系：失业率上升，二级劳动力参与率下降。

统计研究证明，在经济衰退时期，附加性劳动力效应与悲观性劳动力效应同时存在，由于两种效应的作用方向相反，所以在经济周期中，劳动力参与率表现为不同的波动状况。当附加性劳动力效应的作用更强，即进入劳动力市场的人数大于退出劳动力市场的人数时，劳动力参与率与失业率之间存在正向关系。当悲观性劳动力效应的作用更强时，劳动力参与率与失业率之间存在反向关系。但总的说来，在经济衰退时期，多数情况下劳动力参与率下降，即悲观性劳动力效应更强一些。

由于上述现象的存在，二级劳动力市场是经济周期中劳动力参与率变动幅度较大的群体。

本章小结

本章首先阐述了劳动力、劳动力参与率等基本概念；在此基础上，对劳动力市场中劳动力供给进行了分析，描绘出劳动力供给曲线，分析了劳动力供给弹性。本章还对个人和家庭劳动力供给行为作了进一步分析。

劳动力是指在一定年龄之内，具有劳动能力与就业要求，能够从事某种职业劳动的全部人口，包括就业者和失业者。劳动力参与率是经济活动人口（包括就业人口和失业人口）在一定范围内劳动年龄人口所占的比率。

劳动力供给是指在一定的工资率条件下，劳动力供给的决策主体愿意并且能够提供的劳动时间。劳动力供给曲线是一条从左下方向右上方倾斜的曲线。不同倾斜程度的劳动力供给曲线具有不同的劳动力供给弹性。

劳动力供给量的变动不同于劳动力供给的变动。前者指的是在其他条件不变时，劳动力供给量随工资率的变化而在一条既定的劳动力供给曲线上的滑动；后者则是指在工资率不变的条件下，影响劳动力供给的其他因素发生变化而引起的劳动力供给曲线的整体移动。

在个人劳动力供给行为分析中，把劳动者看作“经济人”。劳动者决定劳动力供给量的过程，是一个劳动者根据预算约束条件，不断调整自己的劳动时间，力求在现有条件下达到效用最大化的过程。个人劳动力供给曲线是一条向后弯曲的曲线。

我国劳动力参与率维持较高水平是有其深刻原因的。高水平的劳动力参与率导致劳动力供给迅速增长，并不利于人们生活质量的实质改善；最低劳动力供给价格是掌握劳动力参与决策原理的基本概念，应能运用最低劳动力供给价格分析各种条件下的劳动力参与率的变化。

关键术语

劳动力　劳动力供给　劳动力供给曲线　劳动力供给弹性　收入效应　替代效应　最低劳动力供给价格　劳动力参与率生命周期

基本训练

一、简答题

1. 请结合实际理解劳动力、劳动力供给的含义。
2. 工资率提高，劳动力供给必定增加吗？为什么？
3. 劳动收入和非劳动收入如何对劳动力参与率产生影响？
4. 我国劳动力参与率具有哪些特征？形成这些特征的原因是什么？
5. 试用恰当的模型说明何谓最低劳动力供给价格。
6. 制度劳动时间缩短对劳动力供给有何影响？

二、案例分析题

各国分性别劳动力参与率以及我国女性劳动力参与率的演变

劳动力参与率过高或过低，都会对国家的整体经济表现产生不利的影响。当劳动力参与率过低时，人们对从事经济活动兴致不高，经济发展缺乏动力，会逐步走向停滞。当劳动力参与率过高时，又会给劳动力市场带来压力。如果劳动力市场无法消化高水平的劳动力供给，则失业率将不断攀升，进而可能引发公众的不满情绪和社会的剧烈动荡。

中国男女性都保持较高的劳动力参与率，使得中国15周岁以上人口的总体劳动力参与率达到66.9%，而世界其他主要经济体的劳动力参与率，如欧洲只有57.6%，美国为61.9%，印度仅49.5%。如图2-24所示，2022年，中国15周岁以上男性劳动力参与率为72.6%，高于世界主要经济体；35个国家中，只有墨西哥、新加坡、新西兰、印度、韩国、巴西、瑞士等7个国家的15周岁以上男性劳动力参与率略高于中国。中国15周岁以上女性劳动力参与率同样处于相对较高的水平，2022年为61.1%；35个国家中，只有新西兰、挪威、新加坡、瑞士、澳大利亚、瑞典、荷兰等7个国家的15周岁以上女性劳动力参与率略高于中国。

自20世纪80年代以来，西方国家大多经历了女性劳动力参与率的上升，但与众不同的是，我国女性的劳动力参与率自1990年后呈递减趋势（如图2-25所示）。这一趋势在21世纪的头十年表现得尤为明显，并在2010年之后趋缓。

思考题：

（1）为何我国男性和女性的劳动力参与率均保持一个较高的水平？

（2）我国女性劳动力参与率缘何自1990年以来持续下降？

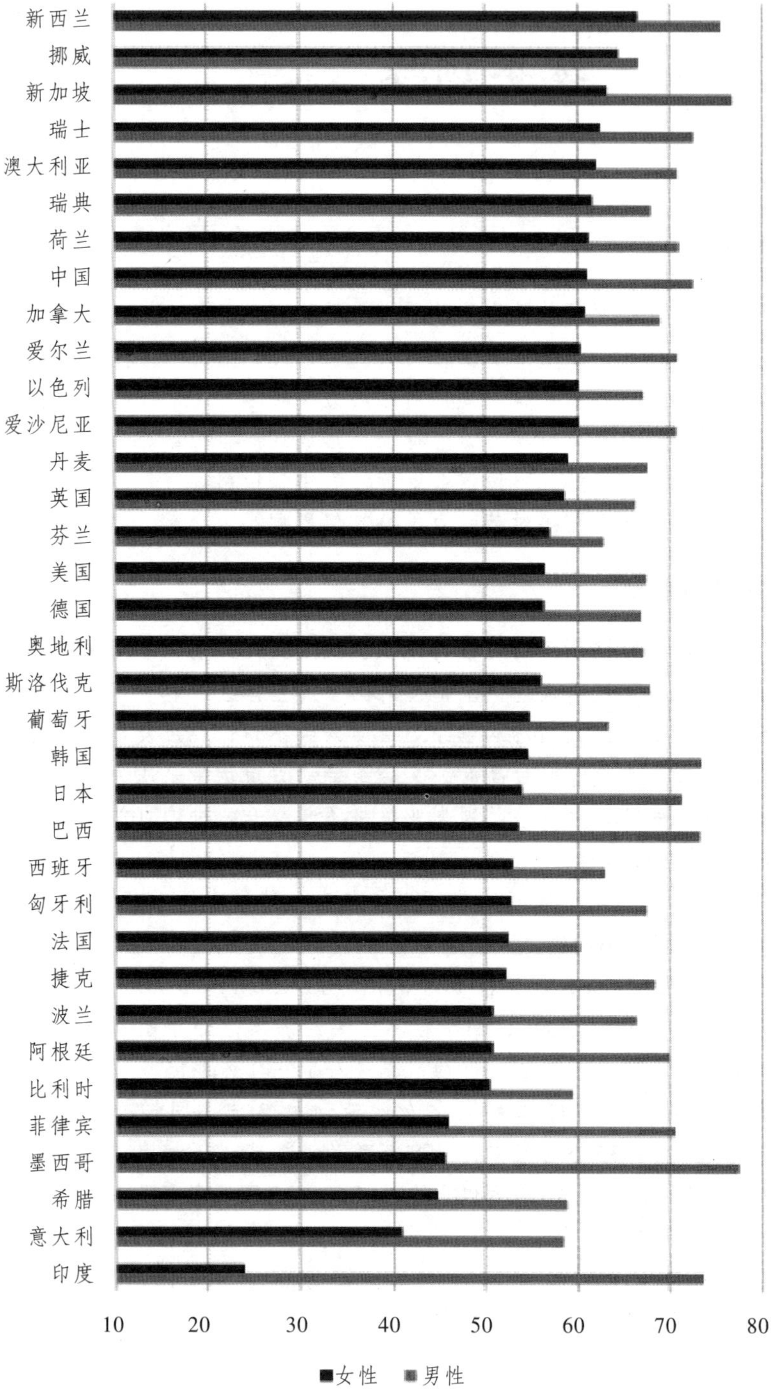

图2-24　2022年各国15岁以上人口分性别劳动力参与率（%）

资料来源：世界银行“世界发展指标”数据库。

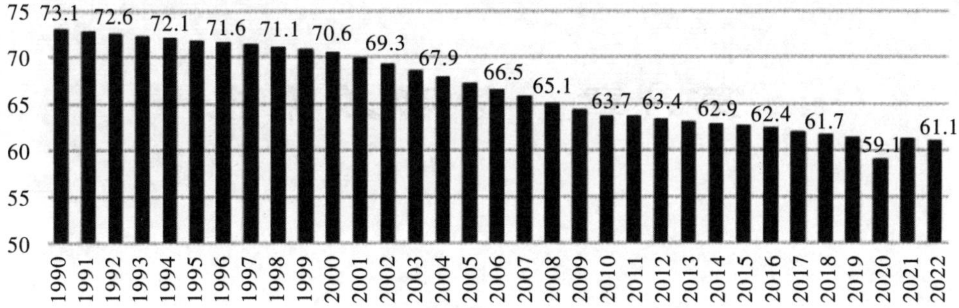

图2-25　1990—2022年中国女性劳动力参与率（%）

资料来源：世界银行“世界发展指标”数据库。

第3章 劳动力需求

学习目标

通过本章的学习，你应该能够：

1. 理解劳动力需求、劳动力需求曲线、劳动力需求弹性等基本概念。
2. 掌握企业短期与长期劳动力需求是如何决定的。
3. 掌握劳动力需求的调整以及非营利企业劳动力需求的特征。

3.1 劳动力需求的基本概念

3.1.1 劳动力需求的含义及性质

3.1.1.1 劳动力需求是派生需求

所谓劳动力需求，是指用人单位在某一特定时期内，在某种工资率下愿意并能够雇用的劳动量。劳动力需求是企业雇佣意愿和支付能力的统一，两者缺一不可。

社会物质产品（服务）的需求是一种绝对需求。在市场经济中，企业之所以雇用劳动力，是因为劳动力与其他生产要素相结合，就能为市场提供产品和服务。因此，劳动力需求产生的直接基础在于产品（服务）的需求，故劳动力需求是由产品需求派生而来的，是一种派生性需求。因为劳动力需求的派生性质，所以，在其他条件不变时，劳动力需求水平随市场产品需求的变动而变动。

生产产品不仅要有劳动力，而且要有其他生产要素的投入，如土地、资本等。因此，劳动力需求是生产要素需求的组成部分。由于劳动力需求的分析必须联系产品需求的分析，必须联系劳动力与其他生产要素相互关系的分析，换言之，劳动力需求的分析要联系生产过程的分析来进行，因此，劳动力需求的理论是关于生产的理论。

3.1.1.2 劳动力需求与工资率的反向联系

企业将各种生产要素，主要是资本和劳动结合起来生产产品和服务，资本与劳动的组合方式取决于产品需求量、资本和劳动的价格、可取得的技术条件等。

劳动力需求与消费者对消费品的需求有很多相似的地方，它们都是购买意愿和支付能力的统一。如消费者对某种消费品的需求，其直接目的是通过物品的消费获得某种满足。但劳动力需求的直接目的只是获取生产剩余，也就是为雇主提供利润。当这种生产剩余的能力为零时，需求量不会再增加。

在市场经济的条件下，商品需求量与价格水平存在相互依存的关系。只有在确定的时点、确定的价格水平下，才能谈到需求增加、减少还是不变的问题。

企业雇用劳动力，按照一定的工资率支付给工人工资。工资对工人来讲，是他们的劳动收入；对企业来讲，则是劳动力消费的成本。当劳动力消费的结果，即生产的产品价值小于成本时，劳动力消费不能生产剩余，企业就不会有雇用劳动力的需要。只有生产的产品价值大于或等于生产成本时，才能使劳动力消费存在或增加。虽然劳动力需求是一种派生性需求，但是企业在劳动力的雇佣上并不是简单地随产品需求的变动来调整其劳动力需求的。例如，市场产品需求增加，企业并不是简单地决定增加雇用劳动量，而首先要比较增加劳动雇用量所引起的总成本和总收入发生的变化。如果增加雇用量能使总收入比总成本增加更多，企业就会增加对劳动力的雇佣；反之，如果总成本比总收入增加得多，企业就不会增加雇用工人的数量。劳动力需求的概念中之所以包括雇佣意愿和支付能力两个条件，原因就在于此。所以，在假设其他条件不变的情况下，劳动力需求与工资率存在如下关系：工资率提高，劳动力需求减少；工资率降低，劳动力需求增加。这是我们在劳动经济学中分析劳动力需求的一个重要前提。

3.1.2 劳动力需求表、需求曲线与需求弹性

3.1.2.1 劳动力需求表与需求曲线

在雇用劳动力时，如果将企业愿意支付的工资率定义为劳动力需求价格，那么，将劳动力需求价格与劳动力需求量之间的数量关系用表格的形式描述出来就得到企业劳动力需求表（见表3-1）。进一步假设工资率与劳动力需求量的变动无限可分，则可根据劳动力需求表描述出企业劳动力需求曲线（如图3-1所示）。

劳动力需求表和劳动力需求曲线是用表格和几何图形的形式表述劳动力需求的概念。

在图3-1中，横轴L为企业劳动力需求量，纵轴W为工资率，曲线D即为企业劳动力需求曲线。从劳动力需求表和需求曲线中可以看到，当工资率W由30元/时依次提高到60元/时时，企业劳动力需求量L相应减少。劳动力需求曲线D是一条从左上方向右下方倾斜的曲线，它充分说明了在其他条件不变的情况下劳动力需求

量与工资率之间的反向关系。

表3-1　劳动力需求表

工资率（元/时，W）	劳动力需求量（人/时，L）
30	5 000
35	4 600
40	4 000
45	3 500
50	3 000
55	2 400
60	1 800

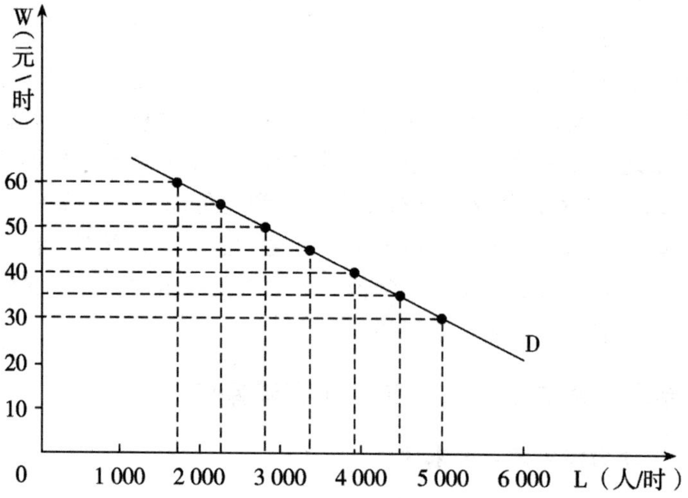

图3-1　劳动力需求曲线

3.1.2.2　劳动力需求的自身工资弹性

从劳动力需求表和需求曲线所反映的工资率与劳动力需求量的关系中可以发现，在其他条件不变时，工资率变动，劳动力需求量相应地变动。在其他条件不变时，劳动力需求量变动对工资率变动的反应程度被定义为劳动力需求的自身工资弹性，其是劳动力需求量变动的百分比与工资率变动的百分比的比值。

设 E_d 为劳动力需求的自身工资弹性，$\Delta D/D$ 表示劳动力需求量变动的百分比，$\Delta W/W$ 表示工资率变动的百分比，根据定义，劳动力需求的自身工资弹性公式为：

$$E_d = \frac{\Delta D/D}{\Delta W/W} = \frac{\Delta D}{\Delta W} \cdot \frac{W}{D} \qquad (3\text{-}1)$$

因为劳动力需求量与工资率之间存在反向关系，故劳动力需求的自身工资弹性为负值。在通常情况下，人们关注它的绝对值。从计算公式中可以看到，劳动力需求的自身工资弹性的含义是工资率变动1%，劳动力需求量变动多少。经过推导我们还可以看出，如果劳动力需求曲线为一条直线，那么在劳动力需求曲线的某一点上，劳动力需求的自身工资弹性就等于该直线的斜率乘以该点对应的工资率与劳动力需求量的比值。越靠近劳动力需求曲线的上端，劳动力需求的自身工资弹性就越大。因为直线型的劳动力需求曲线的斜率为固定值，越靠近其上端，工资率越高，劳动力需求量越低，相应地工资率与劳动力需求量的比值也就越高。ΔD/ΔW不变，W/D随着向需求曲线上方移动而不断变大，劳动力需求的自身工资弹性自然随着向劳动力需求曲线上方移动而增大。

从前文的分析中可知，劳动力市场是劳动力需求方和供给方依据工资率这一要素价格信号自由进出的系统。一般而言，市场总是由为数众多的需求方和供给方组成的。企业劳动力需求曲线揭示了每种工资率下企业愿意雇用的劳动量。市场劳动力需求曲线则表示了在每种工资率下，某一市场，如建筑工人市场、纺织工人市场等企业劳动力需求的总和。市场需求曲线由企业需求曲线叠加而成，同样存在劳动力需求量与工资率之间的反向关系，即劳动力需求曲线的斜率为负值。当然，市场结构不同，劳动力需求曲线的形状也存在差异。劳动力需求的自身工资弹性能够较好地反映这种差异，它是分析这类差异的有效工具之一。

在考察市场劳动力需求时，将工资率与劳动力需求量的变动百分比在理论与实践中的所有可能均包括进去，根据需求的工资弹性的不同取值，可将劳动力需求的工资弹性分为五类（如图3-2所示）：

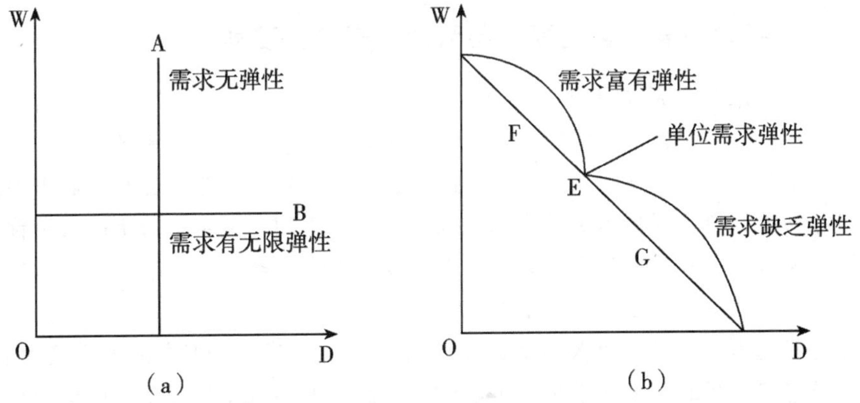

图3-2　劳动力需求的工资弹性

（1）需求无弹性，即 $E_d=0$

工资率不论如何变化，劳动力需求量固定不变。无弹性的劳动力需求曲线是一条与横轴垂直的线，如图3-2（a）中的A直线。

（2）需求有无限弹性，即 E_d 趋向于无穷大

工资率不变，或者更准确地说其变动的百分比为零，而劳动力需求量变动的百分比的绝对值大于零。无限弹性的劳动力需求曲线与横轴平行，如图3-2（a）中的B直线。

（3）单位需求弹性，即 $E_d=1$

此时，工资率变动的百分比与劳动力需求量变动的百分比的绝对值相等。当需求曲线为一条直线时，直线上各点的需求弹性均不相等，因此，直线型的劳动力需求曲线只能有一点为单位需求弹性，如图3-2（b）中的E点。

（4）需求富有弹性，即 $E_d>1$

这种情况如图3-2（b）中处于E点上方的F段。

（5）需求缺乏弹性，即 $E_d<1$

这种情况如图3-2（b）中处于E点下方的G段。

在理解和把握需求的工资弹性时，需注意三点：

其一，工资率和劳动力需求量变动的百分比都是针对某一确定的区间而言的，既包括工资率变动的确定区间，也包括时间间隔。例如，1950年的工资率是多少，2020年的工资率又是多少，同时劳动力需求量变动多少等，这样计算劳动力需求的工资弹性是没有什么意义的。

其二，要注意区别弹性和曲线的斜率。这是两个不同的概念。弹性是百分比的比值，斜率是绝对值的比值。

其三，虽然直线型的劳动力需求曲线上的需求弹性处处不同，但我们在整体性地比较两条需求曲线的弹性大小时，可以大致地认为较为陡峭的劳动力需求曲线的需求弹性较小，较为平坦的劳动力需求曲线的需求弹性较大。

3.1.3 劳动力需求量的变动与劳动力需求的变动

劳动力需求是劳动力市场最重要的变量之一，它的变动不仅受制度结构的影响，还受多种经济因素的影响，如生产的技术条件、其他生产要素的价格、总需求水平等。如果把影响劳动力需求的各种因素作为自变量，把劳动力需求作为因变量，则可以用函数关系揭示劳动力需求与影响因素之间的关系，这个函数被称为劳动力需求函数。以D表示劳动力需求，以 X_i 表示影响因素，则劳动力需求函数为：

$$D=f(X_1, X_2, \cdots, X_n) \quad (i=1, 2, \cdots, n) \tag{3-2}$$

影响劳动力需求的因素 X_i 有无限个，且各因素与劳动力需求的关系极为复杂，完全认识它们之间的关系几乎是不可能的。因此，人们只能从劳动力市场运行的主要方面考察几种最主要的联系。如果我们只考虑劳动力需求与工资率之间的关系，假设其他条件不变，工资率作为影响劳动力需求的唯一变量，以W表示，则可把劳动力需求函数表示为下式：

$$D=f(W) \quad (3-3)$$

公式3-3表明劳动力需求D是工资率W的函数。劳动力需求函数是用数学语言表述劳动力需求的概念。

众所周知，其他条件不可能是不变的，技术在进步，货币资本的规模也在扩大，如此等等。因此，在分析劳动力需求时，需要区别劳动力需求量的变动与劳动力需求的变动。

劳动力需求量的变动是指在其他条件不变的情况下，仅由工资率的变动引起的劳动力需求量的变动，表现为在劳动力需求量同一条劳动力需求曲线上的移动，如图3-3所示。在图3-3中，横轴为劳动力需求量L，纵轴为工资率W，D为劳动力需求曲线。当工资率为W_0时，劳动力需求量为L_0，在劳动力需求曲线D上为a点。工资率由W_0提高到W_1时，劳动力需求量由L_0下降到L_1，在劳动力需求曲线D上由a点向左上方移动到b点。工资率由W_0下降到W_2时，劳动力需求量由L_0增加到L_2，在劳动力需求曲线上由a点向右下方移动到c点。

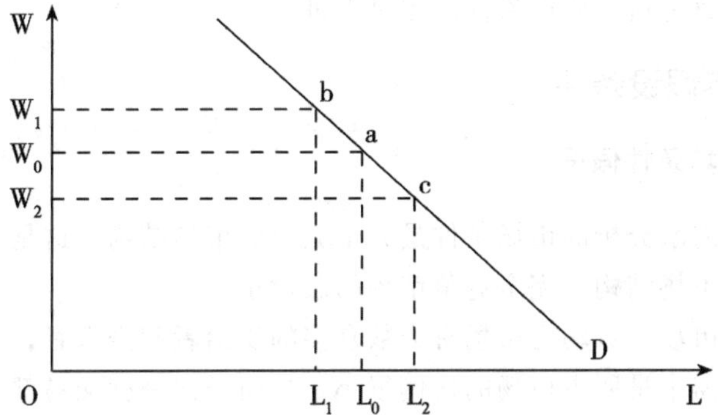

图3-3 劳动力需求量的变动（一）

劳动力需求变化与劳动力需求量变化不同。劳动力需求变化是指在决定需求量的要素价格因素即工资率不变的情况下，其他因素的变化引起的劳动力需求量的变化，可以用图3-4说明。

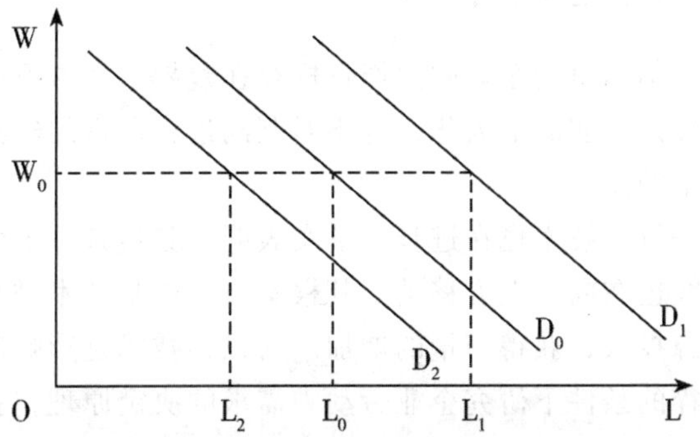

图3-4 劳动力需求量的变动（二）

在图3-4中，工资率为W_0，其他因素的变化引起劳动力需求曲线的移位。在同样的工资率W_0的情况下，由D_0劳动力需求曲线决定的劳动力需求量为L_0；工资率不变，其他因素变化，劳动力需求曲线由D_0移到D_2，劳动力需求量由L_0降低到L_2；劳动力需求曲线由D_0移到D_1，劳动力需求量由L_0增加到L_1。可见，工资率不变，劳动力需求曲线向左下方移动，劳动力需求量减少；向右上方移动，劳动力需求量增加。

3.2 企业短期劳动力需求的决定

对劳动力需求的分析，应该从基本行为的简单模型着手。为了简化分析，在进行模型分析之前，我们需要建立一些假设作为分析的出发点。当然，更为全面或现实的分析也是在放宽这些假设条件后才可以进行。

3.2.1 基本假设条件

3.2.1.1 市场条件假设

企业劳动力需求分析的市场条件是完全竞争的市场结构，这是一种竞争不受任何阻碍和干扰的市场结构。完全竞争市场的假设条件是：

其一，产品市场、劳动力市场有为数众多的供给者和需求者，市场上任何一个主体的供给量与需求量所占市场的比例很小，从而任何一种交易都无法影响市场的价格。供给者与需求者是市场价格的接受者，而不是价格的决定者。

其二，商品和服务生产中仅使用两种同质的生产要素，即劳动力和资本。此外，假设劳动条件也是一样的。

其三，资源完全自由流动，企业和劳动者均可以自由地进入或退出某个行业。

其四，市场主体具有完全信息，且获得信息的成本为零。

3.2.1.2 关于生产的若干假设

在市场经济中，不同时期企业的生产目标存在差异。在这里假设企业的生产目标是不变的，其目标是利润的最大化，也不对利润进行严密的经济学分析，它只是指总收益减去总成本的差。

企业的生产在进行，技术也在进步。事实表明，其他条件不变，随着时间的推移，生产可能性曲线也在向右上方移动。其根本原因就是技术进步。技术进步的意义就是以既定的资源投入，获得产量的增加。所以，技术是影响产量的重要因素之一。为了在比较纯粹的条件下研究企业劳动力需求的决定原理，我们假设技术对产出水平没有影响。

此外，还要对生产时期进行假设。生产时期分为三类：

其一，市场时期。在这个时期产品已经生产出来，能够随时出售。这个时期的特点是：只有交换，没有“生产”，要供给市场的物品已经有了。

其二，短期。在这个时期内其他的生产要素是不变的，唯一可变的生产要素是劳动投入。

其三，长期。这是指所有生产要素都可以调整，不仅劳动投入可以调整，资本也可以调整，新的企业亦可建立。

在把握上述假设条件中，请注意各种时期都是功能的定义，而非计时的定义。它是依据一个时期发生了什么变化而言，而非按照多长时间。例如，冶炼厂调整其所有生产要素，建设新的炼钢炉，时间就很长；一个运输企业，用大吨位载重汽车替换人力车，时间就很短，但它们都属于长期生产时期。

3.2.2 边际生产力递减规律

短期内，生产的其他要素固定不变，唯一可变的生产要素是劳动投入。当把可变的劳动投入增加到不变的其他生产要素上，最初劳动的增加会使产量增加；当其增加超过一定限度时，增加的产量开始递减。这就是劳动的边际生产力递减规律。

边际生产力递减规律发生作用的前提是技术水平不变。离开了这一前提，边际生产力递减规律则不能成立。这一规律反映的是把不断增加的可变的劳动要素，增加到其他不变的生产要素上，会对产量产生影响。特别需要注意的是，随产量的变化，机器、厂房等可以是不变的，但是原料、材料等要发生变化。这里没有考虑原料、材料等变化的影响，这样做并不影响问题的分析，而是使问题得到简化。

在其他生产要素不变时，由劳动投入的增加所引起的产量变动可以分为3个阶段：

第一阶段：边际产量递增阶段。这是因为在开始时，不变的生产要素没有得到充分的利用；劳动投入不断增加，可以使固定不变的生产要素得到充分利用，从而使边际产量递增。

第二阶段：边际产量递减阶段。所谓边际产量，是指由于增加1个单位的劳动要素投入而增加的产量。之所以出现边际产量递减，是因为不变的生产要素已接近充分利用，可变的劳动要素对不变的生产要素的利用趋向于极限。

第三阶段：总产量绝对减少阶段。此时，固定不变的生产要素已经得到充分利用，潜力用尽，再增加可变的劳动要素，只会降低生产效率，使总产量减少。

从总产量和劳动投入的关系中还可以得到平均产量的概念。平均产量就是指平均每单位劳动投入所生产的产量。

设总产量为Q，可变的劳动投入为L，平均产量为AP，边际产量为MP，则有：

$$AP = \frac{Q}{L} \tag{3-4}$$

$$MP = \frac{\Delta Q}{\Delta L} \tag{3-5}$$

总产量、平均产量和边际产量之间的关系用图3-5表示更为直观。

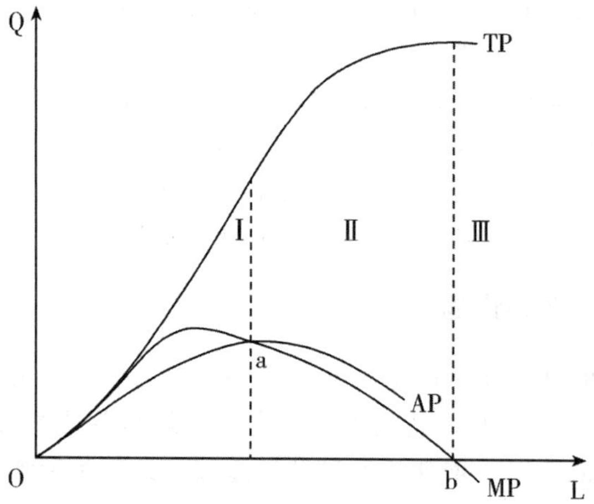

图3-5　总产量、平均产量和边际产量关系图

在图3-5中，横轴为劳动投入L，纵轴为总产量、平均产量、边际产量；对应3种产量的曲线分别为TP、AP和MP。从图3-5中可看到如下特点：

其一，TP、AP、MP 3条曲线都是先增后减。第一阶段，AP递增；第二阶段，AP和MP递减；第三阶段，MP为负值。

其二，AP与MP曲线的交点a为AP的最大值。两条曲线相交前，AP<MP；相交后，AP>MP。

其三，当MP=0时，总产量取得极大值。

劳动的边际生产力递减规律以及由它决定的总产量、平均产量和边际产量之间的关系，是研究企业短期劳动力需求决定原理的出发点。

3.2.3　企业短期劳动力需求的决定

根据图3-5表示的总产量、平均产量、边际产量和劳动投入的关系，可以清楚地看到企业在资本等生产要素固定不变时，劳动投入对产出的影响。在区域Ⅰ，平均产量AP一直在增加，并且边际产量MP大于平均产量AP。这种状况说明，相对不变的资本而言，劳动投入不足，固定不变的资本等生产要素还不能得到最充分的利用。所以，劳动投入至少要增加到a点，才能使平均产量最大。在区域Ⅱ，劳动投入的变动区间为a→b点，在这一区域，平均产量下降，边际产量递减。但仍可看到，劳动投入增加仍可使产量增加，只不过增加的比率是下降的。到b点时，边际产量为零，总产量最大。在区域Ⅲ，劳动投入量大于b，边际产量为负，总产量也在绝对减少。仅从产出与劳动投入而言，在b点之后再增加劳动投入显然是没有任何积极意义的。

由此可见，企业在资本等生产要素固定不变时，劳动投入的增加量在区域Ⅱ，即［a，b］。但准确地说，应在这一区间的哪一点上呢？显然，这就必须首先确定企业的生产目标。生产目标不外乎有3种：人均产量最大化、总产量最大化、利润最大化。

企业若以人均产量最大化为目标，劳动投入量a点最佳；以总产量最大化为目标，劳动投入量b点最佳；以利润最大化为目标，就不能简单地说了，它要取决于产品价格与费用。因此，企业短期劳动力需求的决定，必须结合成本和价格来分析。企业劳动力需求的决定，是在对增加劳动力所支出的成本及其所能增加的收入进行比较后才能作出。

前已述及，增加1单位劳动力所增加的产量被定义为劳动的边际产量，也叫边际产品。边际产品按照现行价格出售，则企业得到的收入增量就是劳动的边际产品价值。因为是完全竞争的市场，所以产品价格不变，劳动的边际产品价值等于劳动的边际产品收益。设劳动的边际产品收益为MRP，劳动的边际产品价值为VMP，产品的价格为P，则有：

$$MRP=VMP=MP\cdot P \tag{3-6}$$

在完全竞争的市场结构中，资本等生产要素不变，唯一可变的是生产要素为劳动投入，那么，增加单位劳动而给企业增加的收益为劳动的边际产品价值，它等于劳动的边际产品乘以价格。

值得注意的是价格的含义。这里所说的价格是理论分析的抽象价格概念，而不是市场实际具体的价格，如服装厂出售一件衬衣定价为50元，消费者购买一双皮鞋要花290元之类。现实具体的价格既包括劳动成本，又包括其他成本、费用。而理论分析运用的价格概念，由基本假设条件可知，一切转移费用都不包括在内，即不包括凯恩斯所说的使用者成本（user cost）。

由假设条件可知，在完全竞争的劳动力市场，工资率不变，企业面临的是一条工资率与横轴平行的劳动力供给曲线。在工资率为W的水平上，企业可以雇用到想雇用的任何数量的工人；如果工资率低于W，则雇不到任何工人。当然，企业也无须用高于W的工资率去雇用工人。

短期内，企业唯一可变的生产要素是劳动投入，故可变的成本也就是工资。增加单位劳动投入所增加的成本被称为边际成本，设为MC。显然，MC=W。

从经济学原理中可知：企业实现利润最大化的目标，必须使其边际产品收益等于边际成本，即

$$MRP=MC \tag{3-7}$$

因为MRP=VMP，MC=W，所以，在完全竞争的条件下，短期企业劳动力需求决定的原则是MRP=VMP=MP·P=MC=W，即MRP=VMP=W。

如用文字叙述，即企业为实现利润最大化目标，其劳动力需求的决定必须遵循劳动的边际产品收益等于工资率的原则；如果不是这样，则不能实现利润最大化的目标。

为了更为直观地观察这一原则，结合图3-6分析。

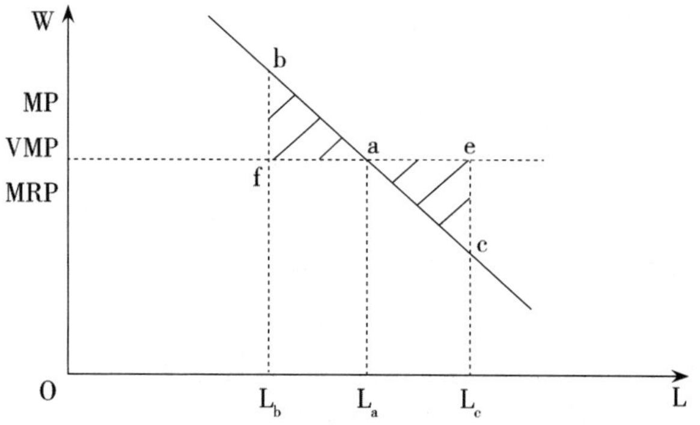

图3-6 短期劳动力需求的决定

在图3-6中，横轴为劳动投入，纵轴为工资率、边际产品、边际产品价值、边际产品收益，从左上方向右下方倾斜的曲线即由边际生产力递减规律所决定的劳动的边际产品曲线，它相当于图3-5中的［a，b］的MP曲线。如果设产品价格为1元，则可以进一步把它看作VMP曲线和MRP曲线。

工资率为W，利润最大化的劳动力需求量为L_a，它遵循了前面表述的原则。如果企业的劳动力需求量没有达到L_a，假设在L_b处就停止雇用了，那么将会出现什么情况呢？很显然，此时边际劳动投入L_b生产的边际产品价值为bL_b，大于工资率W，其差额为线段bf所示的价值部分。它说明资本和劳动力在工资率为W的条件下，还没有得到最充分的利用，增加劳动投入仍可使利润得到增加。如果将劳动投入从L_b增加到L_a，企业支付的工资成本为$W \cdot L_bL_a$，即矩形$L_bL_a$af的面积所代表的价值部分，而企业取得的收益为梯形$L_bL_a$ab这块面积所示的价值部分。收益减成本的差为三角形abf的面积，即企业劳动投入到L_b就停止增加，它必然没有获得最大利润。这部分利润如图3-6中的三角形abf的面积所示。反之，如果劳动投入超过了L_a，增加到L_c，同理，也没有得到最大利润，必然受到损失。损失的利润为图3-6中三角形aec的面积所代表的价值部分。总之，为了实现利润最大化的目标，必须遵循MRP=VMP=W。

由以上的分析可以清楚地看到，劳动力需求曲线向右下方倾斜的根本原因就在于劳动的边际生产力递减。因此，企业劳动为需求曲线与劳动的边际产品价值曲线向右下方倾斜的部分重叠。

3.3 企业长期劳动力需求的决定

企业长期劳动力需求的决定，可以通过调整资本的投入和技术构成来实现。这是因为企业长期劳动力需求有两个特点：一是通过规模效应影响雇佣水平；二是工资率的提高导致要素之间的替代。

在长期内，雇主可以改变资本和劳动的使用量。为了理解企业长期的劳动力需求曲线，我们必须考察企业行为的两个方面：一是成本最小化，即在可能最低的成本条件下生产产品；二是利润最大化，也就是选择生产多少产品。我们会发现，工资率影响这两方面的决策，因而就决定企业所使用的劳动力的数量。

3.3.1 企业生产方法的选择

3.3.1.1 等产量线

企业的生产经营活动是将劳动力和资本各按其市场价格组织起来，并使它们与一定的技术相结合，生产出产品，将产品按市场价格出售，收回成本和取得盈利的活动。劳动力需求作为企业生产经营活动的一部分，表现为劳动力的雇佣和劳动要素的投入。

在3.2部分企业短期劳动力需求的分析中，资本等生产要素被假定固定不变，唯一可变的生产要素是劳动投入，产量的变动取决于劳动投入，故企业短期的生产活动表现为一元生产函数。但是，长期的含义是所有生产要素都是可变的，故产量的变动不仅取决于劳动投入，而且取决于资本投入和其他要素投入。为了分析企业长期劳动力需求的决定，并使其分析尽量简化明了，我们假设只用资本（固定资本）和劳动力生产某种产品。设产量为Q，劳动投入为L，资本投入为K，那么产量依劳动力和资本的变动而变动，故有：

$$Q=f(K,L) \tag{3-8}$$

在企业某种定量产品的生产过程中，由于技术条件和生产方法的不同，劳动投入和资本投入可以有不同的组合，如图3-7所示。在图3-7中，横轴为劳动投入L，纵轴为资本投入K。图中的a点表示生产产量为Q_1的生产要素组合：用较多的资本投入K_a和较少的劳动投入L_a进行产量为Q_1的生产。图中的b点，是用较少的资本投入K_b和较多的劳动投入L_b进行等量生产的要素组合。在a点与b点之间，代表一些中间技术的生产要素的组合。将这些可能的组合点连接起来可得到产量$Q=Q_1$的曲线，该曲线被称为等产量线。它表明不同的生产技术和方法条件下资本和劳动投入的不同组合，其产量相等。

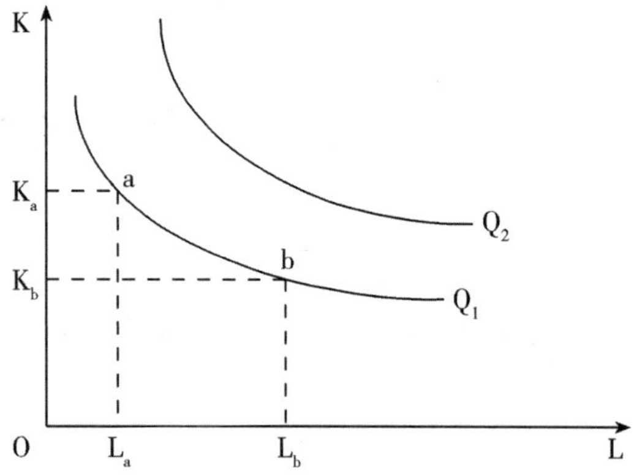

图3-7 等产量线和等产量面

把等产量线画成一条连线，意思是劳动投入可以一点一点地替代资本投入。但在企业的实际生产中并不存在这种方法，它只能有几种标准的技术，而不会出现劳动投入连续地替代资本投入的情况。所以，这只是生产方法的一种抽象表示。

当产量不同，劳动投入和资本投入的组合不同时，若产量 $Q=Q_2$，把一切可能的组合画出，就可以得到产量为 Q_2 的等产量线。若 $Q_2>Q_1$，则等产量线 Q_2 在 Q_1 的右上方。从中容易得知，越在右上方的等产量线，其产出水平越高。在KOL的整个面上布满等产量线，每一条等产量线对应不同的产出水平。整个面被称为等产量面，也称企业生产要素的组合系统。

在同一条等产量线上，两种可变的投入，即劳动投入和资本投入可以相互替代而产量不变，劳动投入和资本投入相互替代的比率被称为边际技术替代率，以MRTS表示。边际技术替代率是在保持相同的产出水平时，减少一种生产要素投入的数量与增加的另一种生产要素投入的数量之比，所以有：

$$MRTS = \left| -\frac{dK}{dL} \right| \tag{3-9}$$

边际技术替代率就是等产量线的斜率，它是一个负值，但为了分析方便起见，一般用其绝对值。

边际技术替代率与边际产品有密切关系，所以，它可以由两种可变投入要素各自变动所引起的边际产品之间的比例来表示。设 MP_L 为劳动的边际产品，MP_K 为资本的边际产品，dL和dK表示劳动投入和资本投入的微量变动，那么，在产出水平不变的情况下，劳动投入增量与由其引起的产出增量 MP_L 的乘积，必然和资本投入负增量与由其所引起的产出负增量 MP_K 的乘积相等，即

$$MP_L \cdot dL = |-MP_K \cdot dK| \tag{3-10}$$

整理得：

$$\left| -\frac{dK}{dL} \right| = \frac{MP_L}{MP_K}$$

即 $$MRTS = \frac{MP_L}{MP_K} \tag{3-11}$$

因此，劳动投入和资本投入的边际技术替代率也等于两种可变投入要素的边际产品之比。

3.3.1.2 等成本线（等费用线）

企业实现一定产出的生产成本，是各种要素投入的价格之和。设资本K的价格为R，劳动投入L的价格（工资率）为W，总成本为C，有：

$$C=R\cdot K+W\cdot L \tag{3-12}$$

式中：R·K表示资本投入成本；W·L表示劳动投入成本。如果已知C、R和W，容易求出资本投入与劳动投入各自的数量：

$$K = \frac{C}{R} - \frac{W}{R}\cdot L \tag{3-13}$$

$$L = \frac{C}{W} - \frac{R}{W}\cdot K \tag{3-14}$$

根据上述成本公式，可在图3-8中画出等成本线。

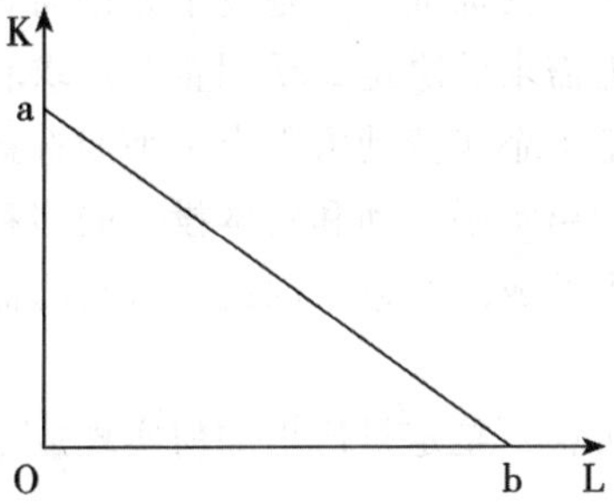

图3-8 等成本线

在图3-8中，横轴为劳动投入L，纵轴为资本投入K。在C、R和W给定时，可以求出两种可变投入要素各自的最大投入量，即横轴与纵轴的b和a两点，连接a、b两点的直线即为等成本线。设L=0，则由C/R可以确定纵轴的a点，资本投入的最大量为Oa；设K=0，则由C/W确定横轴的b点，劳动投入的最大量为Ob。等成本线上的任意一点所表示的劳动和资本投入组合的成本都相同。在ab直线上的任何一点，所投入的L和K都不能把可能投入的货币充分使用；ab线外的任何一点，所拥有的投入金额不足以购买L和K两种投入量。换言之，等成本线就是用来表示企业在要素价格给定的条件下，用一定的货币金额可能购买到的两种投入的最大数量界限，它实际上反映了企业实现一定产出水平的成本约束。

总成本和要素价格已定，增加劳动投入L就要减少资本投入K；反之，亦然。因此存在下述等式：

$$|R\cdot(-\Delta K)|=W\cdot\Delta L \tag{3-15}$$

式中：ΔL为劳动投入增量；-ΔK为资本投入负增量。该式整理得：

$$\left|-\frac{\Delta K}{\Delta L}\right|=\frac{W}{R} \tag{3-16}$$

即等成本线的斜率等于劳动和资本的相对价格比。

等成本线的斜率也可由几何图形确定：等成本线ab的斜率由Oa/Ob确定，因为Oa=C/R，Ob=C/W，所以等成本线ab的斜率的绝对值为：

$$\frac{Oa}{Ob}=\frac{C/R}{C/W}=\frac{W}{R} \tag{3-17}$$

显然，等成本线的斜率取决于要素的价格。

正如等产量线无数一样，等成本线也是无数的。每一条等成本线对应于不同的总成本。等成本线距原点的位置和形状，取决于总成本C的数量和劳动与资本的相对价格比W/R。

3.3.1.3 最佳生产方法决定劳动力需求

最佳生产方法就是定量产出成本最小的方法或定量成本产出最大的方法。因此，判断生产方法是否最优，其标准并不是技术先进与否，而是针对投入与产出的关系而言。企业长期劳动力需求的决定，受到企业追求利润最大化目标的制约，因而最佳生产方法的选择决定了企业劳动力需求水平的选择。

等产量线反映了各种产出水平劳动和资本投入的多种组合，等成本线则规定了企业可能达到某一产出水平的成本约束，因此，劳动力需求的决定需要将等产量线与等成本线结合起来分析。

现从两个角度进行分析：一是定量产出如何实现成本最小；二是定量成本如何实现产出最大。

（1）定量产出如何实现成本最小

在图3-9中，等产量线Q_1给定；在已知R和W的条件下，C_1、C_2和C_3对应3种总成本的等成本线，且$C_1< C_2<C_3$。给定产出水平Q_1，如何实现成本最小？很明显，C_2为成本最小。C_2与Q_1相切于e点，它既能满足Q_1的产出水平的需要，又可使成本最小。在要素价格给定的情况下，K_e、L_e组合是最佳生产方法，它决定企业的劳动力需求量为L_e。

观察其他两条等成本线。等成本线C_1不能与等产量线Q_1相交。虽然其总成本比C_2小，但使用C_1的成本无法支付产出水平Q_1所需要的劳动和资本的投入量。等成本线C_3与等产量线Q_1相交于a、b两点，说明a与b的劳动和资本的投入组合可以实现Q_1的产量，如K_b和L_b的组合。但a与b两点都在等成本线C_3上，且$C_3>C_2$，也没有实现成本最小。此外，在C_3、C_2之间还可以有多条等成本线，而这些等成本线均与等产量线相交，即在比C_3成本低的情况下仍可以生产Q_1的产量。由此可见，在产出水平给定的条件下，与给定的等产量线相切的那条等成本线表示最低总成本，其切点所示的要素投入组合为最佳生产方法。图3-9中，e点是生产的均衡点，它决定了企业的均衡劳动力需求为L_e。

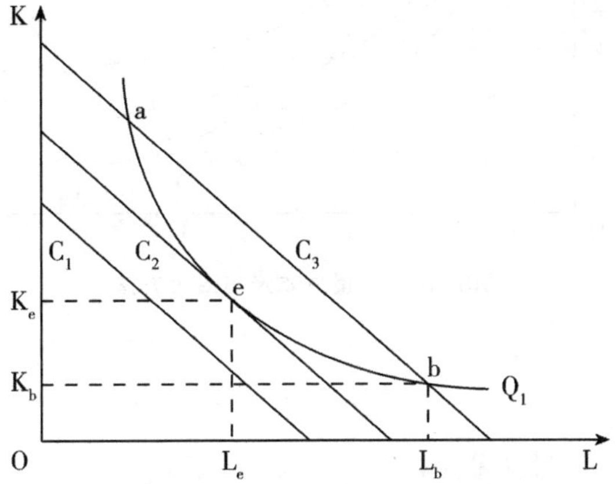

图3-9 定量产出成本最小方法

e点是等成本线C_2与等产量线Q_1的切点，也是直线C_2和曲线Q_1上的点，所以，等成本线C_2的斜率与等产量线过该点切线的斜率相等，即劳动和资本的相对价格比等于劳动和资本的边际技术替代率，所以有：

$$\frac{W}{R} = MRTS = \frac{MP_L}{MP_K}$$

即 $$\frac{W}{R} = \frac{MP_L}{MP_K} \tag{3-18}$$

或者 $$\frac{1}{W} \cdot MP_L = \frac{1}{R} \cdot MP_K \tag{3-19}$$

上述等式的经济含义就是企业实现利润最大化必须满足的条件：劳动和资本投入的边际产品之比等于劳动和资本的相对价格比，也是企业长期劳动力需求决定必须遵循的原则。

（2）定量总成本如何实现产出最大

在图3-10中，R和W已知；总成本C_1给定；Q_1、Q_2和Q_3是对应3种产量水平的等产量线，且$Q_1<Q_2<Q_3$。给定总成本C_1，如何实现产出最大？很明显，给定总成本C_1时，Q_2的产出水平最高。Q_3的产出水平虽然大于Q_2，但在给定成本约束下，无法支付Q_3产出水平所需要的劳动和资本的投入量。等产量线Q_1与等成本线C_1相交于a、b两点，给定的总成本足够满足Q_1产出水平所需的投入，如K_b、L_b，但产出水平比Q_2小，也不是最佳的。唯一可选择的是与等成本线C_1相切的等产量线Q_2的产出水平，其切点即均衡点为e。在e点上能使给定的总成本C_1达到最高的产出

水平。与第一种情况一样，均满足：

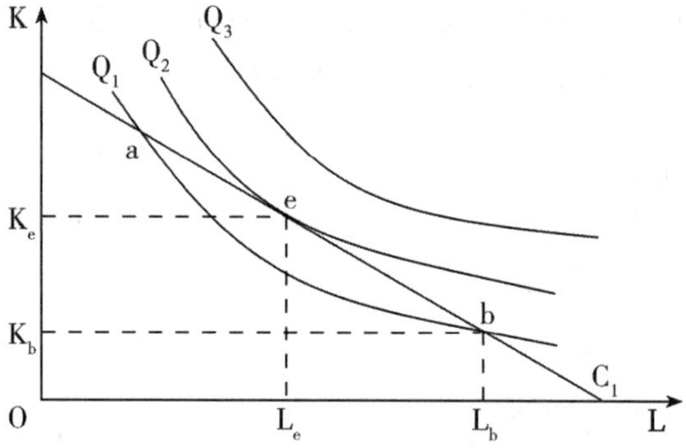

图3-10　定量成本产出最大方法

$$\frac{W}{R}=\frac{MP_L}{MP_K} \tag{3-20}$$

企业劳动力需求的最佳量为 L_e。

工资率W是劳动投入的价格，按照W支付就可获得劳动要素一定时间、一定数量的使用权。假设工资率W为一个标准工作日50元，舍弃掉其他条件，就是支付50元可获得1个劳动力1个工作日的使用权，所以1/50可以被理解为支付1元工资获得1/50工作日的劳动力的使用，即1元工资成本可使用的劳动量可以表示为1/W。MP_L为劳动的边际产品，它与1/W的乘积的含义是1元成本所使用的劳动量投入生产过程中对产量的影响。

同理，1/R与MP_K的乘积的含义是1元成本所使用的资本量投入生产过程中对产量的影响。W和R一般说来是不等的，它们的单位也是不相同的，但是1元钱无论用在劳动投入还是用在资本投入上都是1元钱。因此，等式 $\frac{1}{W}\cdot MP_L=\frac{1}{R}\cdot MP_K$ 的含义，就是实现定量产出成本最小或定量成本产出最大的条件是必须保持等量成本的边际产品相等。换言之，决定企业长期劳动力需求的原则，等价于企业生产的均衡条件：劳动的边际产品与工资率之比等于资本的边际产量和资本价格之比。

3.3.2　固定技术系数条件下劳动力需求的决定

企业生产一定量某种产品所需要的要素投入的组合比例被称为技术系数。技术系数分为可变与固定两类。可以改变的要素投入组合比例被称为可变技术系数；不能改变的要素投入组合比例被称为固定技术系数。

在对第一个问题的分析中，生产方法属于技术可变型。生产等量产出，劳动投入和资本投入可以相互替代，等产量线是凸向原点的曲线。

固定技术系数的生产方法由生产的技术条件给定，劳动和资本投入之间不存在替代关系。例如，用某种机械装置进行生产，控制生产过程的人机比例预先已由工程技术要求确定。人数少于技术要求，机械不能运转，而超过要求只能是浪费。因而，固定技术系数条件下的等产量曲线是凸向原点的折线（如图3-11所示）。

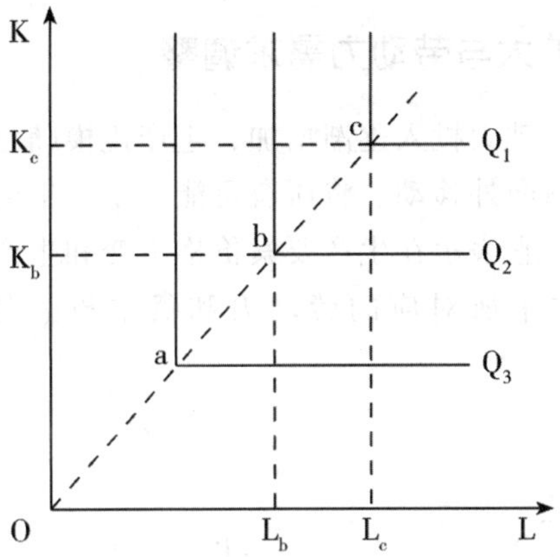

图3-11 特殊等产量线

图3-11中的等产量线呈直角形态。它表明：在产出水平一定的情况下，资本投入增加而劳动投入不变，产出不变；反之，亦然。换言之，若资本投入不变，增加劳动投入，则劳动投入的边际产量为零。

如果企业进行产出水平为Q_2的生产，资本和劳动投入的组合以b点最佳，两种要素投入量分别为K_b和L_b，满足不了这一要求就达不到Q_2的产量。在此种投入组合的水平上，只增加劳动投入或只增加资本投入，产出水平均不变，只能是浪费，也就是要素投入的边际产量为零。从图3-11中可以看到，产量由最小限度的必要投入要素决定。例如，K_b不变，使劳动投入由L_b增加到L_c，产出水平仍为Q_2；反之，L_b不变，资本投入由K_b增加到K_c，产出水平也是Q_2。但是按照K_b与L_b的确定比例均衡地增加两种要素投入，要素投入组合由b点到c点，则能实现Q_1的产量。

由此可见，在固定技术系数的条件下，企业劳动力需求的决定根本上取决于产出水平。

企业进行一定量某种产品的生产，在市场众多的企业、产业的环境背景中，只有一种生产方法，不存在要素替代的可能性属于一种特殊的情况。通常的情况是可变技术系数条件下的生产。

3.4 劳动力需求的调整

3.4.1 生产规模扩大与劳动力需求调整

企业的生产资本与劳动力投入逐渐增加，生产规模随之扩大，产出水平亦会逐渐提高，生产均衡点逐渐向外移动。将所有可能产出水平的均衡点连接起来形成的曲线被称为生产扩大线。它表示在生产要素价格不变和生产的货币资本逐渐增加的条件下，每一种产出水平所对应的劳动力和资本投入的最佳组合（如图3-12所示）。

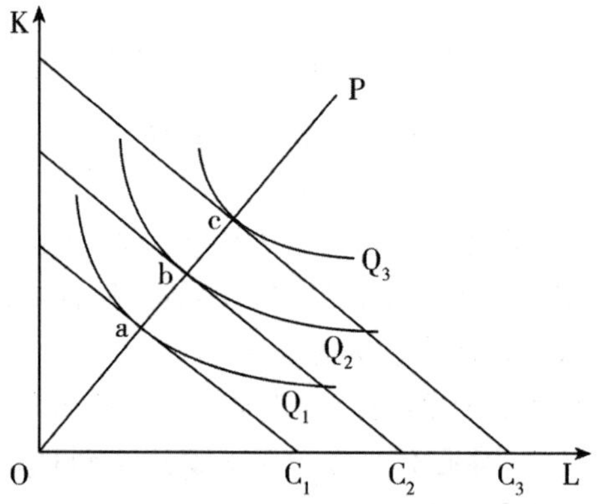

图3-12 生产扩大线

在图3-12中，等产量线分别为Q_1、Q_2和Q_3，对应3种产出水平，显然$Q_1<Q_2<Q_3$。等成本线分别为C_1、C_2和C_3，对应3种生产总成本，且$C_1<C_2<C_3$。因为要素价格不变，所以等成本线的斜率保持不变，等成本线平行。等产量线与等成本线分别相切于a、b、c 3点。从3.3部分的有关讨论中可知，a点、b点和c点都是生产均衡点，反映了要素投入的最佳组合。连接各点形成的曲线P即为生产扩大线的一般形式。因为这里没有讨论规模经济以及有机构成的问题，所以生产扩大线的具体形状也就被简化掉了。

生产扩大线决定了企业在产出变化时调整要素投入的方法。如果生产扩大线已知，如图3-12中的P曲线，企业存在扩大生产规模的愿望和条件，那么，它将沿生产扩大线P增加劳动和资本投入，并且在每一种产出水平或每一种成本水平下，其劳动力需求量都是最佳的需求量，都符合劳动力和资本的边际技术替代率等于劳动力和资本的边际产量之比，又等于劳动和资本的相对价格比。

3.4.2 生产要素价格变化对劳动力需求的影响

在前述的分析中，生产要素的价格是被假设为不变的。即使同为完全竞争的市场结构，因市场供给与需求的矛盾运动，均衡条件发生变动，故均衡价格也是可以变动的。当然，这里所讨论的价格变动不是由市场结构的变动引起的。市场的行为主体仍然是价格的接受者，而不是决定者。

当企业面临生产要素价格变化时，其劳动力需求相应地作出调整。其调整通过规模效应和替代效应，重新实现生产的新的均衡。

3.4.2.1 规模效应

在3.3部分关于企业长期劳动力需求决定的原则的分析中，得出劳动力需求的决定应遵循劳动力和资本的边际产品之比等于劳动力和资本的相对价格比的原则。要素价格发生变化，必然使原有的均衡发生改变。在对图3-9和图3-10的讨论中，e点是均衡点，L_e是最佳劳动力需求量。现假设，生产要素价格发生了变化，为简化分析，资本价格R不变，劳动的价格提高了，即工资率由W_0提高到W_1，此时，企业作出何种反应呢？结合图3-13来分析。

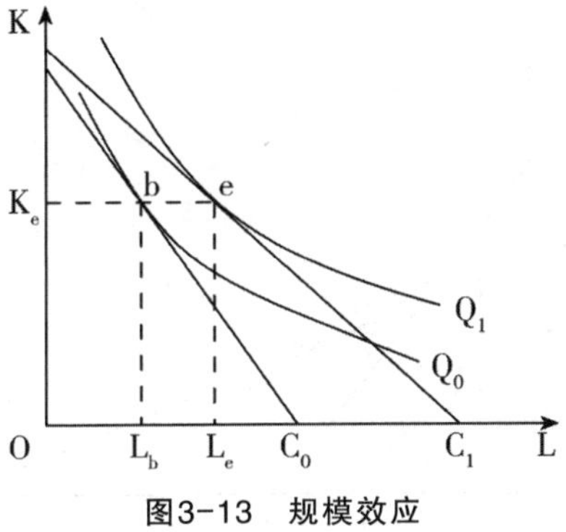

图3-13 规模效应

在图3-13中，e点为均衡点，要素组合为K_e和L_e，等成本线为C_1，等产量线为Q_1。因资本价格不变，劳动价格提高了，故等成本线的斜率W_1/R比W_0/R大，等成本线的形状发生了变化，使提高工资率后的等成本线在横轴的截距缩短，形成一条新的等成本线C_0。显然，受到等成本线C_0的约束，企业已经无法实现Q_1的产出水平。

资本投入量K_e由原来的均衡条件确定，工资率提高以后，企业并不能立即对资本投入进行调整。短期内，企业唯一可行的调整方法是，减少同固定资本投入K_e组合在一起的劳动投入量。调整的方法是按照劳动的边际产品价值等于工资率来进行。工资率由W_0提高到W_1，要求劳动的边际产品价值提高，这只有减少劳动投入才能做到。减少劳动力雇佣，使企业生产落到比Q_1低的等产量线Q_0上的b点，劳动投入由L_e下降到L_b。工资率提高，产出水平由Q_1下降到Q_0，由此造成的劳动投入量由L_e减少到L_b的变动，被称为规模效应。

短期内，劳动力需求调整后形成了K_e和L_b的组合，满足了边际产品价值（VMP）等于工资率（W_1）的条件，但对长期而言就不是最优的了。劳动投入减少了，原来生产的均衡点确定的资本投入K_e是否能得到最充分的利用呢？它具有不确定性，并不能保证长期生产的均衡，不能保证劳动和资本的边际产出之比等于劳动和资本的相对价格比。

3.4.2.2 替代效应

长期内，不仅可以调整劳动要素，也可以调整资本要素。工资率提高，虽然资本的价格没变，但是其相对价格比（W/R）改变了。换言之，相对于提高了价格的劳动而言，资本的价格下降了。经济学原理说明，在生产要素价格发生变化时，实现等量的产出，相对价格降低的要素必然引起较大的需求。现结合图3-14说明。

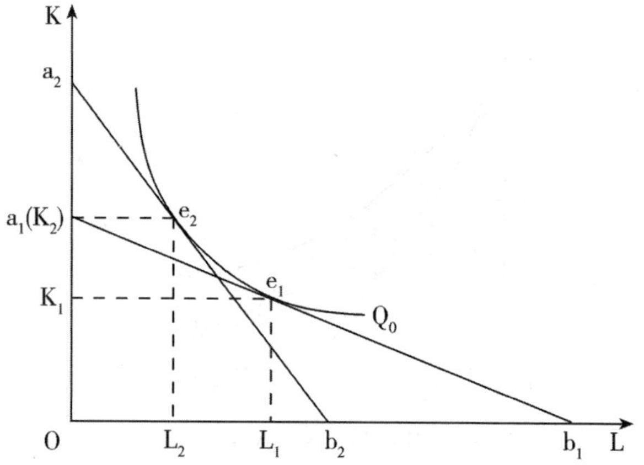

图3-14 替代效应

在图3-14中，等产量线为Q_0，等成本线分别为a_1b_1和a_2b_2，它们与Q_0分别相切于e_1点和e_2点。在原来的价格条件下，企业在e_1点处经营。由于工资率提高了，劳动和资本的相对价格比发生了变化。在新的条件下，由于等产量线Q_0与等成本线a_2b_2相切于e_2点，均衡点由e_1移向e_2。最佳要素投入K_1和L_1的组合变为K_2和L_2的组合。显然，要素价格发生变化，导致相对价格比相应地变化，要素投入的最佳组合也变化，因而产生要素的替代。在本例中，工资率提高了，那么，减少劳动力需求，使其由L_1减少到L_2；用资本要素替代劳动，资本由K_1增加到K_2。上述变化即为替代效应。工资率提高的替代效应是减少劳动力需求。

从另一个角度也可分析。图3-14中的等产量线Q_0上有无数个点，每一个点代表一种要素投入组合。从技术的视角观察，没有哪一种组合比其他的组合更好，但从经济学的视角考察就不一样了。过等产量线Q_0的任意两点e_1和e_2做两条切线a_1b_1和a_2b_2。它们的斜率不等，即对应不同的相对价格比：W_1/R和W_2/R。显然，$W_2/R>W_1/R$。当工资率为W_1时，其水平较低，故用劳动密集型的生产方法实现Q_0的产量；当工资率提高为W_2时，其水平较高，即用资本密集型的方法实现等量的产出。尽管图3-14中的直线a_1b_1和a_2b_2所示的总成本并不相同，但它们都可实现等量的产出。因此可以说，企业在实现相同产出的情况下，改变其要素的需求结构，必定由劳动和资本的相对价格比的变化所引起。相对价格降低的要素必引起较大的需求，即用价格较低的生产要素替代价格较高的生产要素，以获得等量的产出。图3-14中的K_1增加到K_2，L_1减少到L_2，即为替代效应。

工资率提高，在规模效应和替代效应的共同作用下，劳动力需求下降；反之，如果资本的价格不变，工资率降低了，同样会产生上述两种效应，但它们的方向相反，使劳动力需求增加。

3.4.3 短期和长期劳动力需求曲线的比较

结合图3-13和图3-14，可以推出企业长期劳动力需求曲线（如图3-15所示）。长期劳动力需求曲线的弹性比短期劳动力需求曲线的弹性大，即比较平缓。

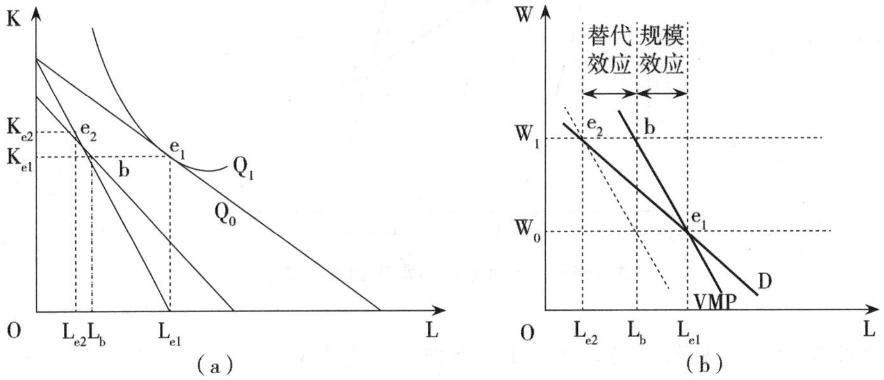

图3-15 长期劳动力需求曲线（一）

在图3-15（a）中，横轴为劳动投入L，纵轴为资本投入K，当要素价格为W_0和R时，e_1为生产的均衡点，产出水平为Q_1，要素投入组合为L_{e1}和K_{e1}。在图3-15（b）中，横轴为劳动投入L，纵轴为工资率W，当$W=W_0$时，由生产均衡点e_1决定的劳动力需求为L_{e1}。当工资率由W_0提高到W_1时，由于规模效应，要素投入组合由K_{e1}和L_{e1}变为K_{e1}和L_b。图3-15（a）中的b点相应地为图3-15（b）中的b点，工资率$W=W_1$，劳动力需求由L_{e1}减少到L_b。连接b点和e_1点形成一条短期劳动力需求曲线。此时资本投入固定不变，仍为K_{e1}，劳动力需求按照VMP=W的原则进行调整，其结果表现为劳动力需求从L_{e1}减少到L_b。

在$W=W_1$的条件下，企业根据要素相对价格的变化，作出资本对劳动的替代决定。图3-15（a）显示资本投入量由K_{e1}增加到K_{e2}，要素投入组合由K_{e1}和L_b的b点移向K_{e2}和L_{e2}的组合点e_2。上述变动在图3-15（b）中也是b点向新的均衡点e_2的移动，替代效应使劳动力需求由L_b减少到L_{e2}。连接e_2和e_1两点，即得到企业长期劳动力需求曲线D。

比较长期劳动力需求曲线D和由企业劳动的边际产品价值曲线所示的短期劳动力需求曲线VMP，可以清楚地看到短期劳动力需求曲线VMP从上向下穿过长期劳动力需求曲线，并且短期劳动力需求曲线更为陡峭，长期劳动力需求曲线较为平坦，即长期劳动力需求曲线具有更大的弹性。

如果企业面临的是工资率下降的情况，那么企业将首先增加劳动力需求，扩大生产规模，并在长期中可以进一步增加劳动投入，以替代资本。这恰与前例相反，但结论是相同的。事实上，长期劳动力需求曲线就是要素价格发生变化时所有可能的均衡点的连线，这可以从图3-16中看得更为清晰。

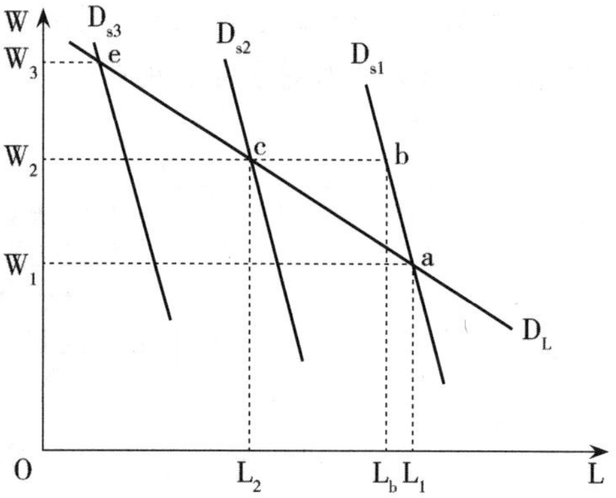

图3-16 长期劳动力需求曲线（二）

在图3-16中，横轴为劳动投入L，纵轴为工资率W。设产品价格和资本价格不变，且$W=W_1$时，企业的生产均衡点为a，要素的需求结构为K_1和L_1（资本投入在图中不能直接表示）。当工资率提高时，企业劳动力需求的调整分两步进行：

首先，企业按照由K_1的不变资本要素决定的短期劳动力需求曲线D_{s1}进行劳动力需求调整，依据VMP=W的原则，使劳动力需求由L_1减少到L_b；

其次，用资本替代劳动，依据$MP_L/MP_K=W/R$的原则，形成新的均衡点c。

在均衡点c形成K_2和L_2的要素投入组合，在K_2的基础上存在一条短期劳动力需求曲线D_{s2}。工资率W继续提高，同理可以形成e点的均衡点和D_{s3}的短期劳动力需求曲线。连接点e、c和a的曲线就是长期劳动力需求曲线D_L。由此可见，如果工资率连续变动，且资本无限可分，那么在点e和c及点c和a之间还有无数均衡点，在短期劳动力需求曲线D_{s1}、D_{s2}和D_{s3}之间也存在无数短期劳动力需求曲线。所以，长期劳动力需求曲线是均衡点的连线，且每一点都与短期劳动力需求曲线相交。

由上述分析可见，当工资率提高时，长期与短期比较，劳动力需求下降得更多；反之，当工资率下降时，长期与短期比较，劳动力需求增加得更多。

3.4.4　行业劳动力需求曲线

从前述分析可知，企业的边际产品价值曲线VMP定义为劳动的边际产品MP乘以产品价格P，且由于边际生产力递减，MP随劳动投入量的增长而下降，VMP曲线向右下方倾斜。产品价格P假设不变，即产品价格不受单个企业劳动力需求量变化的影响。在完全竞争市场，单个企业由于增加劳动投入而增加产品的生产确实不影响产品的价格。因此，根据固定的产品价格P，描述单个企业的劳动力需求曲线在理论上是正确的。

但是就整个行业而言，产品价格P不变的假设就需重新考虑了。必须看到劳动力需求的变化以及由此而发生的遍及整个行业的产量变化对产品价格的影响。

如果产品价格不变，行业劳动力需求曲线就是整个行业每个企业劳动力需求曲线的简单相加。为了简化分析，我们假设1个竞争性行业由3家企业组成，行业劳动力需求曲线就是在每一工资率下3家企业劳动力需求量的总和，如图3-17所示。

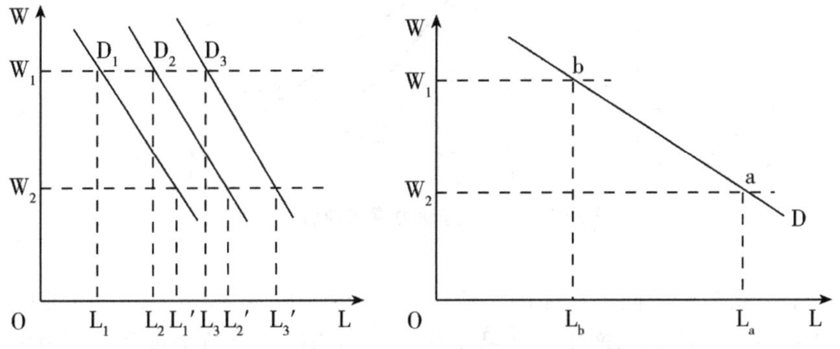

图3-17　行业劳动力需求曲线（一）

在图3-17（a）中，3家企业的劳动力需求曲线分别为D_i，它们由3家企业各自的边际产品价值MP·P=VMP决定，产品价格P固定不变，那么在工资率$W=W_1$时，3家企业的边际产品价值之和$\sum$ VMP（W_1）决定的劳动力需求总和为（$L_1+L_2+L_3$），对应于图3-17（b）中的b点，行业劳动力需求为L_b。当工资率W下降到W_2

时，同理可得行业劳动力需求为（$L_1'+L_2'+L_3'$），对应于图3-17（b）中的a点。连接a、b两点，形成了产品价格不变的行业劳动力需求曲线D。比较D与D_i，可以看到行业劳动力需求曲线的弹性比企业劳动力需求曲线的弹性大，即更为平坦。

但实际情况并非如此。工资率下降，每个企业都希望把它的劳动力需求量增加到边际产品价值VMP等于市场最低的工资率的规模上，这样整个行业的劳动力需求量迅速扩大。假设其他条件不变，整个行业的产量急剧扩大。但是行业产品的需求曲线是产品价格P的函数，行业要想扩大产品的需求量，只能降低产品价格，只有这样才能增加销售。因此，产品价格的降低将使每个企业的边际产品价值曲线VMP在原有产品价格条件下的VMP曲线的下方。

图3-18描述了这种变动。当工资率$W=W_1$、产品价格$P=P_1$时，3家企业的边际产品价值之和$\sum VMP_1$决定的行业就业量为L_b。假设工资率由W_1下降到W_2，仍设产品价格$P=P_1$不变，则由$\sum VMP_1$决定的行业劳动力需求量为L_a。然而，由于行业产品供给急剧增加，产品价格P由P_1下降到P_2。产品价格下降使行业内各个企业的边际产品价值曲线VMP_2在原来的VMP_1曲线的下方，从而行业的总边际产品价值曲线$\sum VMP_2$在原来的$\sum VMP_1$曲线的下方。结果行业的劳动力需求量在工资率$W=W_2$时，将由L_b增加到L_c，连接b和c两点的曲线D为行业劳动力需求曲线。

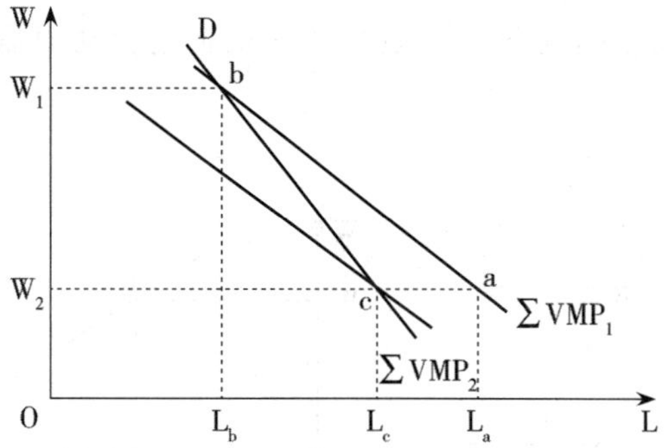

图3-18　行业劳动力需求曲线（二）

在一个由众多生产同类产品的企业构成的行业中，对劳动力市场每种可能的工资率，都有一个相应的总产出、产品价格、总的边际产品价值曲线$\sum VMP$和相应的劳动力需求量，将每一种可能的工资率和相应的劳动力需求量联系起来，就得到行业劳动力需求曲线。它是行业的边际产品价值曲线，而它又和行业劳动力需求量、变动的产品价格相联系。因而，行业劳动力需求曲线并不是企业劳动力需求曲线的简单加总。

3.5 劳动力需求弹性

3.5.1 决定劳动力需求弹性的因素

劳动力需求弹性是劳动经济学中一个十分重要的概念。劳动经济学中的许多基本问题都可从中得到答案。例如，为了达到理想的就业水平，一个国家的工资水平应该作怎样的调整，政府制定的最低工资水平对就业会产生什么影响，某些特殊行业的工资补贴政策对该行业的雇工规模有何影响等。

企业和行业的劳动力需求曲线、长期和短期的劳动力需求曲线都是向右下倾斜的。但是，工资率提高10%，劳动力需求是下降2%、10%还是15%呢？显然有很大的区别，劳动力需求弹性反映了这种差别。为什么会有这些差别呢？是哪些因素决定劳动力需求弹性？决定劳动力需求弹性的因素可以归结为以下4个方面。

3.5.1.1 其他生产要素替代劳动力的可能性

其他生产要素替代劳动力的可能性越大，需求弹性就越大；反之，则小。其他生产要素替代劳动力的可能性包含两层含义：其一为技术方面的；其二为成本方面的。从技术的角度而言，当工资率提高，资本很容易替代劳动力时，企业就会决定用资本替代劳动力。例如，在生产中，简单的、无技术的、重复性的劳动力，如建筑业的水泥搅拌工、运输业的搬运工等，其工资提高了，很容易用相当小的资本数量加以替换。因此，他们的工资率提高后，对他们的需求就会较大幅度地减少。替代越容易，劳动力需求曲线就越有弹性；反之，如果替代很困难，甚至不能替代，弹性就很小。例如，民航客机的飞行员，用资本替代他们就很困难，甚至不可能。这类劳动力需求曲线就缺乏弹性。

从成本的角度而言，假设资本的价格不变，用1个单位的资本和用3个单位的资本替代等量的劳动力，其间替代的可能性也是完全不同的。如果工资率提高了，需要以越来越大的资本数量替代等量的劳动力，替代的可能性就小，从而弹性就小；反之，替代一定量劳动力所需的资本数量越小，在工资率提高的情况下，企业减少的劳动力就越多，从而劳动力需求曲线的弹性就越大。

3.5.1.2 产品的需求弹性

由劳动力需求的性质可知，劳动力需求是由市场对产品的需求派生的。当工资率提高时，企业的最初反应并不是马上简单地减少劳动投入，从而降低产出水平，而是提高产品的价格，看看能否将工资率的提高、成本的上升转移到消费者身上。

但是，产品价格的变动必然影响产品的需求数量，影响的程度则取决于产品的需求弹性。这一点结合图3-19可以看得很清楚。在图3-19中，横轴为产品的需求数量Q，纵轴为需求价格P，D_1和D_2为产品的需求曲线。需求曲线D_1和D_2的弹性有很大的区别：D_1的弹性大，D_2的弹性小。企业的产品，如果其需求曲线为D_1，价格由P_1提高到P_2，需求量则由Q_a大幅度地减少到Q_c。如果其需求曲线为D_2，同样的价格变动，需求量则由Q_b降到Q_c，减少的幅度较小。

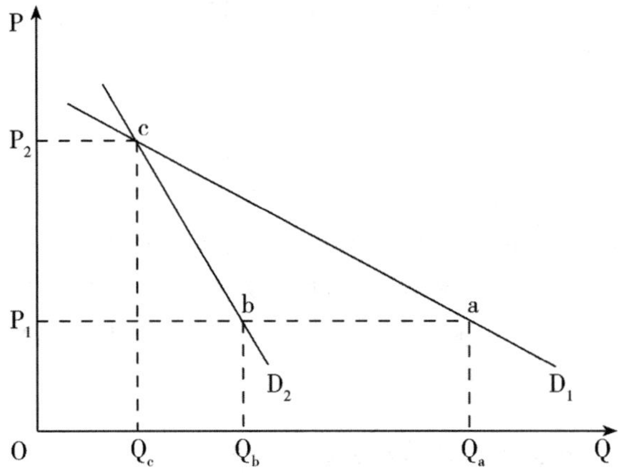

图3-19 产品的需求弹性

由此可见，产品价格上升必然降低产品需求的数量，除非产品需求曲线无弹性。产品的需求弹性越大，产品需求下降就越多，反过来就会减少企业所需要的劳动力。因此，产品的需求弹性大，劳动力需求的弹性也大；反之，则小。这也正是行业劳动力需求曲线与企业劳动力需求曲线弹性有差别的重要原因。

3.5.1.3 劳动成本占总成本的比率

不同的产品，其成本结构有很大的差别。通常所说的劳动密集型的产品，劳动成本占总成本的份额较高，而资本密集型的产品，劳动成本占总成本的份额较低。假设A和B两个企业，A企业的产品成本中，劳动成本占总成本的50%；B企业的产品成本中，劳动成本占总成本的10%。两个企业面临工资率提高10%，最终结果是A企业的总成本上升5%，B企业的总成本上升1%。劳动成本占总成本的不同比率，对产品价格的影响显著不同。联系对第二个因素的分析，显然，同样的工资率变动，A企业劳动力需求的变动幅度比B企业大。因此，劳动成本占总成本的比率越大，劳动力需求的弹性越大；反之，则越小。

3.5.1.4 资本的供给弹性

资本和劳动力的相互替代，如果没有任何技术上的障碍，经济上的比较就占据突出的位置。在对第一个因素的讨论中，曾假设资本价格不变，当工资率提高时，企业将用资本替代劳动力。确实，当企业面临极富有弹性的资本供给时，企业增加资本的使用而又不会刺激资本供给价格的较大上升。但是，如果资本的供给弹性很小，对资本的需求稍有增加就导致其供给价格大幅上升，这必将阻碍企业用资本替代劳动力。因此，在生产要素相互替代的技术可能性给定的情况下，资本的供给弹性越大，劳动力需求的弹性就越大；反之，则越小。

上述决定劳动力需求弹性的4个因素是由阿尔弗雷德·马歇尔（Alfred Marshall）和约翰·希克斯（John R. Hicks）加以归纳和总结的，故亦称希克斯-马歇尔派生需求定理。

3.5.2 劳动力需求的交叉工资弹性

在以上的劳动力需求分析中，一个基本假设是劳动力必须是同质的，即劳动力之间没有质的差别。但在实际中，企业的生产往往使用多种类型的劳动力，其中任何一种劳动力的需求都会受到其他类型劳动力价格的影响。假设企业劳动力需求可分为两类工人——A和B，那么，可以将A类劳动力需求量变动对B类劳动力工资率变动的反应程度，定义为劳动力需求的交叉工资弹性（$E_{A,B}$）。其计算公式是A类劳动力需求量变动的百分比（$\Delta D_A/D_A$）与B类劳动力的工资率变动的百分比（$\Delta W_B/W_B$）的比值。

$$E_{A,B}=\frac{\Delta D_A}{D_A}/\frac{\Delta W_B}{W_B} \tag{3-21}$$

同理，亦有：$E_{B,A}=\dfrac{\Delta D_B}{D_B}/\dfrac{\Delta W_A}{W_A}$ （3-22）

如果劳动力需求的交叉工资弹性为正值，表示一类劳动力的工资率上升引起另一类劳动力需求的增加，那么这两类劳动力是总替代关系；如果劳动力需求的交叉工资弹性为负值，表示一类劳动力的工资率上升引起另一类劳动力需求的减少，那么这两类劳动力是总互补关系。

在产品市场中，互替产品与互补产品一目了然，比较简单明了。例如，作为能源动力产品的煤炭和石油，它们是互替产品。当煤炭的价格提高时，若石油的价格不变，则石油的需求增加，因此，它们的交叉价格弹性为正值。再如，汽车和轮胎是互补产品。当汽车的价格提高时，轮胎的价格不变，轮胎的需求也将减少，所以，它们的交叉价格弹性为负值。

劳动力需求既然是产品需求所派生的需求，且劳动力市场的劳动力的类别存在很强的过渡性差异，那么劳动力需求的交叉工资弹性的取值是总替代还是总互补，要取决于生产函数的具体特征、产品市场和劳动力市场的需求条件等。

3.6 非营利部门的劳动力需求

非营利部门主要包括非营利企业和公共部门两类机构。由于这两类机构不以利润最大化为经营目标，其劳动力需求与营利性企业相比具有特殊性。

3.6.1 非营利企业的劳动力需求

非营利企业是指不以营利为目的的生产性企业。社会或国家希望这些企业把盈利保持在特定的数量（如零利润甚至负利润）水平上，用减免税收或财政补贴等办法来鼓励此类企业生产和提供一些社会或国家需要的商品或服务。

非营利企业的行为可分为两类：一是潜在利润为正的企业的行为；二是潜在利润为负的企业的行为。

图3-20表示的是以横坐标为雇用量L、纵坐标为工资率W和产品收益的生产函数图。MRP表示劳动边际收益曲线，即在完全竞争条件下利润最大化企业的劳动力需求曲线。ARP表示劳动的人均产品收益曲线。根据边际收益递减规律，它的走向是在达到一个最高峰后便呈现出下降的趋势。ARP曲线与MRP曲线在人均产品收益最大处即A点相交。人均产品收益与劳动边际收益之间有这样一种关系：当劳动边际收益增加时，人均产品收益呈上升趋势；当劳动边际收益下降时，人均产品收益便同劳动边际收益一样呈下降趋势，不过下降速度较劳动边际收益慢而已。这一规律可用经验数据得到证明。图3-20中的第三条曲线ARP-F/L曲线是人均产品收益减去人均资本成本F/L后得到的人均净收益曲线，净收益等于利润加工资。其中，F表示企业资本成本总量，L表示企业劳动力雇用量。

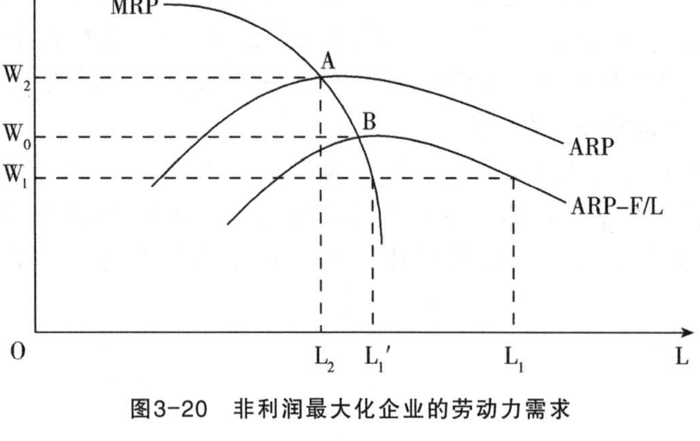

图3-20 非利润最大化企业的劳动力需求

企业潜在利润为正的含义是指社会或国家不希望企业亏损，也不要求它追求利润最大化，只要求它的利润保持在一个约定的数值上，譬如要求它的利润保持为零。企业根据社会或国家要求的目标，首先只能在工资率低于W_0，即正好与人均收益水平相等的情况下开工营运。因此，如果工资率高于W_0，企业亏损无疑。企业可以在低于W_0的任何一个工资水平下雇用劳动力，但根据零利润这一目标的要求，其雇用量实际上将以工资率正好与人均净收益相等为原则加以确定，即有：

$$W=ARP-F/L \tag{3-23}$$

如果此时工资率为W_1（$W_1<W_0$），那么如图3-20所示，这类企业的雇用量将确定在L_1的规模上。这类企业的劳动力需求曲线正好与ARP-F/L曲线下降的部分重叠。

与利润最大化企业相比较，潜在利润为正的非营利企业的劳动力需求有两个方面的不同：

其一，在工资率相等的情况下，非营利企业比利润最大化企业使用更多的劳动力。例如，当工资率为W_1时，非营利企业的劳动力雇用量为L_1，利润最大化企业则为L_1'（W_1=MRP），而L_1大于L_1'。

其二，非营利企业的劳动力需求曲线比利润最大化企业的更平坦，也就是说，劳动力需求的自身工资弹性的绝对值更大。

企业潜在利润为负的含义是指社会不仅不要求企业追求最大利润，而且允许它有亏损，希望它把亏损压在最低水平，我国的政策性亏损企业即属这一类。这一类企业在市场工资高于W_0的情况下营运，它的劳动力需求曲线同利润最大化企业一致，都是MRP曲线，因为追求亏损最少的雇佣原则是一样的，都需使劳动的边际成本与边际收益正好相等。不过，潜在利润为负的非营利企业的劳动力需求曲线显然是图3-20中B点以下的那段MRP曲线。这是因为，如果工资率低于W_0，企业的利润便为正值，该企业不再是潜在利润为负的非营利企业了。通过以上的分析可以得知，社会兴办潜在利润为正的非营利企业的主要目的是利用低工资扩大就业，我国以安置残疾人就业为目的的福利工厂就属于这类企业。兴办潜在利润为负的非营利企业的目的则是生产一些需把价格控制在低水平上的特殊产品和服务。

3.6.2 公共部门的劳动力需求

公共部门的劳动力需求因政治体制的不同而不同，这是因为不同的政治体制会使公共部门决策者的地位在权力结构中发生变化。

如果现行政治体制决定了公共部门决策者的前途完全由纳税人即选举人决定，也就是说，他们的去留与升迁完全听凭于纳税人的选举结果，那么决策者必须在尽可能少的税收基础上尽可能地提高服务水平，我们把这种目标称为“服务最大化”目标。

如果现行的政治体制使公共部门决策者的前途在相当大的程度上不受纳税人的制约，甚至在相当大的程度上可以用行政手段“强制”公共产品的消费者接受公共部门确定的交易条件（包括服务质量、服务价格、服务项目等），那么，公共部门决策者必然考虑如何更多地增加税收，而更少地提供服务，我们把这种行为目标称为“财政收入最大化”目标。

当然，完全不受纳税人约束的政府是没有的。在不受选举制约的体制下，政府的决策要受某种观念和群众情绪的制约，这种约束比选举结果相对要软，但最终还是有限度的。

在分析公共部门的劳动力需求之前，首先舍弃掉技术条件的影响；其次假设公共产品和非公共产品的价格是既定的，社会可利用资源是既定的。那么，两类公共部门的共同点是无论在服务最大化还是在财政收入最大化目标下，公共部门的劳动力需求均受群众的承受能力制约。也就是说，公共部门的劳动力需求曲线也向右下方倾斜，斜率为负。公共部门的员工工资率上升，劳动力需求下降；反之，则相反。两类公共部门的不同点是：

在服务最大化目标下，公共部门的决策者在确定服务水平时所要考虑的问题是，为了满足群众的要求，每增加1个单位的服务需要筹措多少资金，而为筹措这么多资金，又将增加纳税人多少负担。如果提高服务水平所能满足的群众需要小于因提高服务而增加的群众负担，那么，以服务最大化为目标的决策者将决定不提高服务水平；如果提高服务水平所能满足的群众需要大于因提高服务而增加的群众负担，那么，决策者将决定提高服务水平。由于假设技术条件一定，所以公共部门的雇佣规模便同服务水平一起确定。

财政收入最大化目标下的公共部门的考虑则不同。如果提高服务水平的决策已定，那么它考虑的是如何将税收负担增加到群众所能承受的最大限度；如果税收负担已定，那么它将把服务水平降低到群众可忍受的最低限度。所以，如果服务水平相同，公共部门员工的工资率相等，那么以财政收入最大化为目标的公共部门将比以服务最大化为目标的公共部门雇用更多的员工。

本章小结

本章从劳动力需求的基本概念入手，借助劳动力需求曲线和需求弹性，系统地解析了企业劳动力需求变动的原理。揭示的主要观点是：(1) 劳动力需求是一种派生需求；(2) 劳动力需求与工资率之间存在反向联系。

本章对企业短期劳动力需求和企业长期劳动力需求分别作了分析与研究，即从规模效应和替代效应的角度，通过对企业短期和长期劳动力需求曲线的比较，对劳动力需求调整作了全面论述。

本章还对劳动力需求弹性和非营利部门的劳动力需求作了专门讲述。

关键术语

劳动力需求　劳动力需求曲线　劳动力需求弹性　短期劳动力需求　长期劳动力需求

基本训练

1. 为什么说劳动力需求是派生需求？它受哪些因素影响？
2. 试用边际生产力理论解析国有企业的用工原则。
3. 结合本章讲述的原理分析“减员增效、下岗分流”的政策。
4. 什么是劳动力需求弹性？其影响因素有哪些？
5. 请用劳动力需求分析方法来分析失业率较高的现象。
6. 举例说明企业生产中劳动和资本的相互替代。

第4章　劳动力供给与劳动力需求的相互作用

学习目标

通过本章学习，你应该能够：

1. 在了解均衡理论的基础上，深入理解劳动力市场均衡的含义及意义。

2. 掌握劳动力市场的静态均衡、动态均衡以及非均衡产生的原因。

3. 学会运用均衡分析方法来分析我国的劳动力市场状况。

4.1　均衡的基本含义

4.1.1　古典均衡的含义与分类

4.1.1.1　古典均衡的含义

均衡概念最初是从物理学中借用来的。在物理学中，它指的是一个系统的特殊状态：相互对立的各种力量同时对这个系统发生作用，当合力为零时系统所处的相对稳定的状态。经济学运用这一概念，一般含有两重含义：

其一，用来表示某一经济系统所受的外力既定且相互平衡时呈现的状态，即均衡状态；

其二，指均衡分析方法，用来揭示经济变量之间的关系，说明实现均衡的条件以及调整途径等。

经济学最初研究的均衡是“市场均衡”，它包含以下两个方面的含义：

第一，对立的力量（供求）在量上处于均等状态，即变量均等；

第二，决定供求的任何一种力量这时不具有改变现状的动机或能力。

这种市场均衡被称为古典意义上的经济均衡。

4.1.1.2　古典均衡的分类

按照均衡市场的覆盖范围，古典均衡分为局部均衡和一般均衡。

局部均衡是用来分析单个市场、单个商品价格与供求关系变化的一种方法。它假定在其他条件不变时，一种商品的价格只取决于它本身的供求状况，而不受其他商品的价格与供求的影响。马歇尔是局部均衡理论的代表人物。在他以后，美国经济学家张伯伦和英国经济学家罗宾逊夫人提出垄断竞争理论，发展了局部均衡分析方法。

一般均衡分析又称瓦尔拉斯一般均衡或瓦尔拉斯均衡分析，是就所有单个商品市场的供求和价格之间的关系及同时均衡问题进行分析的一种方法。一般均衡假定各种商品的供求与价格都是相互影响的，一个市场的均衡只有在其他所有市场都达到均衡的情况下才能实现。局部均衡是一般均衡的一个特例，一般均衡是局部均衡的推广。一般均衡分析方法的代表人物是瑞士洛桑学派的L. 瓦尔拉斯。此后，英国经济学家希克斯发展了一般均衡分析方法。

瓦尔拉斯一般均衡隐含的主要前提有：

第一，经济系统中只存在唯一的信号——价格。经济行为人都唯一地根据价格信号作出自己的行为选择。

第二，每个经济行为人都能及时、准确地获得完全信息。

第三，从非均衡到均衡的调整过程在瞬时完成，即分析过程中不涉及均衡状态的变化过程和达到均衡状态所需要的时间，这种分析方法就是静态分析。

静态均衡分析的优点是简单，也能得出许多有效的结果；缺点是现实经济中一般来说不能满足上述的隐含前提。现实经济中均衡的调整过程所需的时间不是一刹那，而是有一定的时间间隔，这就要求我们在分析中引入时间因素，把静态分析扩展成动态分析。现实经济中每个经济行为人也不可能获得完全信息，这是因为存在不确定性及信息成本。现实经济系统中也并非只存在价格信号，经济行为人在市场上不仅获得了价格信号，还获得了数量信号。例如，当市场出现供不应求的局面时，只要价格不能及时调整，处于需方的经济行为人就不能实现自己的交易意愿，而要受到数量配额的限制。可见，经济行为人不仅要受到价格的约束，还要受到数量的约束。

4.1.2　当代经济学对均衡概念的扩充

4.1.2.1　市场均衡与一般意义上的经济均衡

经济学中最初定义的均衡就是特指市场均衡。从这个意义上说，如果不存在市场，也就无所谓均衡；在计划经济条件下，只能有“平衡”，而不会有均衡。但是，当代经济学对均衡概念的第一个扩充，就是将这个概念应用于对各种经济形态的分析，将市场均衡条件一般化，用其来概括非市场经济中的各种状态，如计划经济中的某些情况。因此，我们现在所说的均衡，已经不是狭义的“市场均衡”，而是一般意义上的“经济均衡”。

4.1.2.2 凯恩斯“失业均衡”

当代经济学对均衡概念的第二个方面的扩充，是把只满足古典均衡两个条件当中的一个的经济状态，也称均衡。

20世纪30年代凯恩斯主义出现以后，逐步形成了“失业均衡”的概念。按照古典均衡的概念，“失业均衡”是一个悖论：失业意味劳动力市场上供给大于需求；这时，即使在商品市场和资本市场上都存在供求均衡，从整个经济体系来看仍然存在超额供给，也是非均衡的，而不是均衡的。

但是，“失业均衡”的概念在一定意义上也是有道理的。

第一，既然瓦尔拉斯定律在失业存在条件下是不成立的，那么不必拘泥于将“瓦尔拉斯均衡”视为一种唯一的均衡；相反，倒是可以把古典均衡视为一个特例，更一般的“均衡”则是像“失业均衡”这样的情况。正因如此，凯恩斯把自己分析失业问题的理论称为“一般理论”。在希克斯对凯恩斯理论的解释中，也就是在IS-LM模型中，充分就业均衡是诸多“均衡点”当中的一个，而不是“唯一的均衡”。

第二，更重要的是，“失业均衡”这种状态虽然不满足“市场出清”这一要求，但满足“均衡”的定义，即“相互对立的任何一种力量这时不具有改变现状的动机和能力”(失业工人当然想就业，但由于他们既不能改变现行工资率，又无法迫使雇主在现行工资率下扩大雇用人数，所以只能“被迫失业”)。在给定的工资刚性、预期投资收益、流动性陷阱等条件下，商品市场和资本市场只能达成较低水平的均衡，因而由此引发的失业依然是厂商与劳动者在既定约束条件下自主选择的结果。

4.1.2.3 现代非均衡理论中的非均衡概念

以罗伯特·韦恩·克洛沃（Robert Wayne Clower)、阿克塞尔·莱荣霍夫德(Axel Leijonhufvud)、让·帕斯卡尔·贝纳西（Jean Pascal Benassy)、赫歇尔·格罗斯曼（Herschel Grossman)、埃德蒙·马林沃德（Edmond Malinvaud）等人为代表的现代非均衡学派，将凯恩斯的“失业均衡”、社会主义经济中的“被抑制的通货膨胀”等都概括为不同类型的“非均衡”，而不称它们为“均衡”。在这一点上，他们的均衡概念与古典均衡概念是相同的。在另一方面，虽然用词相同，但他们的非均衡概念又与古典意义上的非均衡概念有很大的不同。

在古典均衡理论中，非均衡一般地说是一种不稳定的状态，具有暂时性和过渡性，必然要向其他状态转化，或是向均衡“收敛”，或是在“发散”过程中变得更加不均衡。

在非均衡理论中，非均衡与瓦尔拉斯均衡一样，具有行为确定的含义，因此具有稳定性，可以持久地存在，而不仅仅是一种过渡状态。非均衡学派认为，在现实中，价格并非像传统理论那样是可以随时根据供求关系迅速调整的，有时出于制度结构的原因被固定或其运动受到限制，有时则仅仅是由于信息不完全而得不到及时调整；同时，由于市场上并非处处存在瓦尔拉斯定义的那种"喊价人"，人们不可能等到一切价格都调整到均衡值上再进行实际的交易，交易发生之后又不能"重新交易"，因此，他们在遇到供求不等情况时，往往首先进行"数量调整"，根据自己在一定价格下所能买到的数量或卖出的数量来调整自己在其他市场上的供求数量(所谓的"外溢效应")。

总之，一方面，价格调整的速率低于数量调整的速率；另一方面，对每个个别行为主体来说，价格往往是外生变量，是既定的交易条件，而交易数量是自己所能控制的内生变量。因此，市场运动的结果通常会是非均衡的，变量之间是不均等的，"理想"的供给不等于有效需求，或"理想"的需求不等于有效供给。但这种非均衡结果又建立在每个人在既定的信息条件、制度条件和市场条件下的最优选择的基础之上，因而又具有稳定性，不改变某些基本的外生条件，如收入分配制度、价格限制、价格完全程度等，就不可能使某种非均衡状态得到改变，变成均衡。

总之，在现代非均衡理论中，非均衡的概念不同于古典意义上的非均衡概念，它包含"行为确定"的含义。

4.2　劳动力市场的均衡分析

4.2.1　单一竞争性劳动力市场的静态均衡

4.2.1.1　劳动力市场完全竞争的条件

完全竞争又称纯粹竞争，是指不受任何阻碍和干扰的市场情况。完全竞争劳动力市场的假设条件是：

第一，劳资双方是理性的，并分别追求效用最大化和利润最大化；

第二，劳资双方对他们赖以存在的劳动力市场环境具有充分的信息，信息分布均匀，不存在信息不对称现象；

第三，劳动力具有同质性，企业提供的工作机会在工作条件及其他非货币特征方面也具有同质性；

第四，劳动力市场上供需双方为数众多，并且双方均无组织性，是工资接受者；

第五，劳动力流动无制度障碍，流动成本为零。

4.2.1.2 完全竞争条件下劳动力市场静态均衡的形成

劳动力市场的静态均衡是指在静态市场上均衡工资和均衡就业量的决定。在完全竞争的劳动力市场上，劳动力的供给者和需求者都是现行市场工资率的接受者，而不是决定者。也就是说，劳动力供给和需求的相互作用是决定实际工资水平和劳动就业数量的唯一因素，这种均衡的形成没有其他外力的干扰，是劳动力供给与劳动力需求双方在竞争中自发形成的。在劳动力的供给和需求相等时，劳动力市场处于均衡状态，此时的工资率为均衡工资率或市场出清工资率，此时通过市场实现的就业量为均衡就业量。

在完全竞争的市场条件下，劳动力市场上通过竞价活动形成的工资水平实际上是一种无差别的工资，这一工资适用于所有的厂商和个别劳动力。从前面章节的分析可知，市场劳动力供给S和劳动力需求D都是工资率W的函数。假设其他条件不变，则劳动力的供求函数分别为：

$$S=f(W) \qquad (4-1)$$

$$D=f(W) \qquad (4-2)$$

将供给曲线与需求曲线描述在同一图形上，即可观察得到静态均衡的形成。在图4-1中，横轴为就业量，以L表示；纵轴为工资率，以W表示；D为劳动力需求曲线，S为劳动力供给曲线。对应于每一种工资水平，都有与其相应的劳动力供给量与需求量。

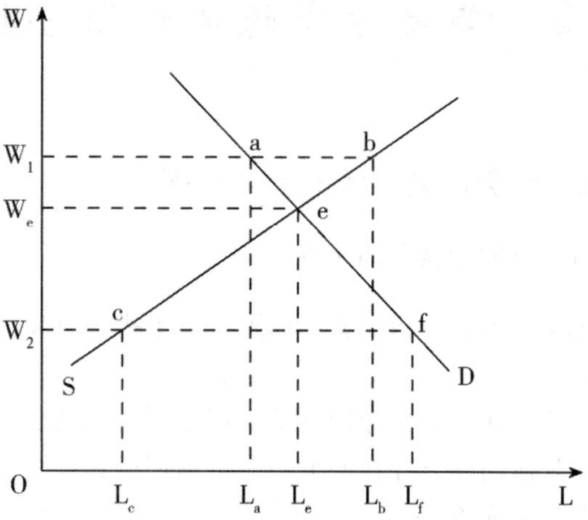

图4-1 静态均衡的形成

当工资率 $W=W_1$ 时，由劳动力供给曲线S可得劳动力供给量为 L_b，由劳动力需求曲线D决定的劳动力需求量为 L_a，显然 L_b 大于 L_a，其差额为 L_aL_b。由于供大于求，在竞争的作用下，工资率下降。随着供给的减少和需求的增加，供求之间的差额逐渐缩小。当供求相等时，即劳动力供给曲线与需求曲线相交时，工资率$W=W_e$，就业量$L=L_e$。此时的工资率W_e和就业量L_e分别为均衡工资率和均衡就业量。

当工资率$W=W_2$时，劳动力供给量为L_c，需求量为L_f，需求大于供给，其差额为L_cL_f。由于求大于供，在竞争的作用下，工资率上升。只要供求不等，供给就会增加，需求就会减少。当供求相等时，供求曲线相交于e点，就形成了均衡工资率W_e和均衡就业量L_e。

当劳动力供给等于劳动力需求时，工资率$W=W_e$，就业量$L=L_e$，劳动力市场实现了均衡。当工资率$W=W_e$时，而且只有当工资率$W=W_e$时，以W_e作为供给价格的劳动力供给的决策主体能够实现就业；以W_e作为需求价格的企业能够雇用到所需的劳动力。由于供给是均衡的，在资源限制的条件下，供给的决策主体可获得最大化的效用；由于需求是均衡的，它满足了劳动的边际产品价值等于工资（$\sum VMP=W$）的利润最大化条件，所以劳动力供求双方都没有改变这种状态的动力和要求，也就形成了一种相对静止、稳定的状态。在这种状态下劳动力的供求量相等，而且劳动力能够实现充分就业，此时的失业率应是经济学家所谓的“自然失业率”或“最低可持续失业率”。相反，当任何不均衡出现时，供求双方中的一方必然有改变这种状态的动力和要求，这种力量推动工资率的改变，引导供求走向一致。

从另一角度进行分析，也可以得出同样的结论。例如，当工资率$W=W_1$时，$W_1\neq W_e$，如图4-1中的a点，企业根据劳动力需求确定的原则（$\sum VMP=W$），可以雇用到L_a的劳动力，企业此时处于均衡状态。从劳动力供给这一方来看却并非如此。因为以W_1作为供给价格的劳动力供给量为L_b，减去已经受雇的L_a这部分劳动力，其余的部分为L_bL_a，存在改变这种状态（$W=W_1$，$L=L_a$）的动力和要求，所以这种状态是不稳定的，供求的力量并不相等，形不成均势。在这种条件下，必然会存在工资率W向W_e运动、就业量L向L_e运动的趋势，最终形成均衡。

再如，当工资率$W=W_2$时，$W_2\neq W_e$，如图4-1中的c点，以W_2作为供给价格的决策主体L_c可以实现就业，并同时满足了其效用最大化的要求，此时L_c这部分劳动力实现了自身的均衡。但是，从劳动力需求这一方来看并不如此，其对劳动力的需求量为L_f，市场的条件使其不能实现L_f的劳动力需求，在追求利润最大化的要求下，存在改变这种状态的动力和要求。c点这种状态（$W=W_2$，$L=L_c$）仍然是不稳定的，存在改变这种状态的变化趋势，即工资率W向W_e、就业量L向L_e运动，最终形成均衡。

同理，劳动力供给曲线S、劳动力需求曲线D除e点以外的任何其他点所形成的某种工资水平和就业水平都是非均衡的，都存在与前例类似的调整。唯有在e点，$W=W_e$，$L=L_e$，才是均衡的，能够实现没有基本的变化趋势的均衡状态：

$$\begin{aligned}&S=f(W)\\&D=f(W)\\&S=D\\&W=W_e\end{aligned}\qquad(4\text{-}3)$$

4.2.2 劳动力供求变动对均衡的影响

在静态均衡分析中，我们没有考虑劳动力供给曲线和需求曲线的变动对工资水平的影响。图4-1仅仅是一种均衡体系，所有非均衡到均衡的变动都围绕唯一的均衡点进行。但是劳动力的供求曲线是可以变动的，其中任一曲线的变动都会冲击原有的均衡点，对原有的均衡造成破坏，形成新的均衡，从而改变均衡工资率和均衡就业量。

4.2.2.1 劳动力供给变动对均衡的影响

先假定劳动力需求既定，分析劳动力供给变动对均衡的影响（如图4-2所示）。

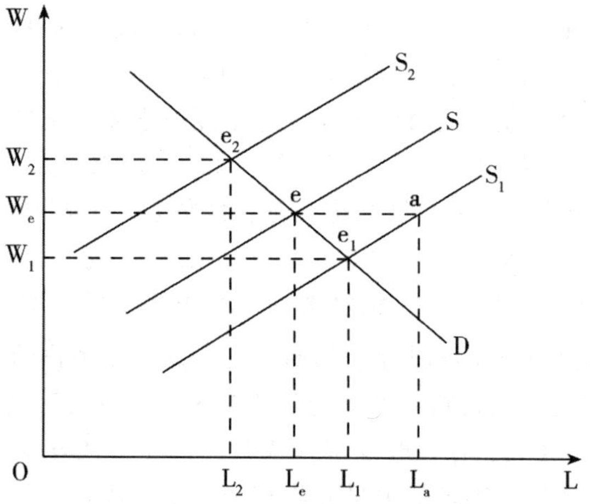

图4-2 劳动力供给变动对均衡的影响

在图4-2中，劳动力需求曲线D和劳动力供给曲线S共同决定的均衡工资率为W_e，均衡就业量为L_e。现假设由于某种原因劳动力供给曲线向右下方移动，移至S_1，这表示劳动力的供给者愿意在同样的工资水平下提供更多的劳动力，如因为某个行业市场偏好改变或技术进步等。由于出现一条新的劳动力供给曲线S_1，均衡工资率W_e不再是均衡的了。在$W=W_e$时，劳动力供给大于劳动力需求，在需求与供给的作用下，特别是对就业机会的竞争，导致工资率W从W_e下降至D与S_1相交的e_1点所对应的W_1，供求重新处于均衡状态。a点沿曲线S_1向左下方移动，e点沿需求曲线D向右下方移动，供求的移动趋向于新的均衡点e_1，均衡工资率由W_e下降到W_1，均衡就业量从L_e增加到L_1。

相反，如果劳动力供给曲线向左上方移动，由S移至S_2，其结果与上述结果相反，劳动力供求双方在e_2点实现均衡，均衡工资率由W_e提高到W_2，均衡就业量从L_e减少到L_2。

从上述分析可以看出，若劳动力需求曲线不变，劳动力供给曲线右移，均衡工资率下降，均衡就业量增加；劳动力供给曲线左移，均衡工资率提高，均衡就业量减少。

4.2.2.2　劳动力需求变动对均衡的影响

资本供给的变动、产品需求的变动，以及其他非工资因素的影响，都可以造成劳动力需求的变动，在图形上表现为劳动力需求曲线的移动。

在图4-3中，劳动力需求曲线变动以前的均衡点为e，与此相应的均衡工资率为W_e，就业量为L_e。假设劳动力需求曲线右移，从D右移到D_1，这表明在既定的工资水平下，厂商对劳动力的需求比以前大。以原有的工资率衡量，劳动力需求量会大于供给量，这种非均衡的状态一定会导致工资率的上升，使均衡在新的体系内得以实现。新的均衡点位于S和D_1的交点e_1上，均衡工资率由W_e提高到W_1，均衡就业量从L_e扩大到L_1。

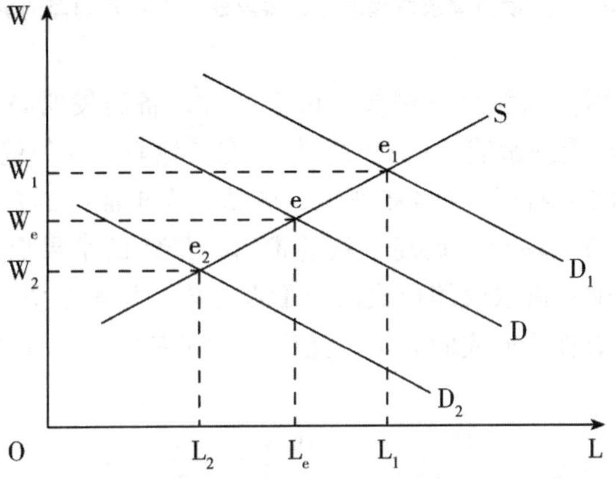

图4-3　劳动力需求变动对均衡的影响

相反，若劳动力需求曲线从D左移到D_2，表明在既定的工资率下，企业对劳动力的需求减少，原有的均衡由于需求曲线的移动而失衡，供给大于需求。在供求规律的作用下，均衡点移向e_2点，均衡工资率由W_e下降到W_2，均衡就业量从L_e减少到L_2。

显然，劳动力需求曲线右移，均衡工资率提高，均衡就业量增加；劳动力需求曲线左移，均衡工资率下降，均衡就业量减少。

4.2.2.3　劳动力供给和劳动力需求同时变动对均衡的影响

均衡的破坏也可能因为劳动力供给和需求同向或反向的同时变化。

当劳动力需求曲线左移、供给曲线右移时，两者的作用方向相同。如图4-4所示，若仅需求曲线左移，工资率从W_e降至W_1，因供给曲线同时右移，工资率降至W_2。

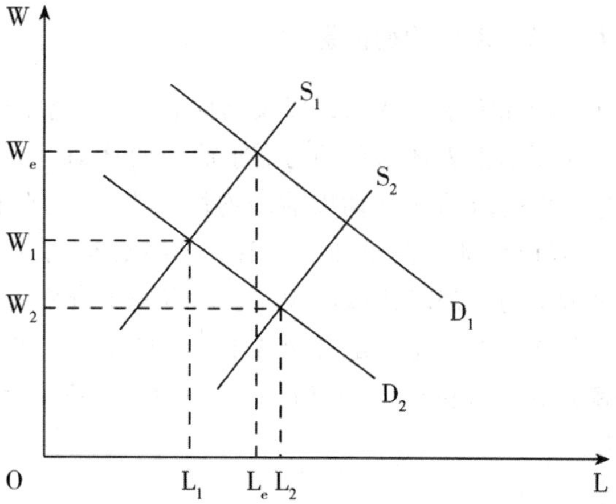

图4-4　劳动力需求曲线左移、供给曲线右移对均衡的影响

两者也可能作用方向相反。例如，由于录音设备的发明与传播，秘书需求减少，妇女劳动力市场受到影响。但同时，妇女在其他职业中的就业机会增加，这就难以预测工资受到的影响。如图4-5所示，劳动力需求曲线的左移形成降低工资的压力，而供给曲线的左移形成提高工资的推力，最终的结果取决于两种力量的对比。在图4-5（a）中，需求收缩形成的力量占优势，均衡工资率从W_1降到W_2；在图4-5（b）中，供给收缩形成的力量占优势，工资率从W_1升至W_2。

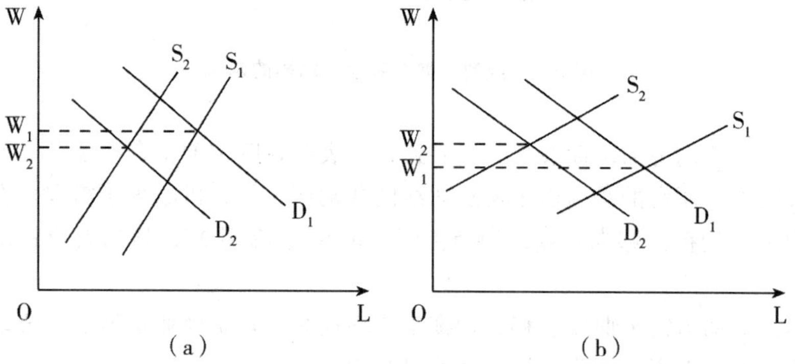

图4-5　劳动力供给和需求曲线左移后劳动力市场的重新均衡

4.2.3　多维竞争性劳动力市场的均衡

前面分析的是单个劳动力市场的均衡。在现实生活中，劳动力是可以分成多种

的：按年龄可分为青年劳动力、中年劳动力和老年劳动力；按性别可分为男性劳动力和女性劳动力；按职业可分为机械制造工人、建筑工人、运输工人等。不同的劳动力构成不同的劳动力市场，因而劳动力市场是多维的。

所谓多维劳动力市场的均衡是指在一组工资率下，两个以上的劳动力市场同时达到均衡。要分析多维劳动力市场均衡的条件，最简便的方法是假设：

第一，不同劳动力市场除工资外的工作条件相同或具有可比性；

第二，忽略掉劳动力流动所需要的时间和成本；

第三，劳动力在被考察的多个劳动力市场之间可以自由流动，没有进出障碍。

在以上假设条件成立的情况下，多维劳动力市场均衡的前提是，所有市场的均衡工资率都相等。在此之前，劳动力会从工资率较低的市场流向工资率较高的市场。这种流动会不断持续下去，直到所有市场的均衡工资率都相等。这时劳动者就不能通过流动提高效用，要求改变工资水平和劳动力供给或需求数量的所有力量同时消失或抵消。

在多维劳动力市场达到均衡时，整个经济对劳动要素的配置达到了最有效率的状态，整个经济因此也能从其有限的资源中获得最大的产出。

为了形象地说明以上问题，我们用图4-6来分析多维劳动力市场的形成及对整个经济的作用。

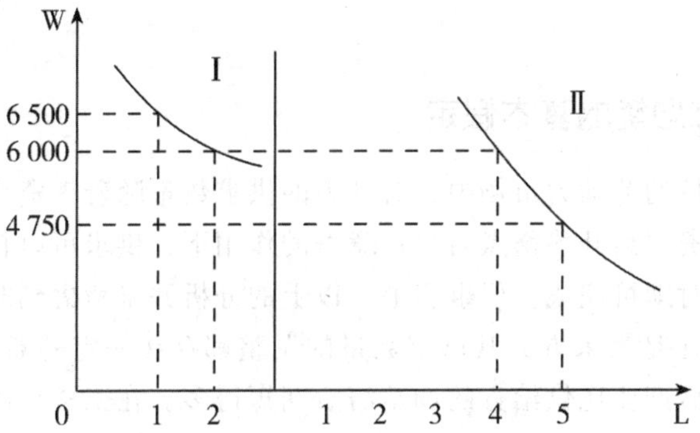

图4-6 多维劳动力市场均衡

假设在一个经济体系中有两个市场，即市场Ⅰ和市场Ⅱ，并假定在这个经济中有6个单位的劳动力。如果6个单位的劳动力这样分配，即市场Ⅰ中1个、市场Ⅱ中5个。此时，从单个市场看，工资水平等于劳动边际生产率，即达到了均衡水平，但从整个经济看没有达到均衡水平。因为市场Ⅰ中的劳动边际生产率和工资水平均为6 500，而市场Ⅱ中的相应数字为4 750，此时劳动力会从市场Ⅱ流向市场Ⅰ。当两个市场的工资水平都等于6 000时，多维劳动力市场就达到了均衡水平。此时，劳动力不再流动，工资率不再变化。

表4-1描述的是不同雇用量下的社会生产率。从表中我们可以清楚地看出，在

市场Ⅰ雇用两个人和市场Ⅱ雇用4个人，即整个经济处于劳动力市场均衡时，整个经济的产出量最大。

表4-1　　不同雇用量下的社会生产率

市场Ⅰ		市场Ⅱ		整个经济
雇用人数	生产率	雇用人数	生产率	生产率
1	6 500	5	36 250	42 750
2	12 500	4	31 500	44 000
3	18 000	3	25 500	43 500
4	23 000	2	18 250	41 250
5	28 000	1	9 750	37 750

4.3　劳动力市场的动态均衡

4.3.1　动态均衡的基本假定

在以上所分析的劳动力市场中，劳动力的供求数量随着工资率的变动迅速地作出调整，即当工资率离开均衡点后，在竞争的作用下，供求可以自动恢复到均衡状态，这种调整瞬时即可完成。但事实上，以上的分析并未考虑到时间因素，无论是劳动力的供给方还是需求方，其供求数量的调整都存在一定的滞后期。经验表明，需求方的调整滞后期要比供给方的调整滞后期短得多。在工资率离开均衡点后，劳动力市场的供求并不一定趋于均衡，那么在什么条件下劳动力的供求能重新走向均衡呢？在何种条件下不能趋于均衡呢？这就是劳动力市场动态均衡所要研究的问题。

劳动力市场动态均衡的研究涉及经济学原理中的蛛网理论及预期问题。

蛛网理论是20世纪30年代出现的一种关于动态均衡分析方法的微观经济学理论。蛛网理论是运用供求规律分析某些生产周期长从而供给调节需要相当长时间的产品的价格和产量。它的内容是考察价格波动对下一周期产量的影响，以及由此而产生的均衡的变动。

此处我们所应用的预期理论是最原始的静态预期，也就是以上期的价格作为影响本期产量的价格。这种预期并未考虑以前的预期和当期的任何信息，它不同于适应性预期，更不同于理性预期。这种预期的特点将在假定条件中更为确切地体现出来。

正如上面所提到的，劳动力需求相对工资率的调整较快，供给的调整则较慢，因为劳动力这种商品不同于其他的任何商品，许多行业的劳动力在走向工作岗位时，需要接受一般的教育和相关的职业培训，进行人力资本投资。形成劳动力供给的决策到执行或实现决策客观上存在一个或长或短的时间间隔，其长度视教育或培训的性质或特点而定。例如，接受完九年义务教育的初中毕业生，如果决定未来做一名熟练技术工人，需要2~4年的教育或训练；如果决定未来做一名高等院校的教师，则需10年以上的教育等。这里面临两个问题：一是按照本期的工资率进行人力资本投资是否能满足下期市场对劳动力的需要，成为将来市场上的热门人才；二是现在所进行的人力资本投资，即使能在将来寻找工作，但在也许已经发生了变化的劳动力市场上，所得报酬能否弥补人力资本投资。在走向工作岗位以前或转移工作岗位前所需花费的教育和培训的时间越长，市场对供求的调节能力就越弱；反之越强。因此，在分析供求滞后期以前，需作如下假定：

首先，假定形成劳动力供给决策的时间为本期，以t表示；执行或实现劳动力供给决策的时间为下期，以（t+1）表示。在t与（t+1）期间，已经形成的劳动力供给决策不变。

其次，假设本期的劳动力需求量决定本期的工资率，分别以D_t和W_t表示本期的需求量和本期的工资率，两者之间的关系为：

$$W_t=f(D_t) \tag{4-4}$$

最后，假设本期的工资率决定下期的劳动力供给量（S_{t+1}），即W_t为自变量，S_{t+1}为因变量，两者之间的关系为：

$$S_{t+1}=f(W_t) \tag{4-5}$$

公式4-4和公式4-5是动态均衡分析的基础。

4.3.2 劳动力市场动态均衡的模型

在上述假定条件下，可以依据不同劳动力的供给和需求弹性，将劳动力市场的动态均衡用蛛网模型描绘出来。为简单起见，假定劳动力的需求弹性不变。

4.3.2.1 劳动力供给弹性小于劳动力需求弹性

劳动力供求弹性是蛛网理论分析的基本条件，供给弹性小于需求弹性在曲线上表现为劳动力供给曲线的斜率大于劳动力需求曲线的斜率。在这种条件下，工资率与劳动力供给量的波动会越来越小，最后走向均衡。工资率和劳动力供给量变动的轨迹形成的图形被称为收敛型蛛网（如图4-7所示）。

在图4-7（a）中，劳动力供给曲线S与劳动力需求曲线D相交于e点，e点为均衡点，均衡工资率为W_e，均衡就业量为L_e。劳动力供给曲线S比劳动力需求曲线D陡峭，表明劳动力供给弹性小于需求弹性。

在上述假定条件下，如果工资率偏离均衡状态，必然会引起劳动力供给量与需求量的波动，进而引起下期工资率的波动，如此下去，就形成工资率与就业量的变动，其变动过程如下：

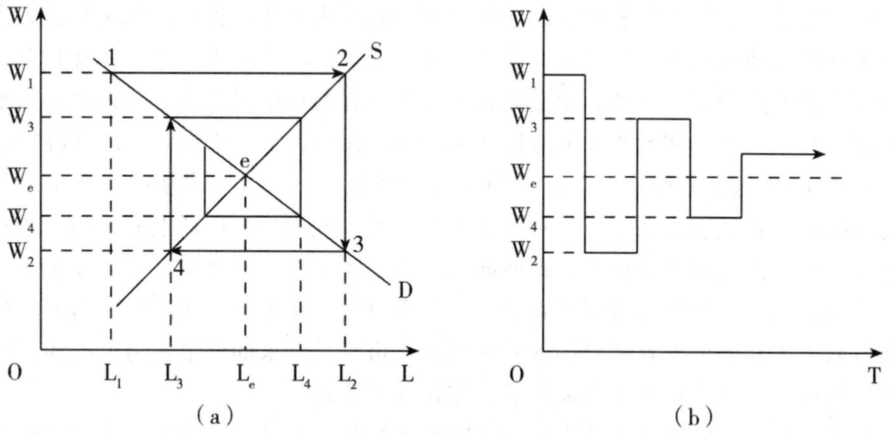

图4-7 收敛型蛛网

第一阶段：假定工资率为 W_1，高于均衡工资率 W_e；本期的劳动力供给量为 L_1，小于均衡就业量 L_e。按假定条件可知，本期的工资率决定下期的劳动力供给量 L_2，即

$W_1=f\ (L_1)$

$S_{t+1}= L_2=f\ (W_1)$ (4-6)

第二阶段：劳动力的供给量大大超过劳动力的需求量，因此工资率只有下降到 W_2 时才能实现全部就业。显然，这时工资率低于均衡工资率，就业量高于均衡就业量。

第三阶段：本阶段的工资率为 W_2，这个工资率决定了下期的劳动力供给量，在该工资率下，下期的劳动力供给量为 L_3。

第四阶段：在第三阶段以 W_2 决定劳动力供给量的人们在此阶段实现他们的决策。工资率 W_2 决定的劳动力需求量大于劳动力供给量，要实现 L_3 的劳动力供给量就必须使工资率上升到 W_3。W_3 大于均衡工资率 W_e，就业量 L_3 小于均衡就业量 L_e。按照以上的循环可知，W_3 又决定了下期的劳动力供给量。

在第四阶段后，这样的循环将继续进行下去。在上述4个阶段的循环当中，第一阶段和第二阶段构成一个本期和下期的循环周期。由于本期工资率高于均衡工资率，就业量小于均衡就业量，造成下期的劳动力供给量增加，工资率向下变动。第三阶段和第四阶段又构成一个本期和下期的循环周期。由于本期工资率低于均衡工资率，就业量大于均衡就业量，造成下期的劳动力供给量减少，工资率向上变动。

……

这个过程如此循环下去，最终将会使工资率的波动和就业量的波动逐步趋近于均衡点，恢复到原来的均衡工资率W_e和均衡就业量L_e。在图4-7（b）中，横轴代表时间，纵轴代表工资率，图中的折线表明工资率的波动趋向于均衡工资率W_e。在波动过程中，由于劳动力的供给弹性小于需求弹性，工资率的波动和就业量的波动逐步减弱。这种趋向于均衡点的波动是在劳动力供给弹性小于需求弹性情况下通过供求规律自发地调节实现的。因此，劳动力供给弹性小于劳动力需求弹性被称为蛛网稳定条件。

4.3.2.2　劳动力供给弹性大于劳动力需求弹性

劳动力的供给弹性大于劳动力的需求弹性，意味劳动力供给曲线的斜率小于劳动力需求曲线的斜率。其经济学的含义是，劳动力供给量变动对工资率变动的反应程度大于劳动力需求量变动对工资率变动的反应程度（如图4-8所示）。

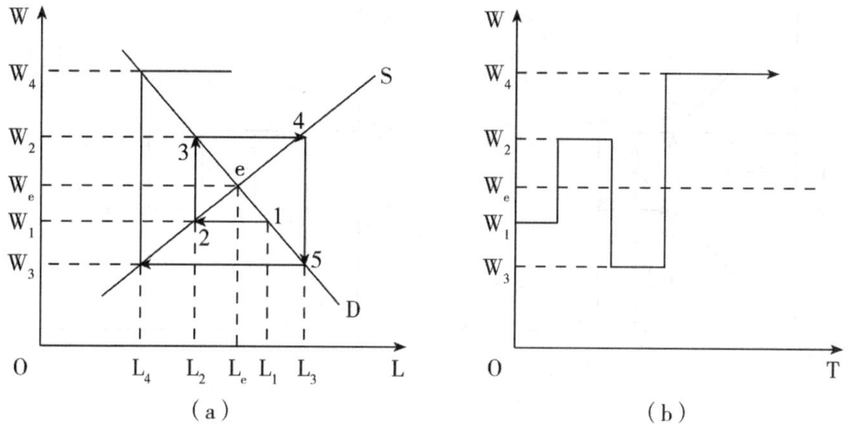

图4-8　发散型蛛网

在图4-8（a）中，劳动力的供给弹性大于劳动力的需求弹性，供给曲线比需求曲线更为平缓，两者的交点为e点，均衡工资率与均衡就业量与前同。但与前述不同的是，当市场失衡时，工资率和就业量的波动会越来越大，两个变量离均衡点越来越远，即市场失衡后就不再可能恢复到均衡状态。这是因为，相对劳动力需求量而言，工资率的波动对劳动力供给量的影响越来越大，致使工资率和就业量呈发散型波动，因此这种变动被称为发散型蛛网。

在实际经济活动中，一般难以见到发散型蛛网。这是因为劳动力供给的决策者对工资率的变动存在某种预期，如果现行工资率高于均衡工资率，人们会预期工资率下降，所以不会贸然地将本期的高工资率作为下期劳动力供给的决策依据。同样，若现实工资率远低于均衡工资率，他们也不会都以低工资决定下期的劳动力供给。当然，这并非意味劳动力供给曲线一定比需求曲线更陡峭，其弹性必定小于需求弹性，从而满足蛛网稳定条件，而是说在劳动力供给决策中，决策是以个人和家庭为决策主体分散进行的。虽然他们被假设为追求效用最大化，但是他们存在一定的工资预期，而稳定的预期有助于劳动力市场的稳定。在现实的劳动力市场上，虽然精确的预期难以实现，但尽量提高预期的精确程度，以便缓解蛛网波动，使工资率的震荡幅度有所缩小，还是完全有可能的。这对提高人力资本的投资效率、有效配置劳动力资源具有重要的现实意义。

4.3.2.3 劳动力供给弹性等于劳动力需求弹性

在这种情况下，两条曲线的斜率相等，即劳动力的供给量和劳动力的需求量对工资率变动的反应程度都是相同的。这时工资率和就业量的波动趋向既不是收敛型的，也不是发散型的，而是在同一波动程度上变动，起点的工资率和终点的工资率在同一点上相交，从而形成一个循环，形成封闭型蛛网（如图4-9所示）。

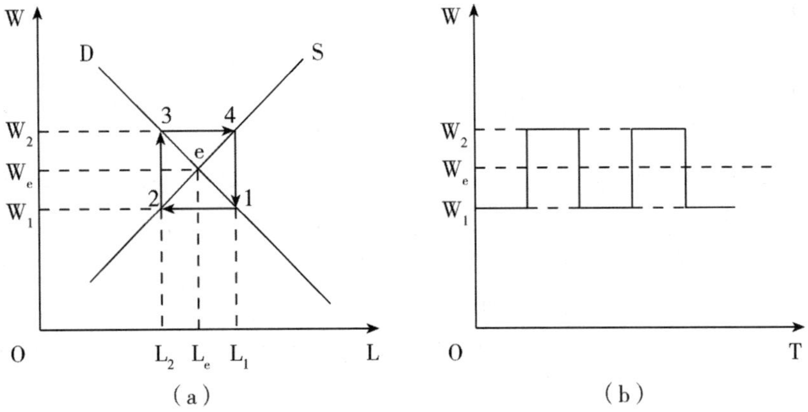

图4-9 封闭型蛛网

在封闭型蛛网中，蛛网离均衡点的远近取决于工资率和就业量的波动幅度，而这两个变量的波动又具有不确定性，可能较大，也可能较小。同样，劳动力的供给者对工资率的预期有助于工资率和就业量波动的减弱。

4.3.3 公共部门的劳动力市场均衡

公共部门与私营部门不同，它的目标不是追求利润最大化。公共部门的劳动力供给和需求行为都有自己的特点，以利润最大化假设为基础的劳动力市场均衡模型对政府等公共部门显然不完全适用，必须建立另外的劳动力市场均衡模型。

在图4-10中，D_0和D_1是劳动力需求曲线，S_0为劳动力供给曲线。劳动力需求量和劳动力供给量用“公共部门员工人数占总人口的比例”表示，因为每个公民从一定量的公共部门员工那里获得的服务量是与人口总量的变化有关的。人口总量越大，每个公民实际获得的服务量就会减少；反之，则增加。因此，根据假设，服务水平提高（降低），从而公共部门劳动力需求增加（减少），只有在公共部门员工人数占总人口的比例有所提高（降低）的前提下才能真正体现出来。

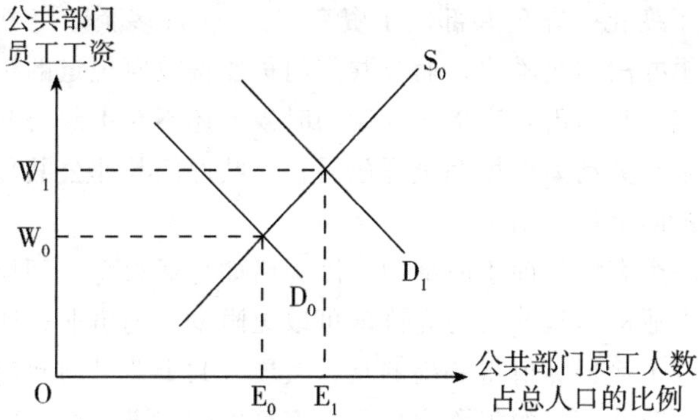

图4-10　公共部门的劳动力市场均衡

图4-10中的劳动力需求曲线的位置取决于多种因素。人均家庭收入或人均政府补贴的提高即社会可利用资源总量的增加，将使劳动力需求曲线向右上方移动；反之，则向左下方移动。

图4-10中的劳动力供给曲线同一般的劳动力供给曲线一样，是一条正斜率曲线。它表示工资率越高，愿意到公共部门来工作的劳动者越多；反之，则越少。不过，公共部门的特点是劳动保障条件好、职业稳定，因此它对偏好安全的劳动者更有吸引力。

劳动力需求曲线D_0与劳动力供给曲线S_0相交于（E_0，W_0）点，这时公共部门劳动力市场处于均衡状态时的就业量是E_0，工资率是W_0。工资率若高于W_0，则公共部门就会出现劳动力供过于求的局面；工资率若低于W_0，则公共部门就会出现职位空缺。

公共部门的劳动力需求水平会由于政府公共服务计划的扩大而移到D_1位置，因而相应的均衡工资率和公共部门就业量也会增加至（E_1，W_1）点。同样，如果政府缩减公共部门，则劳动力需求曲线左移，工资率和就业量相应下降。

公共部门的劳动力供给是与非劳动力人口新进入劳动力市场以及非公共部门劳动力转入公共部门的规模相联系的。它也是与公共部门工资率的相对水平（即相对非公共部门的工资收入水平）有关的。公共部门与非公共部门的工资水平相对的变化趋势一直是劳动经济学所关心的课题，是考察社会工资关系是否合理、社会收入分配是否公平的一个重要方面。在许多市场经济国家，公共部门员工的工资水平是参照非公共部门的工资水平确定的，因为确定非公共部门工资水平的主要力量是市场，而公共部门工资水平在较大程度上受立法限制和行政干预。中国的公共部门员工的工资水平不随非公共部门工资水平的变化而变化；相反，非公共部门的工资水平往往要参照公共部门（如国家机关）的工资水平来确定。由于这种制度方面的原因，企业工资在没有与自身经营效果联系起来以前，大学生普遍愿意进公共部门（如国家机关）工作，因为那里的工资标准与非公共部门差别不大，但在非货币效用方面（如社会地位方面）比非公共部门要高。这种情况在工资收入与本企业经济效益挂钩后发生了变化。非公共部门工资变“活”，许多企业工资大幅度增加，即使亏损的企业也想办法与之攀比，而公共部门仍要按政府规定的标准发放工资。这种变化在劳动力流动基本由政府指令控制的时候，还不会引起公共部门劳动力供给的迅速萎缩，但是在劳动力市场完全开放后，公共部门与非公共部门的这种差异会在劳动力流动的走向上反映出来。

公共部门是一个有广阔前景的部门。因为诸如普通教育、环境保护、公共交通以及社会福利等事业都是只要财力允许就可以无限发展的事业，所以公共部门就业是劳动力就业的一个途径。值得一提的是，发展公共事业是与政府可以直接控制的财力直接有关的，公共部门的工资率也是政府可以直接干预的。因此，当经济不景气，非公共部门的就业发生困难时，政府常常采用扩大公共部门就业的政策来缓解失业，这是一个财政政策与收入政策并用的典型例子。

但是，也应该看到，由于许多公共事业有自然垄断的性质，所以公共部门的劳动力需求的工资弹性一般都相当小。也就是说，许多公共部门即使员工工资率明显上升，政府也不能相应地缩减雇佣规模、降低服务水平。因此，如果公共部门员工的工资率由于工会等的作用或其他政治因素的影响明显上升，政府就必须采用以资本替代劳动，或把公共事业转包给非公共部门的办法。政府的这些做法都会影响公共部门就业的扩大。

4.4 劳动力市场均衡的意义

4.4.1 劳动力资源的最优配置

在完全竞争的市场结构中，劳动力市场实现均衡，劳动力资源就能得到最有效的配置。在给定资源与总需求水平的前提下，社会产出亦能达到最高水平。

劳动力市场均衡使得工资率等于总的边际产品价值。企业、行业不同，其资本存量也不同，但是所有的企业、行业都将劳动力雇用到使其劳动的边际产品价值等于均衡工资率的水平，这就必然导致所有行业和企业的边际产品价值相等。在生产技术状况不变、资本存量给定的情况下，可以保证一个经济社会的产出水平是最大的（如图4-11所示）。

假设一个经济社会由A行业和B行业两个行业构成，存在A行业劳动力市场和B行业劳动力市场。在图4-11中，纵轴分别表示两个行业的工资率W_A和W_B，以及两个行业各自总的边际产品价值$\sum VMP_A$和$\sum VMP_B$；原点O_a向右量度表示在A行业就业的劳动力，原点O_b向左量度表示在B行业就业的劳动力；D_a和D_b分别为行业A和行业B的劳动的边际产品价值曲线，即两个行业A和B的劳动力需求曲线。

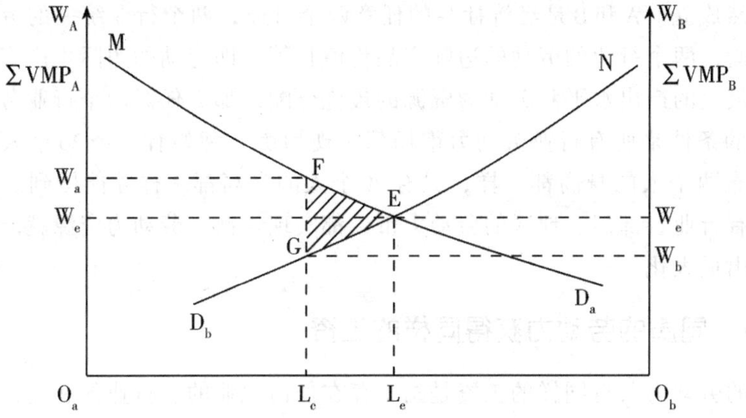

图4-11 劳动力资源的最优配置

在A行业劳动力市场，当工资率$W_A=W_a$时，在A行业就业的劳动力为O_aL_c。在B行业劳动力市场，当工资率$W_B=W_b$时，其就业量为O_bL_c。经过分别考察，在上述条件下两个行业的劳动力市场各自都处于均衡状态，因为它们都满足$\sum VMP=W$的条件。此时经济社会的就业总量为两个行业就业量之和：$O_aL_c+O_bL_c=O_aO_b$。行业A的总产出为曲边梯形MFL_cO_a这块面积，行业B的总产出水平为曲边梯形NGL_cO_b这块面积，经济社会的总产出水平为上述两块面积之和MO_aO_bNGF。

但在上述两个行业市场各自均衡的条件下，经济社会统一的劳动力市场是不均衡的，因为$W_a \neq W_b$，$\sum VMP_A \neq \sum VMP_B$。此时，两个行业各自的均衡工资率存在$W_a>W_b$的关系，由此决定了B行业的劳动力必然向A行业劳动力市场流动。劳动力流动的结果是，A行业市场由于劳动力供给的增加，$\sum VMP_A$下降，工资率随之下降；B行业市场由于劳动力供给的减少，$\sum VMP_B$上升，工资率随之提高。劳动力在两个行业市场间流动，使统一的劳动力市场均衡，两个行业市场的均衡工资率都等于W_e，并且$\sum VMP_A=\sum VMP_B$。

在上述变动过程的同时，劳动力资源实现了优化分配：低劳动生产率的B行业由于L_eL_c部分劳动力的流出，劳动生产率得到了提高；高劳动生产率的A行业由于L_cL_e部分劳动力的流入，资本得到了更充分的利用。在劳动力资源总量O_aO_b不变的条件下，经济社会的净增加产出为曲边三角形FEG这块面积所代表的价值部分。进一步推理可知，只要劳动力市场没有实现均衡，必然使经济社会的产出水平受到损失，劳动力资源没有得到最优配置。如果两个行业市场都实现了均衡，劳动力仍然流动，会对社会的产出水平造成负面影响。设想在市场实现均衡后，有1单位的劳动力从B行业市场流向A行业市场，其结果必然造成两个行业的$\sum$VMP不等，仍然使社会的产出水平受到损失。

当然，一个经济社会不可能只由两个行业构成，当经济社会有N个行业时，上述分析依然成立。A和B是经济社会的任意两个行业，两个行业统一的劳动力市场实现了均衡，两个行业的劳动的边际产品价值相等，即劳动的边际生产率相等，社会获得了最大的产出水平和劳动力资源的最优分配，那么任意两个行业劳动力市场实现均衡的条件是所有行业劳动力市场都实现均衡。譬如有一个20个人组成的篮球队，任意两个人的身高都一样，只有20个人的身高都一样才能做到。因此，经济社会所有行业、部门、地区的劳动力市场都实现均衡，劳动力资源就能得到最优配置和产出最大化。

4.4.2 同质的劳动力获得同样的工资

同质的劳动力获得同样的工资是指不存在任何职业的、行业的和地区的工资差别。在劳动力市场均衡的条件下，经济社会中任意一种职业、行业，任何一个地区的工资都不会与其他职业、行业、地区存在差别。由完全竞争的市场结构的基本假设条件可知：劳动者有完备的信息，各类流动成本为零且不存在任何制度性或其他障碍，劳动力是同质的，即都存在或都不存在对当前特定技能的任何预先投资，其他劳动或工作条件一样，等等。因此，流动和竞争必然导致没有任何工资差别。现以图4-12的劳动力地区间流动为例加以分析。

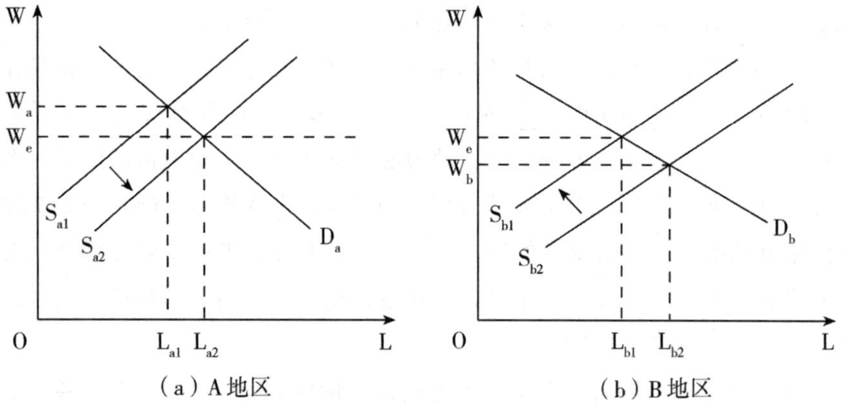

图4-12 地区工资均衡（一）

假设经济社会由A地区和B地区构成，劳动力和资本在A、B两个地区有较大差异，A地区均衡工资率W_a比B地区均衡工资率W_b高。A地区的高工资导致B地区的工人离开本地区流向A地区。B地区劳动力供给减少，使B地区劳动力供给曲线从S_{b2}移向S_{b1}，并使A地区的劳动力供给曲线从S_{a1}移向S_{a2}。由于劳动力的流动造成两个地区劳动力供给曲线的移位，最终使地区工资差别趋于消失，A、B两个地区的劳动力市场实现均衡，均衡工资率都为W_e。在两个地区市场工资率都等于W_e的情况下，地区间劳动力停止流动。

从资本流动的视角观察地区工资差别的变动，亦可得到同样的结论（如图4-13所示）。A地区工资比B地区高，为了取得B地区低劳动成本的利益，A地区资本向B地区转移（资本转移费用假设为零）。B地区资本的增加使劳动力需求曲线右移，造成B地区工资率上升。在资本总量不变的情况下，A地区由于资本转移，劳动力需求曲线左移，工资率下降。资本在地区间的转移同样会使地区间工资差别消失，而趋向于均衡工资率。

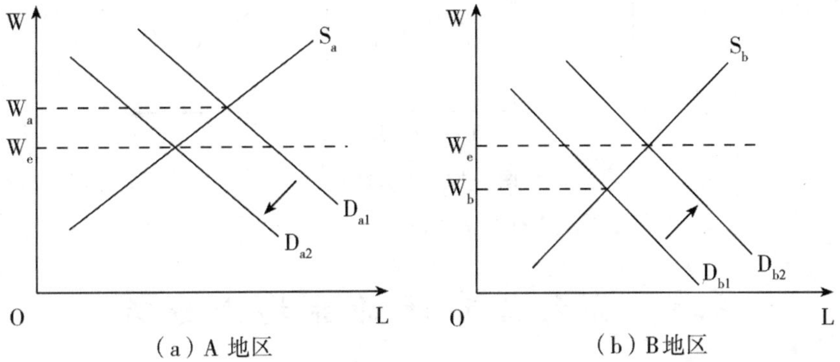

图4-13　地区工资均衡（二）

根据同样的理由也可以确信行业、职业的工资差别趋近于零。假设图4-12、图4-13中的A、B两个地区描述的是A、B两个行业或A、B两种职业，那么工人在行业间、职业间的流动，也使得他们的工资逐渐接近，最终收敛于均衡工资W_e。同等的劳动获得同样的工资，不会因职业、行业、地区差异而形成工资差别。

4.4.3　充分就业

劳动力供给与劳动力需求的均衡在均衡工资决定的同时，也会导致充分就业。如图4-14所示，工资率W_1高于均衡工资率W_e，劳动力供给过剩。在工资率W_1的条件下，存在L_aL_b的失业。工资率低于均衡工资W_e，如在W_2的水平上，造成劳动力供给不足。在工资率W_2的条件下，存在L_fL_c的职业空位。但在工资率等于W_e的条件下，既不存在供给过剩，亦不存在供给不足，接受工资率W_e的工人与企业都能找到就业机会和所愿意雇佣的劳动力。经济社会在均衡时实现了充分就业。

必须注意的是，在一个经济社会中，构成“充分就业”的就业量并不是一成不变的固定量。在劳动力供给曲线与劳动力需求曲线给定的条件下，供求规律导致充分就业的实现。当劳动力供给曲线或劳动力需求曲线一方或双方都发生移位时，均衡工资的水平不同，其充分就业的就业量也是不同的。

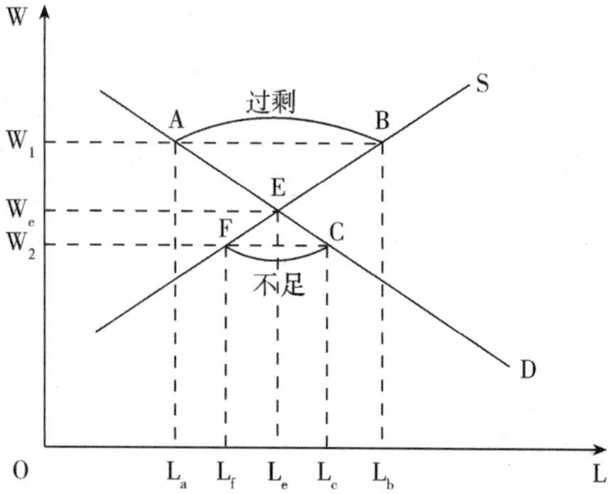

图4-14 充分就业

4.5 劳动力市场的非均衡分析

在分析劳动力市场的均衡时都假设：

第一，工资率具有充分弹性，工资是可变的，它可随时随地随着供求关系的变化而变化；

第二，供求双方的劳动力供给量和需求量都受工资率的调节，而不受对方的供给（需求）量的限制；

第三，市场上不会出现违背当事人意愿的劳动力过剩与劳动力短缺的现象。

然而，均衡的上述假定在现实经济生活中是不可能具备的，劳动力短缺与劳动力过剩是经常存在的问题。因此，劳动经济学单纯用劳动力市场的均衡分析方法是不够的，还必须运用非均衡的分析方法，对现实中的非均衡状态下的劳动力市场的企业和家庭（个人）的劳动供求行为进行分析，以回答劳动力市场上出现的劳动力短缺和劳动力过剩的现象。

4.5.1 劳动力市场非均衡产生的原因

通过本书4.1部分的关于非均衡概念的介绍我们知道，非均衡状态也是一种稳定的状态。这里我们需要引入两组概念：瓦尔拉斯需求（或供给）与有效需求（或供给）。

瓦尔拉斯是一位在市场均衡研究中的集大成者，以他的名字所表示的“瓦尔拉斯需求”是指以效用最大化为目标的经济行为人在市场供求可以相等的情况下，根据市场价格形成的需求。

有效需求是指经济行为人在其预算可能条件下，考虑了市场价格和他在本市场及其他市场上所受到的数量限制后，为使其效用函数最大化而形成的需求。

两者的最大区别在于瓦尔拉斯需求未受数量限制，而有效需求受价格和数量的双重限制。

利用瓦尔拉斯需求（或供给）和有效需求（或供给）的区别，一方面，可以研究数量限制对经济行为人的影响；另一方面，由于瓦尔拉斯需求（或供给）和有效需求（或供给）都是经济行为人在其自身条件下希望实现的量，它与实际的购买（销售）量是不同的。因此，通过分析有效需求和成交额的关系，可以考察在需求和供给达不到数量相等的情况时，市场是如何通过经济行为人的行为达到与“均衡”状态不同的另一种稳定的状态，即非均衡状态。

劳动力市场是比较典型的非均衡市场，主要原因有三：

第一，工资率（包括名义工资率和实际工资率）作为劳动力的价格，具有相当大的刚性，因为人们的消费已达到一定水平，要退回去习惯一种更低的生活水平是很困难的。工资的刚性使价格机制往往不能在劳动力市场上充分发挥作用。

第二，由于劳动力需求是派生需求，所以劳动力需求的数量除受工资调节外，还要受产品市场需求的调节。

第三，由于劳动是人的谋生手段，劳动力供给除受工资调节外，还要受人的主观偏好、财富总量和社会心理等因素的调节。

非均衡分析在经济学中已经形成了一个学派，即非均衡学派，其将现代数学作为分析工具对包括劳动力市场在内的非均衡状态进行了全面的分析。下面，我们仅就劳动力市场上非均衡的一些因素作初步考察，以理解劳动力市场的非均衡分析。

4.5.2 自愿性失业与非自愿性失业

4.5.2.1 自愿性失业

自愿性失业是指由于存在工资刚性，市场工资率不能随劳动力供给和劳动力需求的变化而变化，或者由于存在有关工资率方面的法律规定（如最低工资法），工资率不能下降到最低工资率以下，总之由于实际工资率太高而引起劳动力供给大于劳动力需求，从而造成劳动者失业。

如图4-15所示，在劳动力市场上，假设工资是有弹性的，劳动力市场的均衡工资率为W_0，均衡就业量为L_0。当法定最低工资率超过均衡工资率等于W_1时，有L_1个劳动者希望就业，而根据厂商利润最大化目标，只能雇用L_2个劳动者，从而有（L_1-L_2）个劳动者处于失业状态。因为这种失业仍是用供求曲线描述的经济主体的行为，所以是自愿性失业。

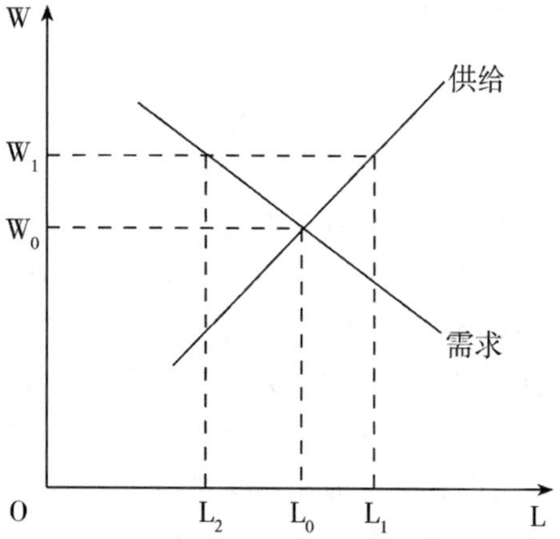

图4-15 劳动力市场的自愿性失业

4.5.2.2 非自愿性失业

非自愿性失业是一种市场非均衡现象，它不是由实际工资率太高引起的，而是指产品需求下降使厂商销售发生困难，对劳动力供给的数量产生限制情形下发生的失业。

4.5.3 劳动力短缺与劳动力过剩

4.5.3.1 劳动力短缺

劳动力短缺的含义是：在劳动力市场上，劳动力需求处于长边，劳动力供给处于短边，即劳动的初始需求大于有效需求（能够实现的需求）。这种情形也称劳动力过度需求。

在计划经济体制下，劳动力短缺是一种常见的现象。这是因为，从劳动力需求方来说，企业作为社会中的一个行政机构，具有内在的不断扩大生产规模的冲动，而这种规模冲动将引起劳动力需求不断增长的冲动。劳动力需求的增长冲动表现在企业向上级主管部门争取更多的招工指标，使劳动力需求在劳动力市场上处于长边的位置。那么，劳动力供给为什么会处于短边的位置呢？例如，虽然我国劳动力资源丰富，但是，由于其二元经济结构（即一方面有发达的工业化城市，另一方面是落后的以农业为主的乡村经济），劳动力被分成基本上不能相互流动的两部分：城镇和农村劳动力，这样就限制了城镇劳动力供给的数量。此外，商品粮供应有限限制了城镇劳动力供给。商品粮是政府从农村征收的，在农业生产力有限的情况下，商品粮的征收和供给也是有限度的。因此商品粮能养活的城镇劳动力数量也就有了限制，这就是中国曾实行“上山下乡”政策的原因之一，以减少城镇劳动力数量。

在存在劳动力短缺的情况下，如何保证社会生产的正常进行呢？就是利用强制替代：

第一，部分企业因劳动力短缺而停产（如那些与短缺工种在生产工艺上有互补关系的工种的工人因此而窝工）。

第二，对产品的产量和品种进行调整。

第三，改变工艺，相应地改变技术和装备。

第四，用不合格劳动力来补充。不合格劳动力可能是比原来需要的劳动力素质低的劳动力，即小材大用；也可能是用过高的劳动力来替代，即大材小用。

劳动力短缺还具有累积和溢出的效应：

第一，累积效应是指劳动力短缺使劳动力市场成为卖方市场，助长懒惰、工作不负责、服务态度不好等风气，于是进一步感到劳动力短缺。

第二，溢出效应是指某工厂的劳动力短缺引起减产，使以这个工厂的产品为原材料的工厂发生原料短缺的情况，由于没有市场调节，这一系列的短缺是不可克服的。

4.5.3.2　劳动力过剩

劳动力过剩与劳动力短缺正好相反，其含义是：在劳动力市场上，劳动力需求是短边，劳动力供给是长边，劳动力初始供给大于有效供给。劳动力过剩又称劳动力过度供给。

劳动力过剩的表现是劳动力滞存，这种滞存发生在企业内部就是在职失业；发生在企业外部就是显性失业。

引起在职失业的原因有：

第一，预算软约束下，临时停工导致实际工资率大于劳动边际生产率；

第二，企业追求规模增长引发劳动力囤积；

第三，劳动力短缺引发互补劳动力窝工；

第四，劳动力不能自由流动，已经富余的劳动力存量不能改变；

第五，企业目标由规模增长向人均收入最大化转化，劳动力需求下降，不仅低于追求规模增长时的需求量，而且低于以利润最大化为目标的企业的需求量。

4.5.4 工资漂浮与平均主义

4.5.4.1 工资漂浮

工资漂浮是一种市场非均衡的后果。工资漂浮是指计划经济体制中存在的自下而上层层提高工资的倾向，以及由这种倾向造成的工资轮番上升的现象。工资漂浮是由工资紧张促成的。所谓工资紧张，就是指某个群体（如一个企业内或全国内同一职业的所有工人，或者某个部门、地区的所有工人）以另一群体或几个群体的工资为参照进行比较而产生的对自己在相对工资关系中所处地位的不满。这种不满导致工资攀比，从而导致工资漂浮。工资紧张当然与决定工资差别的政府掌握不到有关不同群体劳动差别的完全信息有关，但即使政府一开始确定的工资差别是与劳动差别相符的，工资紧张也会因劳动力短缺与劳动力过剩的并存而产生。

4.5.4.2 平均主义

工资漂浮和由工资紧张引起的工资攀比，在劳动力短缺和劳动力过剩普遍存在的条件下，必然导致工资收入的平均分配，即分配中的平均主义倾向。这是因为，在劳动力短缺与劳动力过剩并存的情况下，不同劳动者忙闲不均，这种忙闲不均的责任不在于哪个劳动者个人或群体。劳动者个人或群体之间支出劳动有多有少完全是由劳动机会不均造成的，不是哪个人或群体资源减少或增加劳动力供给的结果。在这种情况下，如果工资分配完全以劳动支出为标准，就会引起劳动机会少的人不满。机会不均等只好用收入均等来弥补。于是，工资收入分配的平均便自然而然地形成了。

通过以上分析，我们可以确定，由于存在数量限制（包括劳动力供给与需求和工资作为价格信号的局限），劳动力市场不可能出现瓦尔拉斯一般均衡。自愿性失业与非自愿性失业、劳动力短缺与劳动力过剩，以及工资漂浮与平均主义，作为不同的市场力量相互作用，围绕实际的劳动力市场均衡点来回波动。不过，这种均衡不是瓦尔拉斯均衡，而是非瓦尔拉斯均衡。这种非均衡状态是劳动力市场的正常状态。促使劳动力市场趋向非均衡状态的机制是由许多方面的要素构成的，这些要素有经济、政治、伦理、心理方面等。劳动力市场的非均衡分析使我们对劳动力市场运行的理解更加贴近现实了。

4.6 人口、资本存量与劳动力供求

4.6.1 人口、资本存量与均衡工资率

4.6.1.1 人口对劳动力供给的影响

人口对劳动力供给的影响主要表现以下方面：

（1）人口规模

构成劳动力供给的劳动力人口群体是一定时期、一定地域人口总体的一部分。总体发生变化，其组成部分也要相应地发生变化。在其他条件不变的情况下，劳动力供给与人口规模呈正向关系。如果以人口的自然增长率为标志，那么人口规模的变化有以下情况：

① 扩大的人口再生产。人口的自然增长率大于0，人口规模不断扩大。

② 人口简单再生产。人口的自然增长率等于0，人口总量不变。

③ 缩小的人口再生产。人口的自然增长率小于0，人口总量减少。

若是一个封闭的人口群体，那么劳动力供给一般与人口规模呈正向关系。人口的自然增长率是由出生率减死亡率得到的。人口预期寿命的延长、婴儿死亡率的大幅度降低，使得劳动力供给的增长率与人口出生率存在更为密切的关系。若劳动年龄的下限是16周岁，那么目前的人口出生率也就近似地决定了16年后劳动力供给的增长率。

人口规模的不断扩大使劳动力市场中的劳动力供给增加。这种变动过程如图4-2中的劳动力供给曲线S_1移向S_2所示。如果劳动力需求不变，那么其结果必然是均衡工资率的下降。

（2）人口年龄结构

由于人口出生率与死亡率的变动，人口的年龄结构是在不断变化的。人口年龄结构对劳动力供给的影响主要表现在两个方面：

首先，通过劳动年龄组人口占人口总体比重的变化影响劳动力供给。劳动年龄组范围内的人口比重大，劳动力供给将比较充分；反之，劳动力供给将趋向减少。具体讲，如果0~15周岁年龄组人口占总人口比重大，意味未来劳动力资源丰富，劳动力供给将会增加。少年儿童人口比重大，表明人口的年龄结构属于年轻型人口，而年轻型人口属于增长型人口，故劳动力供给将呈不断增长的态势，那么在其他条件不变时，未来劳动力供给曲线的斜率将会较大，从而未来劳动力供给曲线的弹性较小，其形状较为平坦。如果60周岁及以上人口比重大，表明人口年龄结构将趋于老化，今后人口发展比较缓慢，劳动力供给将出现停滞或减少的趋势，其未

来劳动力供给曲线的弹性较大。

其次，通过劳动年龄组内部年龄构成的变动影响劳动力供给内部构成的变化。在劳动年龄组人口比重一定的情况下，其内部年龄构成不同，劳动力供给也有明显的差异。如果16~24周岁年龄组人口占劳动年龄组的比重大，新增劳动力供给将明显增强，劳动力供给曲线的弹性亦会较大，曲线将会较为平坦。若将劳动年龄组分为16~39周岁和40~60周岁两组，那么不同的构成对劳动力供给也具有不同影响。这种差异主要体现在人力资本存量方面的差异。劳动年龄组内部年龄构成过于年轻或过于老化，都会对劳动力供给产生不同影响，特别是对劳动力供给曲线弹性的影响。

（3）人口城乡结构

其既是人口地理分布的反映，也是人口经济结构的反映。由于历史等诸方面的原因，不同地区在经济发展水平方面客观存在差异，特别是城镇和乡村经济发展的不平衡导致人口收入构成的种种差异。人口城乡结构及其变动，对正处于工业化和现代化进程中的发展中国家的劳动力市场产生重大影响，特别是对劳动力供给弹性的影响。乡村劳动力向非农业的转移使劳动力供给弹性趋向增大。

4.6.1.2 资本存量对劳动力需求的影响

资本存量的增加从根本上改变了劳动力与资本的配置比例，从而使劳动生产率提高。劳动生产率提高的另一面是劳动的边际产品的增加。假定产品价格不变，劳动的边际产品价值将增加。在这种变化了的条件下，企业、行业以及市场劳动力需求将会在每一种可能的工资率上得到扩大，在解析图上表现为需求曲线的移位，如图4-3中的劳动力需求曲线从D移向D_1。如果劳动力供给不变，其结果是均衡工资率的提高。由此可见，资本存量的增长是决定均衡工资率水平的重要因素。

但是必须认识到，由资本存量增加导致的劳动生产率提高会对产品价格产生影响。生产率的提高使行业的平均生产成本和边际生产成本降低，行业产品供给的增加也会导致产品价格下降，进一步使劳动力需求减少。产品价格的这种变动对最初由生产率提高引起的劳动力需求增长将会产生相反的作用，其作用程度取决于产品的需求弹性。产品的需求弹性越大，价格下降的幅度越小，因而对抑制劳动力需求增长的作用程度也就越小。一般情况表明，生产率的增长最终将导致整个经济劳动力需求的增加。

4.6.1.3 人口、资本存量与劳动力市场均衡

根据前两个方面的分析，可以看到在人口增长、资本存量增加的条件下，均衡工资率能否增长就取决于两者之间的关系。事实表明，资本存量的增长率高于人口的增长率，所以其结果是均衡工资率提高，就业量也扩大。这也正是那些储蓄率（积累率）较高的国家和地区的人均收入增长较快的重要原因。上述变化可用图4-16加以说明。

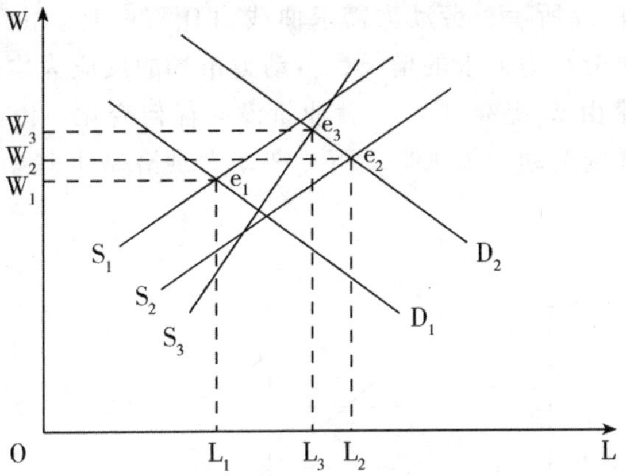

图4-16　人口、资本存量与劳动力市场均衡

在图4-16中，人口增长使得劳动力供给曲线从S_1移向S_2，资本存量的增长使得劳动力需求曲线从D_1移向D_2，在市场竞争的作用下，均衡工资率由W_1提高到W_2，就业量亦从L_1扩大到L_2。劳动力供给曲线S_3也是由人口增长导致的劳动力供给曲线移位后形成的。由于人口发展过程的自身特点，如人口再生产类型、年龄结构、性别结构等特征，以及经济生活其他方面的复杂影响，劳动力供给曲线S_3与S_2比较，S_3的弹性比S_2小，那么在劳动力供给弹性小的情况下，均衡工资率可由W_1提高到W_3，显然，$W_3>W_2$。因此，在同样的劳动力需求变动的情况下，均衡工资率水平的提高程度还要受到劳动力供给弹性的重要影响。劳动力供给弹性越小，由劳动力需求增加造成的均衡工资率的提高程度越大。同理，在同样的劳动力供求变动的情况下，不同的劳动力需求弹性也会对工资率变动程度产生不同的影响。关于这一点，读者可自行证之。

4.6.2　刘易斯的经济增长模型

资本存量的增长及生产率的提高推动工资率的提高，但是工资率的提高程度受到劳动力供给弹性的影响。

首先假设劳动力供给完全没有弹性。没有弹性的劳动力供给曲线是一条垂直于横轴的直线（如图4-17所示）。劳动力供给完全没有弹性，在理论上与两种情况有关：

其一，在短期内，劳动力需求曲线移位，由D_1移向D_2，对劳动力需求的增加，由于体制上的因素，或者由于个人来不及调整其自身的素质结构（某种职业技能培训期较长，在短期内无法提供劳动力），即劳动力供给状况是由过去而不是现在的经济条件决定的，劳动力供给者适应新条件存在一定的时滞，其供给不会变动。

其二，社会劳动力资源得到了最充分的利用，劳动力需求增加，劳动力供给不再增加。如图4-17所示，劳动力需求曲线由D_1移向D_2。由于劳动力供给曲线完全没有弹性，对劳动力需求的增长，劳动力市场的反应为均衡工资率的全面上升，因此，工资率由W_1提高到W_2，就业量没有任何变化。由此可得出与前面相同的结论：在同样的劳动力需求变动下，劳动力供给弹性小，均衡工资率提高的程度大。

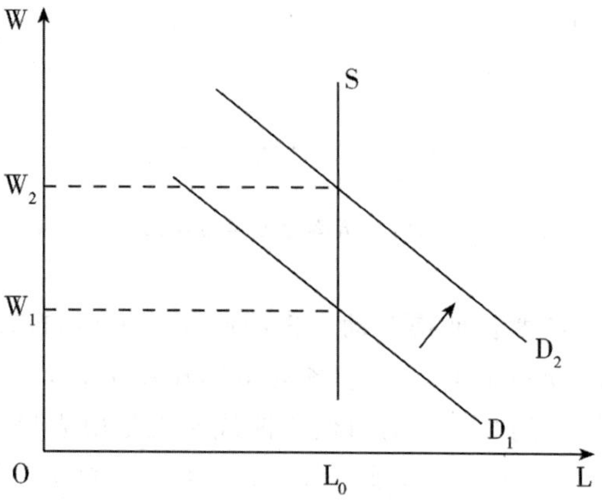

图4-17　劳动力供给弹性与工资（一）

与上述极端情况相对应的是劳动力供给具有无限弹性，资本存量增长造成劳动力需求变动，从而对均衡工资率与就业量的影响和劳动力供给完全无弹性的情况完全不同。在图4-18中，劳动力供给曲线S在工资率为W_e的水平上具有无限弹性，那么当资本存量增长使劳动力需求曲线从D_1移向D_2时，其变动对均衡工资率没有任何影响，劳动力需求增加的结果只带来就业量的扩大，就业量从L_1扩大到L_2。

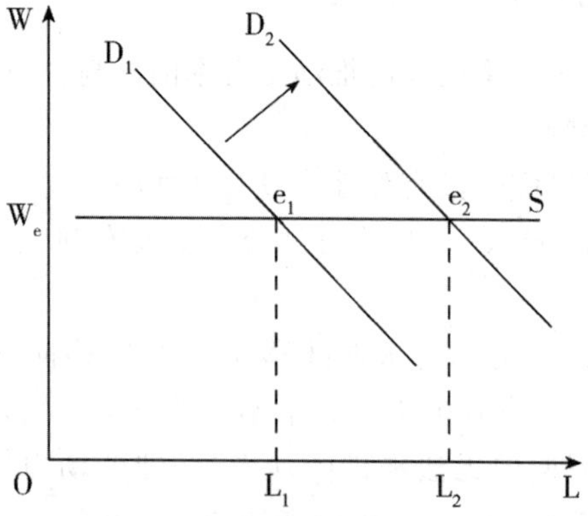

图4-18　劳动力供给弹性与工资（二）

威廉·阿瑟·刘易斯（William Arthur Lewis）发展概括的经济增长模型（如图4-18所示）的重要特征之一就是劳动力供给具有无限弹性。劳动力供给的无限弹性使均衡工资率无力提高。

刘易斯的经济增长模型是对二元经济发展过程的简单且准确的描述。在模型中，其基本假设是经济社会由传统部门和现代部门构成。传统部门是农业等生产部门，在这类部门中劳动的边际生产力接近于零。由于劳动的边际产量很低，故农业劳动力收入（工资）亦维持低水平，存在大量的劳动力剩余。现代部门是被企业家支配的工业部门，以利润最大化为其经营目标，并把利润用于资本积累，通过资本积累使资本存量持续增加。在现代部门存在由该部门劳动的边际生产力决定的劳动力需求曲线D_1，它与劳动力供给曲线S决定的最佳就业量为L_1，均衡工资率为W_e。

由于资本积累，资本存量增加，劳动力需求曲线向右方移位，如由D_1移向D_2。此时，如果劳动力供给曲线向右上方倾斜，工资率必然提高，资本积累的速度及资本存量的增长就会减缓。然而，因为传统的农业部门存在巨大的劳动力剩余，在工资率为W_e的条件下，其供给是无限的，现代部门面临的是一条水平的劳动力供给曲线，仍能以W_e的工资率雇用到所需要的工人，资本积累仍能迅速地进行。其结果是劳动力迅速地被现代部门吸收，实现经济的增长。

其他研究者进一步丰富了刘易斯的二元经济模型，如费景汉-拉尼斯模型及新古典增长模型等。这些模型的共同假设是以传统农业部门存在劳动力剩余为基础，并以此揭示经济增长的一般模式。如果从劳动经济学的视角观察刘易斯增长模型，则可以看到该模型反映了具有无限弹性劳动力供给的条件下工资与资本积累的内在联系。劳动力供给的无限弹性确实推迟了由工业化引起工资水平全面上升这一天的到来。与劳动力供给完全没有弹性的情况相比，在劳动力供给富有弹性的情况下，劳动力需求的增加使提高工资水平的压力趋向减少，并刺激资本积累的提高。

4.6.3　劳动力供求平衡的调节

劳动力供求平衡状况不能仅仅从数量方面来考察，还必须从供求结构方面来考察。在一定的社会条件下，劳动力的供给与需求平衡得不到实现，往往是由供求结构不协调所导致的。在劳动力素质相对劳动力需求的技术水平要求、知识水平要求显得不足时，就会形成劳动力的供不应求和供过于求两种情况并存的现象。因此，劳动力供求结构的协调是劳动力供求平衡的一个重要内容和重要前提。可以这样说，没有劳动力供求结构的协调就不可能有劳动力供求的平衡。

对劳动力供求的调节可运用市场机制和计划机制来进行。特别是在市场经济条件下，市场机制对调节劳动力供求有重要的作用。市场对劳动力供求的调节既有直接调节，也有间接调节。直接调节主要是通过工资的变动来实现的。在其他条件不变的前提下，一般来说提高工资会增加劳动力供给、减少劳动力需求；降低工资则会减少劳动力供给、增加劳动力需求。市场对劳动力供求的间接调节，主要是通过价格、利润、投资等形式来实现的。

我们知道，劳动力的供给与需求既有长期的，也有短期的。长期的劳动力供给与需求和短期的劳动力供给与需求又分别受到不同因素的影响和制约。因此，仅仅依靠市场机制是难以真正实现劳动力供求平衡的。

第一，对影响劳动力长期供给和需求的因素，市场机制的作用力非常小，特别是关于人口等因素，市场机制几乎无调节能力。

第二，市场机制对劳动力供求结构的调节往往存在滞后性，这种滞后性在下一个经济周期中又表现为盲目性和新的失调现象。

第三，尽管市场因素对短期的劳动力供给和需求起重要的基础作用，但市场并非唯一手段，还有其他的一系列因素调节短期的劳动力供给与需求。

第四，对一些重大的、严重的劳动力供求矛盾，市场机制的调节是缓慢而无力的。

第五，市场机制的调节只涉及劳动力供给与需求的数量和结构，而对劳动力供给和需求活动中的行为规范难以调节。

因此，调节劳动力供求、实现劳动力供求平衡需要综合地运用经济的、法律的和行政的手段来调节。

从我国的情况来看，在今后一段时期内，劳动力供给大于劳动力需求，将出现劳动力供过于求的现象；同时，劳动力供给的结构还不能较好地适应劳动力需求结构的要求。因此，在我国实现劳动力供给与需求的平衡，应做好以下几方面的工作：

第一，要综合地运用经济手段、法律手段和行政手段对长期和短期的劳动力供求及其结构进行调节，以实现劳动力供求平衡。

第二，扩大劳动力需求。增加社会和各单位对劳动力需求的途径是：

① 深化改革，建立现代企业制度，发展中小企业；

② 提高劳动生产率，扩大生产规模；

③ 调整经济结构，如积累和消费的比例、技术结构、三次产业结构；

④ 调整城镇发展政策，积极发展城镇建设等，来扩大劳动力需求。

第三，提高劳动力供给质量。随着我国人口老龄化的发展以及“人口红利”逐渐消失，我国劳动力供需的主要矛盾从供给总量过剩转变为供需结构不匹配。为了顺应我国深化供给侧结构性改革、推动经济高质量发展的要求，现阶段需要不断提升劳动力供给质量，缩小技能供需缺口。主要措施包括：

① 根据劳动力需求结构的变化，加强劳动力的就业前培训和就业后再培训工作，促进短期内劳动力供求结构的协调；

② 扩大普通高等院校的办学自主权，引导其更加灵活地适应市场的人才培养需求；

③ 大力发展职业教育，通过加强校企合作机制、发展“订单式”培养方式、

完善职业技能等级认证制度等，为市场输送产业升级急需的高技能人才。

第四，进一步完善劳动力市场制度，充分发挥劳动力市场和工资在协调劳动力供需中的基础作用，打破劳动力市场分割，完善资本和劳动力的自由流动政策，提高劳动力供需的匹配效率。

本章小结

劳动力供求双方相互作用的结果，不能仅仅用局部均衡理论来解释，还必须引进一般均衡和非瓦尔拉斯均衡理论。本章从单个劳动力市场静态与动态的局部均衡入手，逐一阐述了各种不同的均衡理论在劳动力市场分析中的应用。

古典均衡是一种"市场均衡"，包括两层含义：变量均等、行为最优（或行为确定）。按均衡市场的覆盖范围，古典均衡分为局部均衡和一般均衡。

当代经济学对均衡概念的扩充表现在：将"市场均衡"演变为一般意义上的"经济均衡"；凯恩斯的"失业均衡"；现代非均衡理论的发展。

劳动力供给与需求的相互作用决定实际工资水平和劳动的就业水平。只有劳动力供给量与劳动力需求量相等的那一点，才是均衡的工资水平和均衡的就业水平。

动态均衡分析是将时间因素引入均衡状态变动过程的分析方法，蛛网理论是一种关于动态均衡分析方法的微观经济理论。

劳动力市场均衡的意义主要表现在三个方面：使劳动力资源得到最优配置；同质的劳动力获得同样的工资；使经济社会实现充分就业。人口的规模与结构对劳动力供给产生影响，资本存量对劳动力需求也有影响。

在我国，现实经济生活中的劳动力市场，非均衡是常态。在劳动力市场上经常出现劳动力短缺和劳动力过剩的现象。对劳动力供求的调节可运用市场机制和计划机制来进行。

关键术语

均衡　劳动力市场静态均衡　劳动力市场动态均衡　蛛网理论

基本训练

一、简答题

1. 劳动力市场均衡的含义是什么？按照均衡市场的覆盖范围，古典均衡分为哪两种类型？当代经济学对均衡概念作了怎样的扩充？

2. 试描述劳动力市场静态均衡的形成过程及劳动力供求变动对均衡的影响。

3. 结合图形说明劳动力市场动态均衡的三种类型。

4. 联系我国实际，说明劳动力市场均衡的意义。

5. 劳动力市场非均衡产生的原因是什么？

6. 说明人口、资本存量与劳动力供求的关系。

二、案例分析题

青年失业率高企引发社会普遍关注

2023年7月17日，国务院新闻办公室举行2023年上半年国民经济运行情况新闻发布会。国家统计局新闻发言人、国民经济综合统计司司长表示，随着宏观经济恢复向好、服务业加快增长、稳就业政策持续显效，2023年上半年的就业形势总体改善。6月，全国城镇调查失业率为5.2%，比上年同期低0.3个百分点；25~59岁城镇劳动力失业率为4.1%，已经低于2019年的水平；然而，16~24岁城镇劳动力失业率却连续第三个月创历史新高，达到21.3%。这一数据引起了社会各界的广泛关注。

国际上通常把15~24岁人口的失业率称作青年失业率。相比于其他年龄段，青年失业率普遍较高。比如2018—2022年，OECD国家的总体失业率平均为6.0%，青年失业率则为12.4%；在受疫情影响最严重的2020年，OECD国家的总体失业率平均为7.3%，青年失业率则为15.1%，西班牙、希腊、意大利、土耳其等欧洲国家的青年失业率甚至超过了25%。

从历史上看，每到毕业季，随着毕业生进入劳动力市场，青年人失业率都会有所上升，7月青年失业率可能还会有所提高。毕业季过去，年轻人逐步找到工作，8月以后青年失业率会逐步下降。尽管如此，近年来我国青年失业率持续走高确是一个不容忽视的现象。如图4-19所示，自我国于2018年1月开始公布城镇调查失业率数据以来，我国的城镇调查失业率一直在5.2%徘徊，只在2020年和2022年的部分月份超过了5.5%，然而16~24岁人口城镇调查失业率在周期性波动中呈上升趋势。青年就业关乎青年成长成才，也关乎国家发展未来，党中央高度重视青年人就业工作，强调要把促进青年人特别是高校毕业生就业创业工作摆在更加突出的位置。在失业青年中，高校毕业生占主体。学者普遍认为，除了高校毕业生人数连年增加，大学生就业意愿、就业能力与市场需求不匹配也是造成大学生就业难的重要原因。未来一段时期，青年就业的总量压力和结构性问题仍将持续存在，稳就业工作需要持续加力。

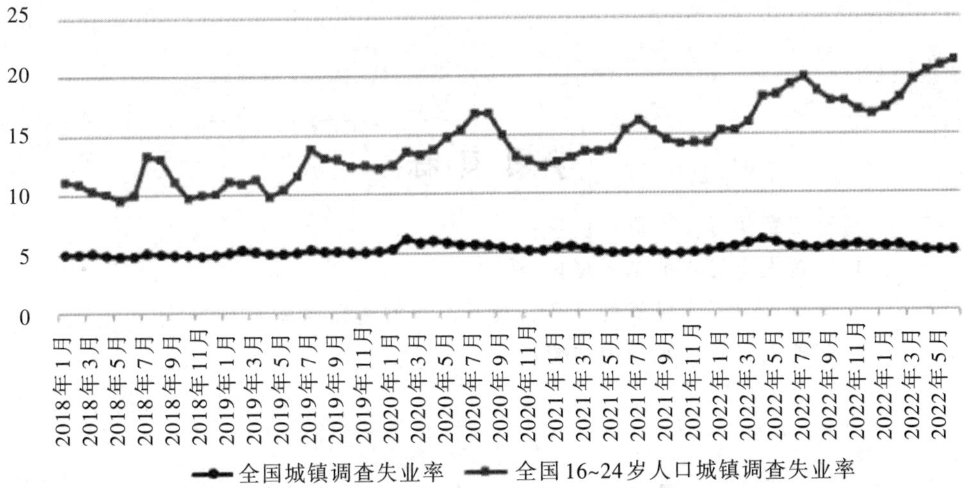

图4-19 2018年1月—2023年6月全国城镇调查失业率与16~24岁人口城镇调查失业率（%）

资料来源：国家统计局。

思考题：

（1）请从劳动力市场均衡分析的角度出发，分析各国青年失业率普遍较高以及我国青年失业率呈上升趋势的原因。

（2）请结合实际谈一谈如何促进大学生就业。

第5章 人力资本

学习目标

通过本章学习，你应该能够：

1. 理解人力资本的基本理论。
2. 掌握人力资本投资的含义、投资方式的选择和决策。
3. 掌握人力资本市场的均衡。

5.1 人力资本投资

5.1.1 人力资本理论产生的简单回顾

对人的经济价值的研究与分析可以追溯到17世纪经济学形成之初。一般认为，关于人的经济价值的研究思想始自英国的古典经济学创始人之一的威廉·配第（William Petty）。配第在其代表作《政治算术》中根据劳动价值论，提出了“土地是财富之母，劳动是财富之父”的著名命题，并充分肯定了人的经济价值。在国家实力的比较研究中，配第采用“生产成本法”计算出英国人口的货币价值，并以此来分析、说明英国的国家实力，以及由于战争、瘟疫造成的人口死亡和迁出带来的损失。尽管他的计算方法不科学，但其毕竟已经注意到了在生产中“人”的作用。在配第之后，诸多经济学家对人的经济价值进行了探索，并提出了要采取某些措施，进行必要的资本投入来提高人口素质的思想。这实际上已经开始了人力资本理论的初步探索。

最早大胆、明确地把人的能力划归为固定资本的，是古典经济学创始人之一的英国经济学家亚当·斯密。他在《国民财富的性质和原因的研究》（以下简称《国富论》）一书中区分了四种固定资本，其中第四种就是由“一个社会全体居民或成员所具有的有用的能力”构成的。如果要获得这种能力，就需要花费一定的费用，所以它可以被视为在每个人身上的固定资本。当这种能力成为个人能力的一部分时，它也就成为社会财富的一部分，并且这部分财富会为社会创造出更大的利润，以补偿先前费用的支出。在斯密之后，许多经济学家接受了他关于人的技艺和能力属于资本范畴的观点。例如萨伊指出，由于人的技艺和能力的形成需要花费成本，并可以提高工人的劳动生产率，因此，可以将其视为资本。马歇尔在其代表作《经济学原理》中提到要加强对人的投资，并研究了这种投资对个人收入的影响。他认为，人的智慧、才能与其他种类的资本是并列的，都是重要的生产手段，是生产力提高的动力，并且随着生产的发展，对人的才能的要求也会越来越高。此外，还有一些经济学家进一步认为，人的健康也应当同知识、技艺、能力一样同属于资本。这一时期，人力资本的概念虽未被明确提出，但经济学家已经有意识地将其与物质资本对应起来，从而为人力资本理论的产生奠定了理论基础。

第一个明确提出“人力资本”概念的当属美国经济学家舒尔茨。他连续发表了《关于农业生产、产出与供给的思考》(1958)、《教育与经济增长》(1961)、《人力资本投资》(1961）和《对人投资的思考》(1962）等几篇重要文章，成为现代人力资本理论的奠基之作。特别是舒尔茨在1960年美国经济学年会上发表的题为《人力资本投资》的演讲，引起了美国经济学界的轰动。他大胆提出和明确地阐述了人力资本的概念和性质、人力资本的内容与投资途径、人力资本在经济增长中的关键作用等方面的思想与观点，并因此获得了1979年的诺贝尔经济学奖。

在此期间，还有丹尼森、明塞等诸多经济学家涉入该领域。但是，由于他们只是从具体问题分析入手，因而缺乏对人力资本理论进行更深层次的分析，或者说，还没有完成人力资本理论从具体到抽象的理论发展过程。最终完成这一过程的是美国另一位经济学家贝克尔。贝克尔于1962年发表了《人力资本投资——一种理论分析》，于1964年出版了《人力资本——特别是关于教育的理论与经验分析》。后者被人们视为现代人力资本理论最终确立的标志。贝克尔从家庭生产和个人资源（特别是时间）分配角度系统地阐述了人力资本与人力资本投资问题，提出孩子的直接成本、间接成本、家庭时间价值、时间配置、家庭中市场活动和非市场活动等概念，为人力资本的性质、人力资本投资行为提供了具有说服力的理论解释。自此之后，人力资本理论体系不断深入完善，在经济和生活中发挥重要的作用。

5.1.2 人力资本及其投资

5.1.2.1 人力资本的含义与特点

萨缪尔森认为：资本是一种生产出来的生产要素，本身就是一种经济的产出的耐用投入品。西方经济学界一般认为，凡是用于生产、扩大生产能力以及提高生产效率的生产性资源均被称为资本。它不仅包括设备、厂房，而且包括劳动者通过教育培训或实际工作经验获得的知识和技能。一般将前者视为物质资本，后者为人力资本。

人力资本是与物质资本相对的一个概念。一般认为，人力资本是通过人力投资形成的、寄寓在劳动者身上并能够为其带来持久性收入来源的生产能力。它包括以下几方面的含义：

第一，人力资本不是指人本身，而是指一个人所具有的知识、技术、能力和健康等因素。

第二，一个人所拥有的人力资本并非与生俱来的，而是靠后天投入一定成本而获得。人力资本的形成及效能的发挥会受到某些先天因素（如智商或体质）的影响。

第三，人力资本是一种能带来经济收入的生产能力。如舒尔茨所言，人力资本是一种严格的经济学概念，它之所以是一种资本，是因为它是未来收入或满足的来源。

人力资本虽然具有许多与其他资本一样的共性，但是与物质资本及其他形式的资本相比，它具有自己鲜明的特点。这些特点对人力资本投资与形成、人力资本效能的发挥等具有十分重要的影响。概括而言，人力资本具有以下特点：

第一，人力资本存在于人体之中，与其承载者不可分离，这是人力资本与其他任何形式资本的最本质区别。

第二，人力资本能够为其所有者带来持久性的收入，就像能够产生货币收入的任何形式的物质资本一样，能够为其所有者提供现实的收益。

第三，人力资本是通过人力资本投资形成并积累的，是投资的产物。固然，人力资本亦可以被理解为人的劳动能力，要生产和维持人的劳动能力，也要付出劳动力的生产和再生产费用；但是人力资本理论所研究概括的人力资本并不是自然形态的简单的劳动能力，也不是一般的无差异的同质的人的劳动能力，而是强调并突出劳动能力和其素质结构的异质性，强调体力、智力、知识、技能等是人力投资的结果，是人力投资的对象，强调并突出高素质结构的劳动能力的提高对经济增长与社会发展的贡献和意义。

第四，人力资本投资与物质资本投资相似，投资者亦承担投资风险。通过某种特定内容的教育、培训，人力资本具有某种专门的性质。若这种专业性与劳动力市场的需求失衡，特别是该专业素质结构的劳动力供大于求，人力资本投资就不能获得预期收益。人力资本投资与物质资本投资一样，最高的收益总是属于那些最能预见经济与社会发展的变化并能迅速地作出或调整投资决策的投资者。

5.1.2.2 人力资本投资的含义与特点

贝克尔（1964）将人力资本投资定义为“通过增加人力资源影响未来货币收入和精神收入的活动”。我们认为：人力资本投资是指通过对人的投资，增强人的生产与收入能力的一切活动。它包括以下几方面的含义：

第一，人力资本投资的对象是人。

第二，人力资本投资需要放弃眼前的利益。

第三，人力资本投资在未来可以获得收益，包括货币收入与其他收益。

第四，人力资本投资可以增强人的生产能力。

从以上含义来看，人力资本投资与物质资本投资一样，也是一种真正的或实际的投资行为，具有投资的一般性质。但是，人力资本投资的特殊性决定了它具有一些与物质资本投资所不同的特点。这些特点在理论上和实践上对人力资本投资都具有十分重要的意义。与物质资本投资相比较而言，人力资本投资具有以下重要特点：

第一，人力资本的投资对象或客体不是物，而是人。这个特点是人力资本投资的最本质的或最基本的特征。

第二，人力资本投资者具有多元性。由于人力资本投资的多样性和人力资本投资的有限性，所以人力资本投资主体具有多元性或者说广泛性的特点。具体来讲，人力资本投资者包括个人、家庭、企业、政府以及各种社会团体。

第三，人力资本的投资主体与客体有时具有同一性。人既可以是人力资本投资的主体，也可以是人力资本投资的客体。当人作为自我投资者时，则人是人力资本投资的主体；当人作为投资的对象（如接受普通教育、培训等）时，则人是人力资本投资的客体。

第四，物质形态的人力资本的投资品主要是由消费品或者最终产品构成。“好多我们称之为消费的东西，就是对人力资本的投资。”（舒尔茨，1961）这是人力资本投资与物质资本投资最重要的区别之一。

第五，人力资本投资具有非物质形态的投入——时间。人力资本是一种时间密集型的资本，所以时间也就成为人力资本投资最主要的投入。

第六，人力资本投资具有互补性和相继性。不同形式的人力资本投资之间具有互补性，而同一形式的人力资本投资具有阶段上的相继性，即后期投资必须以先前的投资为基础或前提条件，有些投资阶段必须经过，而不能逾越。

第七，人力资本投资受个人偏好的影响。一般来说，物质资本投资并不受资本家个人偏好的影响，因为物质资本投资所遵循的是利润最大化原则。人力资本投资则不同，它遵循效用或效益最大化原则，它不仅受货币收益最大化原则支配，还会受到个人偏好的影响。例如，有些人有能力、有机会成为一名律师，并因此获得较高的收入，但是由于他们的偏好而选择了收入一般的教师职业。

5.1.3 人力资本的投资方式

人力资本的形成与人力资本存量的增加来源于人力资本投资。劳动者的知识、技能和体力（生理与心理健康状况）等构成了人力资本的实体，从这个意义上说，一切有利于提高劳动者的素质与能力的活动，有利于提高人的知识存量、技能存量和健康存量的经济行为，以及有利于改善人力资本利用的开支，均是对人力资本的投资。一般说来，人力资本投资分为四种主要的方式。

5.1.3.1 普通教育

普通教育是人力资本投资的重要方式，在人力资本投资中居于十分重要的地位。政府、社会团体、劳动者个人及其家庭用于普通教育的费用，均属于人力资本投资。从传统的学校教育体系来考察，小学、初中、高中和大学构成了在教学内容、教育层次上由易到难、由低到高、相互衔接的教育体系。初等和中等普通教育的目标在于人的一般认识能力的发展，是之后其他教育的自然基础。高等教育虽属于普通教育的范畴，但已经具有鲜明的专业性，其基本任务与主要作用是探索、鉴别、传授和发展一个民族或一个社会已有的最高文化科学成就与精神财富，解决对自然界、社会生产和社会发展规律的认识。通过普通教育投资，形成并增加人力资本的知识存量，表现为人力资本构成中的“普通教育程度”，即用学历反映人力资本存量。显然，通过劳动者接受学校教育的年限、劳动者的学历构成，可以清楚地判断和比较一个国家或地区某一特定时期的人力资本存量。

以普通教育为表现形式的人力资本投资具有以下特点：

（1）间接性

物质资本投资直接形成生产能力，如交通部门的铁路建设、电力部门的发电厂、某企业资本设备的购置等。人力资本投资，特别是普通教育事业的支出，其直接目的在于劳动者受教育程度的提高，增进劳动者的知识存量，通过人力资本在生产过程中发挥作用，才最终地显示出其投资的生产性。因而，人力资本投资的生产性是间接的。换言之，人力资本投资的收益不是在教育领域中回收。无论是政府还是其他组织为普通教育支付的费用所构成的社会成本，也无论是劳动者个人或家庭为接受普通教育支付的费用或放弃可能取得的收入所构成的私人成本，其收益都是间接的。

（2）迟效性

物质资本投资往往很快见效，如新的投资设备安装调试后，即可发挥其生产效能。人力资本投资在其投资过程中不能立刻见效。只有通过一定时期的学习过程，不断积累和提高科学文化知识和一般认识能力，达到一定的水平，投资才能发挥生产性作用。

（3）长期性

物质资本经过一定时间的使用，将会磨损而失去效能。通过人力资本投资形成和积累的人力资本，在劳动者劳动的全过程中都在发挥作用。虽然某些具体的知识可能会随着社会的发展出现所谓的“老化”现象而失效，但通过教育提高和增加的知识存量，如认识问题、分析问题、解决问题等综合判断能力不会老化、失效，它会长久地在劳动者的整个职业生涯和社会生活当中发挥作用。

5.1.3.2 职业技术培训

职业技术培训是与普通教育具有同样重要意义的人力资本投资方式。职业技术培训在培训内容、专业设置上同样包括初级、中级和高级三个层次。如果说初等、中等普通教育的目标在于人的一般认识能力的发展，那么初级、中级职业技术培训则以直接地培养和训练人的职业能力为其主要目的。职业技术培训是在相应层次普通教育的基础上，使劳动者获得与发展从事某种职业所需要的知识、技能，实现技能存量的增加。高级职业技术培训也是如此。它们的共同目的都是利用已掌握、已认识的规律，实现错综复杂的各种具体劳动所预期的成果。职业技术培训这类人力资本投资方式，特别侧重人力资本构成中的“专业技术等级”。通过人力资源的各类专业技术等级结构，可以方便地比较和鉴别一个国家或地区某一特定时期人力资本的规模。

5.1.3.3 健康维护

作为人力资本的载体，人们的健康状况（如肌肉力量、五官感觉、灵敏程度等）和平均寿命是各种人力资本借以发挥作用的基础。人们平均寿命的高低对决定各种形式的人力资本投资，以及这些人力资本存量的价值起极其重要的作用。健康状况的改善与平均寿命的提高意味着劳动者生产力的提高，人们将有更多的时间和更充沛的精力、体力从事市场活动，也减少了生病造成的工时损失。

5.1.3.4 流动

劳动力流动费用本身并不直接形成或增加人力资本存量，但是，通过劳动力合理流动实现人力资本的优化配置，调整人力资本分布的稀缺程度，是实现人力资本价值和增值的必要条件。此外，通过使一定量人力资本从对个人和社会较少收益的部门、地区和职业流动到对个人和社会较多收益的部门、地区和职业，使一定量人力资本产生更大的经济价值和收益。

此外，为获取劳动力市场的工资和职业信息、企业雇用员工所花费的费用等，可以视为人力资本投资。实际上，人力资本的投资方式很多。如果从广义的角度理解，为了形成和增加劳动力的生产性，增进未来的效用，任何直接针对改善或提高劳动者的职业技术能力结构、知识结构、分布结构、利用水平的费用支出，都可以视为人力资本投资。

人力资本的投资方式较多，不同的投资方式的收益不同，因此，不同的投资主体选择的投资侧重点是不同的。一般而言，个人倾向投资正规教育；企业则注重雇佣与在职培训。政府部门和一些社会团体也在一定程度上参与了各种投资，相对而言，其对普通教育与健康维护两种方式给予更多的重视，因为用于这两方面的投资不仅具有较高的经济效益，而且具有较高的社会效益。

5.1.4 人力资本投资决策模式

人力资本构成中最重要的部分是劳动者的知识存量和技能存量。如上所述，它们主要是通过教育与培训获得的。因此，我们首先讨论这两种人力资本投资行为。

虽然不同的投资主体投资的重点不同，但其决策模式基本一致，即都是依据对投资的预期收益与预期成本进行比较而作出是否进行投资的决定。投资收益是未来的事情，进行成本-收益分析不能简单地将预期收益与预期成本直接进行比较，而必须将预期值按某一折现率折现，在现值的基础上比较。

当按某一折现率折现，预期收益的现值等于预期成本的现值时，此折现率即投资报酬率。与此同时，投资者还要比较投资报酬率与时间内生偏好率的关系。所谓时间内生偏好率，是指一个人关于货币时间价值的偏好，即个人愿意接受的最低的利息率，它大于或等于货币的市场利率。

根据以上思路，人力资本投资决策模式如下：

5.1.4.1 计算投资预期收益的现值

设某项人力资本在t年内为投资者带来收益，投资完成后每年投资收益为B_i，折现率为r，t年内投资收益现值为PV，那么根据现值计算公式有：

$$PV=\frac{B_1}{(1+r)^1}+\frac{B_2}{(1+r)^2}+\cdots+\frac{B_t}{(1+r)^t}=\sum_{i=1}^{t}\frac{B_i}{(1+r)^i} \quad (5-1)$$

5.1.4.2 计算人力资本投资预期成本的现值

设人力资本投资成本为C，在n年内完成，每年投资成本为C_j，投资成本现值为PVC，根据现值计算公式有：

$$PVC=\frac{C_1}{(1+r)^1}+\frac{C_2}{(1+r)^2}+\cdots+\frac{C_n}{(1+r)^n}=\sum_{j=1}^{n}\frac{C_j}{(1+r)^j} \quad (5-2)$$

5.1.4.3 计算人力资本投资报酬率

令投资总收益现值等于投资总成本现值，即PV=PVC，则有：

$$\sum_{i=1}^{t}\frac{B_i}{(1+r)^i}=\sum_{j=1}^{n}\frac{C_j}{(1+r)^j} \quad (5-3)$$

因为B_i、C_j、t和n为投资者预期确定的，是已知值，所以可以根据公式5-3求出折现率r，该折现率r即人力资本投资报酬率。

5.1.4.4 作出投资决策

设S为个人时间内生偏好率，显然，只有当r≥S时，人们才会选择人力资本投资；若r<S，人们将不会选择人力资本投资。

5.2　个人教育投资决策

5.2.1　学校教育投资的成本与收益

在现代国家中，人们在结束法定普通义务教育之后，一般进入劳动年龄。此时可能面对多种选择，如进入劳动力市场寻找就业机会，也可以继续接受学校教育，进行更高层次的人力资本投资。在就业和上学之间进行选择时，人们要受到很多因素的影响，其中最为重要的是经济因素，即对各种形式的成本与收益进行权衡和比较，而后作出决策。为了方便起见，现以高中生工作与上大学两种选择为例，分析人力资本投资的成本与收益。

5.2.1.1　成本

大学教育的人力资本投资费用包括直接成本与间接成本两大部分。

直接成本是指接受大学教育而直接发生的各种费用，包括学费、书本费、住宿费和交通费等，亦可理解为“购买”大学教育服务所支付的价格。至于日常生活费用一般不列入教育投资的直接成本，因为这些费用无论个人是否接受大学教育都必须支出。但是如果个人因为接受大学教育而额外增加的（如到一个物价较高的地方求学）生活费用开支，也可以列入大学教育的直接成本。一般情况下，这种成本所占比例小，通常不作考虑。由于政府政策对直接成本的影响很大，因此，在不同时期或不同国家，由于政策不同，这部分成本相差较大。例如，改革开放前，我国高等教育基本上是免费的，大学生个人或家庭不必支付学费，只需交纳部分教材费用，而且享受优惠交通费用。这时，个人教育投资的直接成本就很少。改革开放后，我国逐渐进行了大学教育改革，大学教育为非义务教育，实行了收费制，即大学生个人或家庭支付部分学费，因此，个人教育投资的直接成本就增加了很多。总之，这些直接成本与实际货币支出基本一致，比较容易计算。

间接成本亦称机会成本，是指因上大学而放弃的可能的工资收入。显然，一个人投资大学教育的机会成本无法精确地测量，但可以运用一些方法概略地估计出来。一般地，我们可以将个人受大学教育时间用于工作时可能获得的平均收入来估算教育的机会成本。一些统计结果表明，高等教育中的这种机会成本约占个人教育投资总成本的一半以上。

此外，在大学教育投资的货币成本之外存在非货币成本，其中学习期间的心理成本是最主要的部分。为获得学历或学位而付出的努力，对一些人来说是一种相当大的负效用，紧张、压力等不一而足；对另外一些人来说，学习则可能是一种享受，获得新知识的愉悦感能使人满足。显然，大学教育的非货币成本仍取决于个人的主观评价，带有某种不确定性。

除了大学教育的私人成本之外，国家及其他社会团体等支付的教育经费及种种资助，也构成了教育的成本，这是社会成本。

5.2.1.2 收益

大学教育的人力资本投资收益通常是以高工资为其表现形式，它是一个预期值。我们可以通过统计的方法计算出这部分收益。通常将上大学未来收益中超出不上大学即工作的可能收益的那部分加以折现，汇总作为大学教育的投资收益。如果用n表示工作年限，Y_t^1表示大学毕业后个人未来第t年的货币收入，Y_t^0表示没有上大学的个人同期的收入水平，假定影响收入的其他条件相同，那么大学教育投资的个人收益之现值为$\sum_{t=1}^{n}\frac{Y_t^1 - Y_t^0}{(1+r)^t}$，所以说预期收入的提高是影响大学教育投资的主要因素。

此外，在工资预期收益以外，非货币收益也是影响决策的重要因素，如大学学历给个人带来的声誉、建立在大学学历基础之上某些职业的社会评价和声望、高等教育对个人消费行为及其他社会行为的有益影响等。另外，教育的增加往往导致福利收益的增加和工作条件的改善。还有许多非市场收益，包括对健康、闲暇质量、孩子健康和教育的发展以及作出更好的消费选择的能力等方面的重要影响。当然，也不否认教育的“精神收益”，即为学习而学习的纯粹享受。这些非货币效用取决于个人的主观评价。但无论这些效用是大是小、是正效用还是负效用，使之增加到货币预期上，都能使预期收益发生变化。

5.2.2 教育投资决策模型

现基于上述高中生进行大学教育投资的成本-收益分析，建立教育投资决策模型，并分析教育投资决策。

前面已提到，大学教育投资的预期收益是以高收入形式表现，并在投资于大学教育后取得的。权衡收益的高低是通过计算未来收入增加值的现值进行的。假设大学教育的学制为4年，毕业后可以工作到60周岁，并且假设大学学历每年都可使投资人获得收益。设Y_a为高中生在年龄a时的年收入，Y_{ua}为大学生在年龄a时的年收入，PVB为大学生比高中生多获得的收益的现值，根据现值计算公式，有：

$$PVB=\sum_{a=22}^{60}\frac{Y_{ua} - Y_a}{(1+r)^{a-18}} \tag{5-4}$$

式中：r为折现率。

大学教育每年的投资成本（包括直接成本与间接成本）的总和为C_a，在此社会成本忽略不计，PVC为成本现值，根据现值计算公式，有：

$$PVC=\sum_{a=18}^{21}\frac{C_a}{(1+r)^{a-18}} \tag{5-5}$$

当a等于18周岁时，大学教育投资成本无须折现。

因为Y_a、Y_{ua}、C_a为已知，令收益现值与成本现值相等，即可求出折现率r，它同时就是大学教育投资的报酬率。

$$\sum_{a=18}^{21}\frac{C_a}{(1+r)^{a-18}}=\sum_{a=22}^{60}\frac{Y_{ua}-Y_a}{(1+r)^{a-18}} \tag{5-6}$$

再设S为个人的时间内生偏好率，那么当r≥S时，从纯成本-收益分析的角度判断，个人选择大学教育投资；若r<S，个人将作出不选择大学教育投资的决策。例如，若根据公式5-6得出r为8%，那么凡是时间内生偏好率S小于8%的人，就必定选择上大学；时间内生偏好率S大于8%的人，则不选择进行大学教育投资。从时间内生偏好率差异的角度考虑，对大学教育投资报酬率r=8%，有人可能感到很满意，从而决定投资大学教育；有的人对同样的投资报酬率可能不屑一顾，而宁愿选择其他投资。

如果将教育投资决策比喻为金融投资决策，则可以看到，若银行储蓄或某种债券年利率为10%，且个人的货币时间价值偏好也为10%，那么将大学教育投资存入银行或购买债券，将按10%的年利率增值，而投资于大学教育，则只能按8%的年利率增值。仅从纯经济的角度考虑，将钱存入银行或买入债券比大学教育合算。如果是这样一种关系，人们为什么还要投资于大学教育呢？用更通俗的话来说，若大学教育的投资为6万元，将这6万元存入银行，n年的本息总和为8万元，而大学生的工资比高中生的工资多的部分n年的总和为7万元。显然，人们是不会进行大学教育投资的。只有后者比前者高，那么从纯经济的角度，人们才会选择大学教育。由此可以推理：当投资报酬率水平提高时，放弃目前消费而参与教育投资的人将会增多起来。

教育投资决策模型可用收入流曲线表示（如图5-1所示）。在图5-1中，横轴为年龄a，纵轴为年工资收入W，原点以下abhc部分Ⅰ为大学教育的直接成本，adY为高中生的收入流曲线，adYf相当于高中生整个职业生涯的收入总和；adeb相当于大学教育的间接成本，即因投资于大学教育而放弃可能的收入部分Ⅱ；bY_uf为大学生整个职业生涯的收入总和，eY_uY部分Ⅲ就是大学教育投资收益增加值部分。当按某一折现率r折现，在现值的基础上（Ⅰ+Ⅱ）价值部分等于Ⅲ时，r即为投资报酬率。若S给定，那么只有当r≥S时，从成本-收益的角度判断，人们才会选择进行大学教育投资。

通过以上的教育投资决策模型分析可知：

第一，在其他条件不变时，大学教育的直接成本（Ⅰ）下降，将会刺激大学教育投资。

第二，在其他条件不变时，若大学生年收入比高中生超出的部分（Ⅲ）扩大，即大学生和高中生的平均工资报酬差距扩大，将会刺激大学教育投资，表现为大学入学率上升；反之，则会抑制大学教育投资，表现为大学入学率下降。来自美国的数据说明了这一点（见表5-1）。

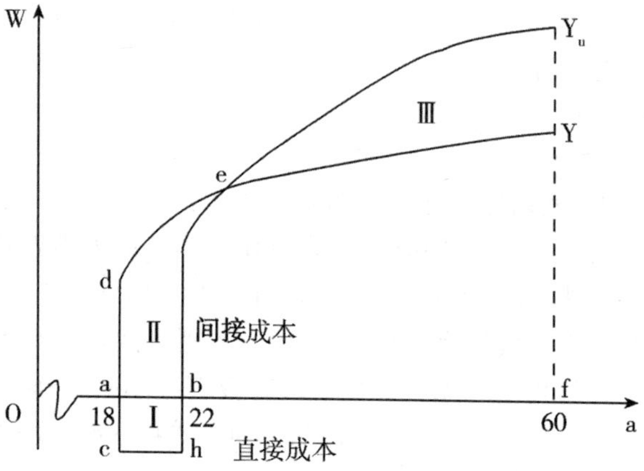

图5-1　收入流曲线

表5-1　**美国大学生与高中生之间的工资报酬差距对大学入学率的影响**

年　份	高中生的四年制大学入学率（%）		大学生（学士学位）与高中生平均薪酬比率（25~34周岁）	
	男性	女性	男性	女性
1980	29.7	30.2	1.19	1.29
1990	38.4	41.6	1.48	1.59
1995	37.4	43.2	1.46	1.60
2000	36.8	46.2	1.55	1.61
2005	41.8	47.0	1.50	1.55
2010	34.3	49.5	1.51	1.60
2015	41.5	46.4	1.62	1.66
2016	42.2	49.6	1.64	1.61
2017	37.2	50.3	1.71	1.74
2018	42.0	45.2	1.54	1.73

资料来源：Digest of Education Statistics（2019）.

第三，时间内生偏好率S给定，教育投资报酬率r增大，将会刺激大学教育投资决策。例如，若r为8%，而银行存款利率或债券利率小于8%，必将刺激大学教育投资。

以上内容只分析了大学教育投资，其分析方法和原理可用于任何其他形式的教育投资决策。

由于人力资本投资促进经济和社会发展，所以各国都注意人力资本投资。虽然在投资报酬率方面存在差异，但是人力资本的投资报酬率是明显的。表5-2是2010年前后部分国家和地区的教育投资报酬率状况。

表5-2 部分国家和地区的教育投资报酬率状况

国家和地区	年份	教育投资报酬率（%）
澳大利亚	2010	8.3
加拿大	2011	12.9
智利	2011	14.8
中国	2009	10.3
法国	2009	9.5
英国	2011	12.2
印度	2008	10.8
印度尼西亚	2007	10.7
意大利	2010	9.5
日本	2007	7.6
韩国	2011	5.9
荷兰	2011	9.1
泰国	2010	12.6
美国	2011	10.0

注：澳大利亚、加拿大、法国、英国、韩国、美国的数据仅限于高等教育投资报酬率。

资料来源：PSACHAROPOULOS G，PATRINOS H A. Returns to investment in education：A decennial review of the global literature［Z］. Policy Research Working Paper 8402，World Bank Group，April，2018.

5.3 企业培训投资决策

人力资本投资在一定程度上可以看作个人和企业双方的投资行为，个人侧重投资正规教育，企业侧重职业技术培训。职业技术培训可以提高员工的工作熟练程度、技术等级以及增强对工作的热爱和责任感，对企业劳动生产率的提高发挥积极作用。随着现代科技和生产发展对人力资源质量的要求日益提高，企业的在职培训投资迅速增加，已成为现代企业普遍采用的一种人力资本投资方式。

根据企业培训投资所产生的效用（如员工的知识、技能、技术等）是否具有较普遍的适用性，企业培训分为一般培训与特殊培训。一般培训也称普通培训，是指员工通过培训获得的业务知识、技能，对多个雇主同样有用。特殊培训与一般培训相反，通过培训员工获得的业务知识、技能，只对目前提供培训的企业有用，或者会使提供培训的企业的生产率比其他企业提高得更多。

从理论上讲，经过纯粹的一般培训的人的边际劳动生产率在其他企业可以同样实现。而纯粹的特殊培训只能提高受训者在进行这种培训的企业中的边际劳动生产率，对其他企业则没有任何效用。但在实际情况中，大多数培训既不是纯粹的一般培训，也不是纯粹的特殊培训，而是二者兼而有之。但是区分这两种培训的根本意义在于成本和收益在两种培训中有所不同，从而使培训投资行为分析产生一些有益的结论。

本部分将建立企业培训投资决策的一般模型，并重点分析一般培训和特殊培训。

5.3.1 企业培训投资决策的一般模型

职业技术培训作为人力资本投资的一个重要方式，与其他人力资本投资方式一样，存在成本-收益的比较问题。

企业的职业技术培训的投资成本依培训的性质、种类的不同而变化。培训投资成本分为直接成本和机会成本。直接成本包括员工接受培训期间的工资和举办培训活动所需要的费用；机会成本包括接受培训人员因参加培训而使企业的生产率受到的影响、其他培训参与人员的时间消耗等。

培训会减少现期收益并增加现期支出，但是也存在潜在的收益，主要表现为经过培训投资而提高劳动生产率，即边际产出增加。企业的培训投资应使培训前后边际产出差额的现值大于培训成本。

设企业员工在培训前的边际产品价值为 VMP_A，培训后的边际产品价值为 VMP_B，那么（VMP_B-VMP_A）的部分就是培训投资的收益。培训投资的收益不是一次性的，而是员工在企业服务期间都存在的。假设企业用一年的时间完成培训，总培训成本为C，员工留在企业内服务的年限为n，r为贴现率，则有下式成立：

$$C=\sum_{i=1}^{n}\frac{VMP_{B_i}-VMP_{A_i}}{(1+r)^i} \tag{5-7}$$

即培训投资收益的现值大于培训成本，企业会选择对员工进行培训投资。

显然，企业培训投资决策模型与个人投资决策模型是相似的。企业可支配的货币资本，既可以用于购置物质资本设备，亦可以用于人力资本投资；只有当人力资本投资的报酬率大于或等于物质资本的边际利润率时，企业才会进行人力资本投资。

此外，企业培训投资决策模型忽略了一个问题，即培训成本由谁承担、培训预期收益由谁享有的问题。在个人普通非义务教育投资决策模型中，教育投资成本与收益均由个人承担和享有。在企业培训投资中，培训成本由谁承担？收益由谁享有？如果企业承担了培训成本，员工经过培训后没有为企业服务就辞职，使企业蒙受损失，那么企业该怎样决策？我们通过对一般培训与特殊培训的分析来回答上述问题。

5.3.2 一般培训分析

我们分析的前提是，企业在劳动力需求水平的决定中，坚持劳动的边际产品价值（VMP）等于工资率（W）的原则。由于一般培训对多个企业都适用，培训的价值不仅对提供培训的企业有益，而且对其他企业亦有价值。在这种情况下假设在一般培训前，一个员工的劳动边际产品价值为VMP_a，其工资为W_a。经过一段时间的培训，该员工的劳动边际产品价值提高到VMP_b，与此相对应，有一个较高的工资W_b。如果在培训期间，企业支付的工资为W_a，培训后企业按照提高的VMP_b支付W_b的工资，那么培训成本由谁承担呢？无非有以下两种情况：

一种情况是，培训后企业支付的工资低于W_b，即低于员工的VMP_b，以此来补偿培训成本。那么，员工就很可能辞职，被其他企业雇用，因这些企业没有支付任何培训成本，他们愿意支付与受培训员工边际产品价值相等的工资W_b。这种情况是提供培训的企业所不愿看到的，此时，提供培训的企业还没有得到任何收益。

另一种情况是，为了留住受培训的员工，提供培训的企业给予受训员工至少等于或高于W_b的工资，那么，其培训的成本还是无法补偿，企业将在竞争中失败。显然，提供培训的企业是不会这样做的。

基于上述原因，企业在通常情况下不愿意提供具有较广适用性的一般培训，这也可以看作各类职业技术培训学校产生的原因之一。职业技术培训学校是人力资本投资的重要途径，在这类学校学习期间，学员承担培训成本的全部或大部分。培训成本的表现是外在的直接付费的形式。

如果是企业提供一般培训，根据上述分析，接受培训的员工将承担全部的培训成本，由于培训会提高他们未来的工资，并增加其就业机会，接受一般培训的员工愿意支付这些成本。只不过培训成本并不是由员工直接付费，而是使他们接受一个比本来能获得的工资更低的起点工资。这类培训成本的支付形式是内在的，可以结合图5-2加以说明。

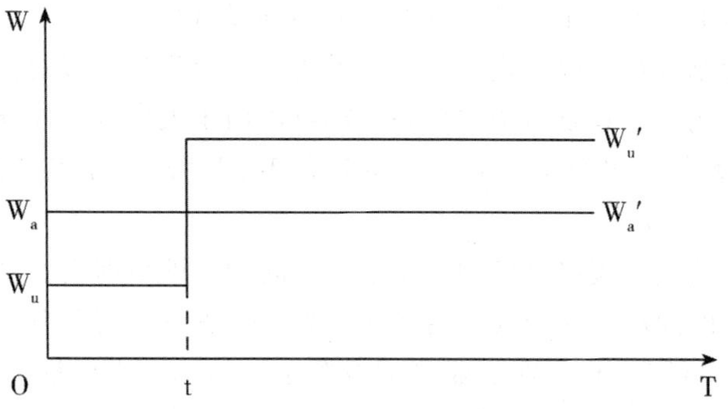

图5-2　一般培训的成本和收益

在图5-2中，横轴为雇用期间T，纵轴为工资率W，其中，Ot是员工接受一般培训时间，tT是培训投资收益回收时间，未接受培训员工的VMP决定的工资率为W_a。如果在雇用期间OT内员工始终未接受培训，其工资水平如图中的W_aW_a'变动。如果员工接受培训，培训期间为Ot，在此期间受训员工的工资为W_u，低于W_a，其差额（W_a-W_u）部分为培训成本，即由个人承担的人力资本投资。在培训结束后的雇用期间tT，受训员工的工资为W_u'，（$W_u'-W_a'$）部分为培训收益。这样，便形成了企业提供一般培训的稳定的成本-收益结构。

5.3.3　特殊培训分析

由于特殊培训只对提供培训的企业有用，对其他企业没有什么价值，因此，一个员工在其他企业所得到的工资就不取决于他所受的培训，也不存在提供培训企业以边际产品价值去支付经过培训员工的竞争性工资的情况。如果员工的工资率为W_a，那么在培训期间和其后的雇用期间，他都可以得到W_a的工资。在这种情况下，特殊培训的成本全部由企业承担，收益也全归企业。此种情况如图5-2中的W_aW_a'所示。在受训期间，企业支付的工资高于受训员工的VMP，高的部分成为特殊培训的成本；在雇用期间tT内，企业支付的工资低于受训员工的VMP，因而补偿了培训成本。

显然，由企业支付全部培训成本的成本-收益结构存在一定的风险。如果一个由企业支付了全部特殊培训成本的员工，在培训结束后或是比较短的服务时间后，离职到别的企业以W_a的工资率就业，这种流动不会使员工受损，然而企业得不到其投资的收益，从而无法弥补培训成本，这对提供培训的企业是十分不利的。解决此问题的办法有两个：一是劳动关系双方达成共识，签订长期劳动合同；二是重新调整特殊培训的成本-收益结构。

第一个办法存在一些困难，契约一般并不能保证投资利润的实现，还受到诸多制度因素的干扰。第二个办法是最佳的，即在培训期间，企业和员工双方分摊培训成本，共担风险，在雇用期间双方获得预期培训收益，共享利益。这种分享型的成本-收益结构结合图5-3加以说明。

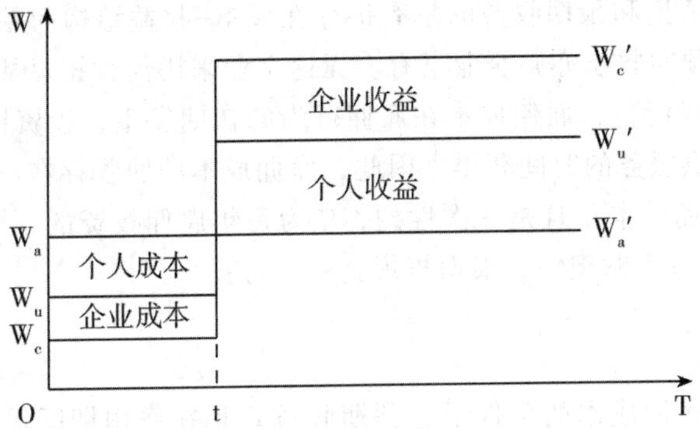

图5-3　特殊培训的成本和收益

在特殊培训期Ot内，受训员工的工资为W_u，（W_a-W_u）部分为员工承担的培训成本，（W_u-W_c）部分为培训企业承担的培训成本。在雇用期间tT内，受训员工的工资为W_u'，（W_u'-W_a'）部分为员工的培训预期收益，（W_c'-W_u'）部分为企业获得的培训预期收益。这种成本-收益结构可保证企业有效地降低受训员工辞职的可能性，又可以把培训成本收回。对受训员工而言，既分享部分投资收益，也减少了被解雇的可能性。因此，在这种情况下，企业和员工愿意分担培训成本，并由此分享投资收益，从而建立起长期的劳动关系。至于企业和员工各自的份额，即成本和收益如何分割，取决于员工离职率、企业的解雇率、风险责任、流动愿望等。一般而言，受过特殊培训的员工与没有受过特殊培训的员工相比，辞职率要低，这不仅因为他们承担了部分培训成本，还因为特殊培训的价值不被其他企业肯定，在其他企业只能获得相当于W_a的工资，不能享有预期的培训收益。同样，企业也不愿意解雇这类员工。

5.4　企业雇佣成本与劳动力需求模型的修正

5.4.1　雇佣成本

雇佣成本亦称雇佣投资，是企业人力资本投资的一种方式，是企业招募、评价、录用员工的直接成本与机会成本之和。直接成本大体上包括招用员工的广告费用、求职人员评价和考核费用、与企业雇佣行为直接有关的管理费用等；机会成本是参与企业雇佣行为人员的工资等。

雇佣成本并不能直接增加人力资本的价值，但它可以使企业招募到符合企业生产经营特点及未来发展的员工，从而有助于企业增强劳动力边际生产能力。因此，雇佣成本仍能为企业带来预期收益。

雇佣成本的负担和预期收益的享有仍存在成本-收益结构问题。既然企业承担此项成本，那么预期收益亦归企业享有。无论企业采用何种招募战略，都希望雇佣成本最小化。一般而言，雇佣成本在雇佣行为的初期发生，投资回报在雇用期间，即员工为企业提供服务的时间获得。因此，雇佣成本的回收存在一个预期值的折现问题。设 U_c 为雇佣成本，且是一次性的，U_i 为每年雇佣投资的预期收益，t 为雇用期间，以年计算，r 为贴现率，根据折现公式，有：

$$U_c=\sum_{i=1}^{t}\frac{U_i}{(1+r)^i} \tag{5-8}$$

在企业承担雇佣成本的条件下，预期收益 U_i 是在雇用期间员工的工资率低于其劳动的边际产品收益 VMP 的部分。

如果在雇用期间工资率等于劳动的边际产品收益，那么雇佣成本的预期收益将为零。因此，在考虑了雇佣成本存在的条件下，雇用期间的工资率要低于劳动的边际产品收益。

上述的雇佣成本-收益结构存在一些内在矛盾：

首先，若雇佣成本一定，雇用期间越短，要保证收回成本，每年需要的雇佣投资收益 U_i 越大，如此就将使雇用期间的工资较多地低于劳动的边际产品收益。这种情况在竞争的市场中不利于员工的稳定，且雇佣成本与员工数量有关。雇用期间越长，越能保证雇佣成本的回收。

其次，若员工在企业期望的服务年限以前离职或被解雇，雇佣成本仍不能保证得到回报等。

上述矛盾的解决与特殊培训的成本-收益结构相似，成本和收益在劳动关系双方之间分割，成本分担，收益共享。成本分担的形式多种多样，如收取一定数量的报名费、考核费、性格和心理测试费用，并以此作为就业的依据等。上述形式有的是直接的，有的是间接的，但它们都降低了企业的雇佣成本。

5.4.2 企业劳动力需求模型的修正

在第 4 章分析企业劳动力需求决定的基本原理时，曾得出在完全竞争的市场结构中，企业劳动力需求的决定应遵循劳动的边际产品价值等于劳动的边际成本，即等于工资率的原则，用公式表示为：

$$VMP=W \tag{5-9}$$

这个决策模型表示了在没有雇佣成本、没有培训成本条件下企业劳动力需求的决定。这类决策无须预期，根据决策时的劳动的边际产品价值、边际成本、工资率即可作出。然而，当企业付出雇佣成本、承担培训投资（部分或全部）后，决策条件就相应地变得复杂起来。雇佣成本、培训成本的支出使劳动投入成为企业的“准固定”生产要素。此时，企业劳动力需求决策需要把雇佣成本、培训成本支出后的劳动的边际生产能力的变化、成本-收益结构的因素考虑进去，从而建立现期与未来收益和成本之间的联系。

为了说明存在上述两项成本情况下的企业劳动力需求决策，可建立两期劳动力需求决策模型。为简化分析，设企业只在初期即在招募和培训时期支付两项成本，该时期记为0；在培训结束后的雇用期间为投资收益回报时期，记为时期1。培训时期劳动的边际产品价值为VMP_0，雇佣成本为U_c，培训成本为C，工资率为W_0，设折现率为r，根据现值折现公式，劳动的边际产品收益的现值PVP是：

$$PVP=VMP_0+\frac{VMP_1}{1+r} \tag{5-10}$$

式中：VMP_0是现期价值，即企业现在的收益，无须折现；VMP_1是培训后的预期值，故要按折现率折现。

同理，劳动的边际成本的现值（PVC）是：

$$PVC=W_0+U_c+C+\frac{W_1}{1+r} \tag{5-11}$$

式中：W_0、U_c、C均发生在现期（时期0），无须折现；W_1发生在培训后的雇用期间（时期1），故要折现。

根据第3章劳动力需求分析所讨论的，利润最大化企业劳动力需求决策模型将劳动的边际产品价值与边际成本用现值表示，则：

$$PVP=PVC$$

或　$$VMP_0+\frac{VMP_1}{1+r}=W_0+U_c+C+\frac{W_1}{1+r} \tag{5-12}$$

公式5-12就是包含了雇佣成本和培训成本情况下的企业劳动力需求决策模型。在公式5-12中，若$U_c=0$，$C=0$，当雇用的劳动力使$VMP_0=W_0$，$\frac{VMP_1}{1+r}=\frac{W_1}{1+r}$，或$VMP_1=W_1$，企业可以实现利润最大化。故若不存在雇佣成本和培训成本，第3章分析的劳动力需求决定适用于多期。但是，如果$U_c>0$，$C>0$，存在雇佣成本和培训成本，利润最大化企业劳动力需求决策的条件就发生了变化，它要求现期的边际产品价值与未来边际产品价值的现值之和等于现期的工资率、培训成本、雇佣成本与未来工资率的现值之和。

为了准确地理解公式5-12提出的利润最大化企业劳动力需求决策模型的变化，将公式5-12变形整理可得：

$$VMP_0+\frac{VMP_1}{1+r}-\frac{W_1}{1+r}=W_0+U_c+C$$

$$VMP_0+\frac{VMP_1-W_1}{1+r}=W_0+U_c+C \tag{5-13}$$

式中：$\frac{VMP_1 - W_1}{1 + r}$为培训后的雇用期间（时期1）劳动的边际产品价值大于工资率部分的现值，它实际是雇佣成本与培训成本收益的现值。若设$\frac{VMP_1 - W_1}{1 + r}$为K，（$U_c$+C）为G，那么公式5-13变形为：

$$VMP_0+K=W_0+G \tag{5-14}$$

公式5-14说明，在存在雇佣成本和培训成本的条件下，如果在培训期间（时期0），劳动的边际产品价值VMP_0等于工资率W_0，即$VMP_0=W_0$，则必须使K=G，从而要求培训后的雇用期间的劳动的边际产品价值VMP_1与工资率W_1差额的现值等于雇佣成本与培训成本之和G，也要求雇用期间的劳动的边际产品价值大于工资率的部分是两项成本的收益，用以补偿两项成本。

进一步讨论公式5-13。如果在雇用期间（时期1），劳动的边际产品价值VMP_1等于W_1，则$\frac{VMP_1 - W_1}{1 + r}$=0，由此公式5-14可改写为：

$$VMP_0+0=W_0+G$$

变形整理可得：

$$W_0=VMP_0-G \tag{5-15}$$

公式5-15表明，在雇用期间（时期1），若员工获得与其劳动的边际产品价值相等的工资率，那么在培训期间（时期0），员工的工资率W_0必须小于劳动的边际产品价值VMP_0，其差额用以补偿雇佣成本和培训成本。

总之，公式5-14和公式5-15都反映了存在雇佣成本和培训成本的条件下企业多期劳动力需求的决定。同时，雇佣成本与培训成本均要由员工承担，但这类成本承担的形式都是隐性的，而不是外在的直接付费的形式。公式5-15进一步使企业规避了投资风险，也就是当员工受雇并经培训以后，员工离开企业，即辞职或被解雇，企业不会因招募、考核、培训而受损。

5.5 人力资本市场均衡

人力资本市场均衡仍然用人力资本投资的供给曲线与需求曲线加以说明。

5.5.1 人力资本投资需求曲线

在图5-4中，横轴代表人力资本投资额，隐含着所受教育程度的高低，纵轴代表投资的边际收益。需求曲线D表示人力资本投资每增加1个单位所能带来的边际收益。当人力资本投资额为H_1时，所对应的收益率是r_1；当投资额为H_2时，所对应的收益率是r_2。需求曲线向右下方倾斜，表明其斜率为负值，意味着随边际人力资本投资额的增加，边际收益率递减。其原因主要有两个：

一是人的生命周期是有限的，接受教育的时间越长，其人力资本投入越多，则从事工作的时间就越短，个人总收入的增长速率就越慢；

二是受边际收益递减规律的作用，人的脑力和体力总量是有限的，随着边际教育投资量的增加，人的劳动生产率的提高速度必然呈逐步降低的趋势。

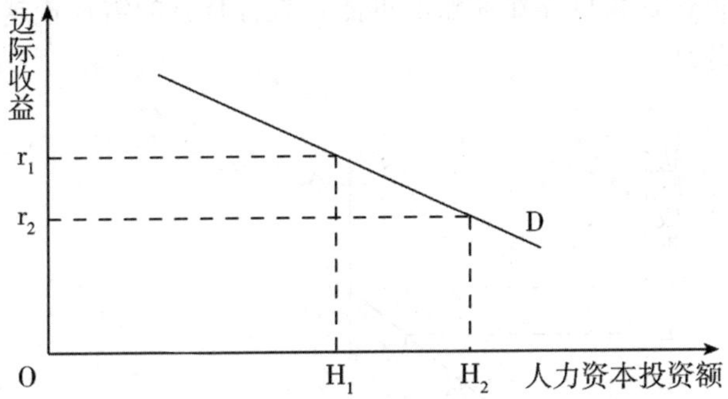

图5-4　人力资本投资需求曲线

影响人力资本投资需求的因素是多方面的，概括而言包括：

第一，个人因素，包括年龄、智商、偏好、身体状况与心理因素等。

第二，家庭因素，包括家庭的社会地位、父母受教育程度、父母的职业、父母对子女发展的期望，以及居住地（城镇或乡村）等。

第三，市场因素，包括人力资本投资品与服务的价格、人力资本的市场价格、人力资本投资风险和人力资本市场供求状况等。

第四，社会因素，主要表现在一个国家或社会是否存在人力资本投资市场，是否存在社会歧视和不平等现象等。

需求曲线表达的是价格与需求数量之间的对比关系，对人力资本来说，这个价格就是资本的机会成本或者市场利率水平。因此，人力资本的投资规则是：当人力资本投资的边际收益率高于市场利率水平时，追加投资即延长受教育年限是有利可图的；反之，就应当减少人力资本投资额，即缩短受教育年限。当需求曲线D给定时，假设教育投资的边际成本是i_1，在最佳人力资本投资额H_1处，教育的边际收益等于市场利率水平r_1，教育的边际成本假定为i_1，而边际收益等于边际成本，即$r_1=i_1$。如果边际成本下降到i_2，人力资本投资额就应当增加到H_2。

5.5.2　人力资本投资供给曲线

人力资本投资供给曲线如图5-5所示。在图5-5中，横轴表示人力资本投资额，纵轴表示投资的边际成本，供给曲线S表示每增加1个单位的人力资本所需要投入的成本，即人力资本投资的边际成本。为了便于分析，可用市场利率水平下的利息支出代表人力资本投资的边际成本。这样，供给曲线也反映了人力资本投资额与相应利息水平之间的对比关系。假设受教育者可以用恒定的利率借到所需资金，从而达到最佳的受教育程度，那么在这种情况下，人力资本供给曲线是一条具有完全弹性的水平线。当然，假设与现实并不相符，事实上人力资本投资市场是一个不完善的资本市场。在多数情况下，尽管从增加个人收入的角度看增加人力资本投资是有益的，但是，受教育者通常并不能在既定的利率水平上获得全部所需资金。因为向学生提供的教育贷款也存在坏账的可能，教育贷款的需求量越大，债权人所面临的借贷风险就越高。

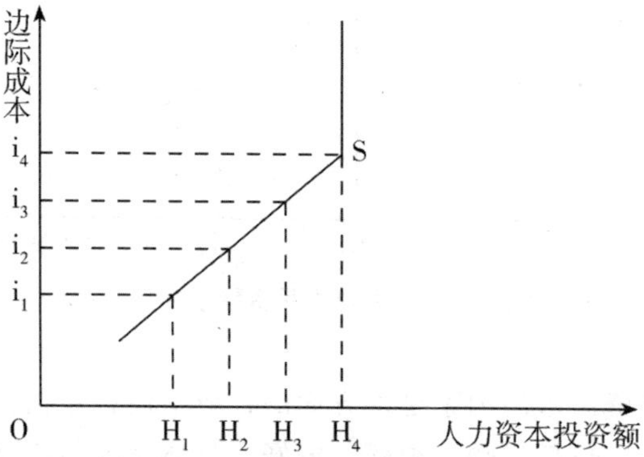

图5-5 人力资本投资供给曲线

如图5-5所示，当初始人力资本投资额为H_1时，全部教育费用均由家长承担，对受教育者来说，其成本几乎是零。但是对困难家庭的学生来说，家长所能承担的教育投资费用是有限的，在达到某一必备的受教育程度之后，学习费用往往要由学生自己解决。获得教育经费最廉价的来源是低息助学贷款，假设其利息水平是i_1，获得的贷款量为（H_2-H_1）。当这笔贷款被用完后，要想保证学业的完成或提高受教育程度，受教育者还必须申请其他贷款，其贷款数量分别增至（H_3-H_2）、（H_4-H_3）。由于贷款金额的增加，贷款利息或者边际成本也相应地上升，分别上升至i_2和i_3。因此，对多数借贷者来说，人力资本投资供给曲线是向右上方倾斜的。当贷款金额超过某一点，比如H_4后，由于利率过高，受教育者可能“告贷无门”，于是，人力资本投资供给曲线便可能成为一条垂线，其供给弹性等于0。

与人力资本投资需求的影响因素一样，人力资本投资供给的影响因素也是多方面的，其中最主要的因素包括年龄、家庭或个人收入水平、借贷市场的发达程度、利率、人力资本投资品和服务（如学费）的价格、人力资本的生产技术和效率等。

5.5.3 人力资本投资的均衡

下面我们仍以高中生的大学教育投资为例，分析人力资本投资的市场均衡。

当教育投资报酬率大于个人时间内生偏好率时，潜在的教育投资者就会决定进行教育投资决策。如果个人时间内生偏好率有差异，劳动力市场人力资本供给量与教育投资报酬率就呈正向关系。大学生相对高中生工资越高，大学教育投资报酬率就越高。由此可以画出大学生的劳动力供给曲线，如图5-6中的S所示。

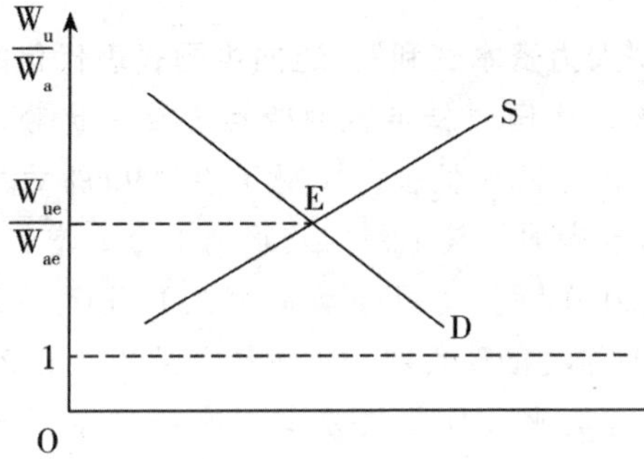

图5-6　人力资本市场均衡

在图5-6中，横轴为就业量L，纵轴为大学生的工资率W_u与高中生的工资率W_a的比率W_u/W_a。大学生的供给曲线S在$W_u/W_a=1$的上面且向右上方倾斜。大学生劳动力供给曲线S具有上述特点的原因在于：

第一，如果$W_u/W_a<1$，表明大学教育投资收益为负值，教育投资收益不能补偿成本。如果在短期内为负收益，将会在长期中减少大学生的劳动力供给，最终使大学教育投资不复存在；但是具有对高学历、高知识存量人力资本需求的职业的客观存在，必将使大学教育投资收益为正值，因此，劳动力供给曲线S在$W_u/W_a=1$的上方。

第二，当W_u/W_a的水平较低时（当然要大于或等于1），大学教育投资只能吸引时间内生偏好率较低的人投资于大学教育并形成供给；当大学生工资率较高，从而W_u/W_a水平较高时，大学生的劳动力供给将会增加。因为较高的投资报酬率会使时间内生偏好率较高的人投资于大学教育，从而使大学生的劳动力供给与W_u/W_a呈正向关系。

同理，由于大学生与高中生的劳动边际生产力都是递减的，故大学生的劳动力需求曲线与相对工资比存在负向关系，其劳动力需求曲线从左上方向右下方倾斜，如图5-6中的D曲线所示。大学生劳动力需求与供给的相互作用，决定了相对工资W_u/W_a和大学教育投资报酬率的均衡，大学生劳动力供给曲线与其需求曲线的交点E决定其均衡相对工资比为$W_u/W_a=W_{ue}/W_{ae}$。

以上讨论是人力资本市场的长期均衡，但长期的时间长度是难以界定的，因为它要受到某一教育层次与更高教育层次的教育年限长度的影响，以及需求长期变化的影响等。这里的长期主要是指能使教育投资与教育年限相适应并能使教育投资决策充分调整的时期。

学思践悟

从“人口红利”到“人力资本红利”：迈向中国式现代化的转型发展之道

改革开放四十余年来，我国凭借丰富的劳动力要素优势，深度融入全球价值链，并通过持续的技术引进与高速扩张，实现了年均9.6%的高速增长。进入21世纪以来，随着我国人口出生率的持续下降以及预期寿命的增长，我国劳动适龄人口的增长速度明显趋缓。2010年，我国劳动适龄人口比例达到峰值并转而下降。2022年，全国人口60年来首次出现负增长；城镇就业人员比2021年减少了842万，是自1962年以来我国城镇就业人员首次减少。有经济学家表示，我国人口将于2022年或2023年开始进入不可逆的人口负增长时代，总人口数预计将以千分之一点五的速度下降，其中20~45岁人口的数量将以每年400万至500万的速度递减。我国正面临从劳动力数量红利向劳动力供给减少的人口转折点，以往的要素驱动型增长方式逐渐面临瓶颈。

人口总量见顶下降，是否会显著影响我国经济增长潜力？在推进中国式现代化进程中，这是一个备受关注的焦点问题。2023年，有经济学家表示，决定中国经济长期增长潜力的因素不是人口总量，而是能否提升并利用好充沛的人力资源。“根据我们的测算，即便中国的人口总量已经达峰且劳动参与人口总量的峰值已经过去，我国的人力资源总量仍将在2040年前持续增长，并将在2040—2050年保持稳定，这得益于我国日益提升的健康水平和受教育水平。”若以2020年为基年，将人力资源总量折算成人口当量，则相较于2020年的14.25亿人，2050年我国的人力资源总量将升至16.44亿人，增长约15.4%。

人力资源可以被认为是考虑了人口质量的社会劳动时间储备总和，人力资源总量是健康受教育人口当量。“如果我国的人力资源能得到有效提升和充分利用，那么国民受教育水平和健康水平的提升可以有效抵消人口老龄化的负面冲击，2021—2050年，中国经济增长潜力将介于3.8%～6.1%。”这一潜在增速，完全可以为我国实现建设成为中等发达国家的目标和实现中国式现代化提供坚实的经济基础。

人力资源总量相当于体现为总体受教育程度与健康水平的人力资本存量。人力资本不仅关乎个体收入与行为决策，在宏观层面还关乎经济增长与发展质量。以索洛模型为代表的传统增长模型只包含资本与劳动力这两种要素投入，而将所有不能被资本与劳动力增长解释的经济增长（即所谓的“索洛余值”）归因于外生的技术进步。兴起于20世纪90年代的新增长模型则将人力资本作为经济可持续增长的内生驱动因素。早期的新增长理论将人力资本视作独立于劳动力数量的要素投入，或者将人力资本水平视作劳动力数量的“效率增强乘数”。其后一些学者遵循尼尔森和费尔普斯开创的路线，提出人力资本深化可以促进新技术的扩散与应用，从而将人力资本与技术进步联系起来。提出“统一增长理论”的经济学家奥戴德·盖勒（Oded Galor）甚至将人力资本积累视作人类最终得以跳出“马尔萨斯陷阱”，进而于18世纪末左右开启指数化增长的决定性力量。

改革开放以来，我国开启了快速的工业化与城市化进程，期间伴随着大量农村剩余劳动力转化为城镇劳动力，其速度和规模举世瞩目。然而同样不容忽视的是，与劳动力数量增长相伴而生的是劳动力素质的显著提高。如图5-7所示，根据我国第五次至第七次人口普查以及其间两次1%人口抽样调查数据，我国15~59岁人口比例于2010年达到70.14%的峰值之后便开始下降，至2020年已降至63.35%。但在我国人力资源规模增长放缓的同时，人力资源质量持续提高。高中或中专教育程度的人口比例从2000年的11.15%稳步提升至2020年的15.09%，接受过高等教育的人口比例则从2000年的3.61%大幅提升至2020年的15.47%。另据“五普”以及“七普”数据的宏观加总结果，我国就业人口平均受教育年限从2000年的7.80年提升至2020年的10.40年，从而仅用20年时间就取得了西方国家经过半个世纪乃至更长时间才达到的成就。这一切得益于我国对义务教育的大力普及、高等教育的招生规模扩张、持续增加的教育财政投入，以及为促进教育公平的大规模转移支付。

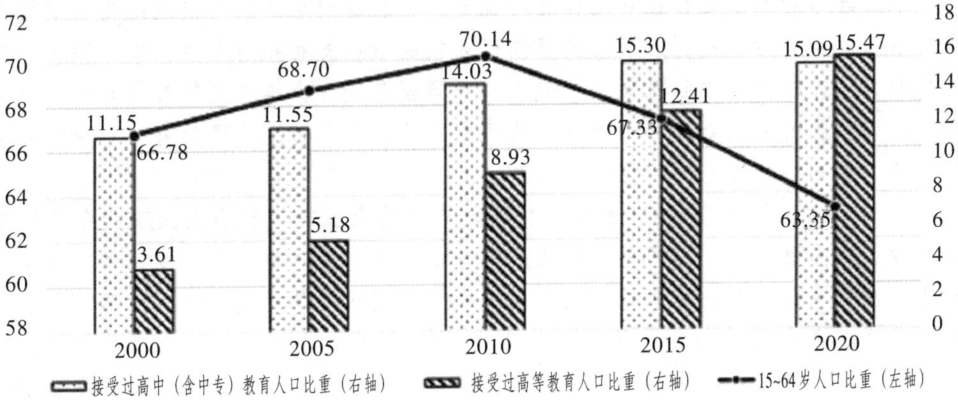

图5-7 2000—2020年我国15~59岁人口比重以及不同受教育程度人口比重（%）

资料来源：全国第五、六、七次人口普查以及2010年、2015年全国1%人口抽样调查数据。

人均受教育程度的提高代表了通用型人力资本的增长。面对新时代我国建设现代化产业体系、实体经济转型升级的要求，面向具体行业与生产实践的专用型人力资本同样重要。特别是考虑到当前我国以农民工为主体的广大产业工人队伍的技能水平还不高，加强以职业技能培训为主的专用型人力资本投资就尤为重要。2017年2月中共中央、国务院印发的《新时期产业工人队伍建设改革方案》提出，构建产业工人技能形成体系，着力提升产业工人的素质能力，“造就一支有理想守信念、懂技术会创新、敢担当讲奉献的宏大的产业工人队伍”。这是中央文件第一次使用“技能形成体系”概念。2022年10月，中共中央办公厅、国务院办公厅又印发了《关于加强新时代高技能人才队伍建设的意见》，提出健全高技能人才培养体系、完善技能导向的使用制度、建立技能人才职业技能等级制度和多元化评价机制、建立技能人才表彰激励机制等，再次强调了健全技能人才技能形成体系的重要性。

同样不容忽视的是，健康水平也是衡量人力资本水平的一项重要指标。从1990年至2020年，我国平均预期寿命从68.6岁大幅提升至77.9岁，与OECD国家平均预期寿命的差距从6.0岁缩短至1.0岁，这从一个侧面说明了我国健康人力资本水平的快速提高。

当然，为了实现人力资本驱动的高质量发展，我国在人力资本投资方面仍有亟待解决的问题。一方面，我国地区之间、城乡之间以及不同社会经济地位的家庭之间的教育公平程度还有待提高。有学者通过实证研究表明，对于处在技术追赶阶段的后发国家而言，经济发展更多依赖数量庞大的拥有中等以上人力资本水平的劳动者，以促进新技术的应用与扩散，因此，相比于部分群体的人力资本“深化”，人力资本的“广化”和“均化”更为重要。为此，我国应进一步增加教育财政投入与转移支付力度，提升教育机会与资源均等化水平，并通过深化收入分配制度改革，以更加公平的收入分配促进更加公平的人力资本投入。另一方面，我国的高等教育人才培养与市场需求还存在一定程度的脱节，以致高校毕业生的技能结构与市场需求存在错配；同时，我国的职业教育和职业技能培训发展相对滞后，以致满足产业转型升级的高技能人才相对短缺。为此，我国需要进一步推进高等教育与职业教育体系改革，提升人才培养与市场需求的匹配程度，着力打造普通教育与职业教育横向联通、面向终身学习的技能形成体系。

党的二十大报告指出：“教育、科技、人才是全面建设社会主义现代化国家的基础性、战略性支撑。必须坚持科技是第一生产力、人才是第一资源、创新是第一动力，深入实施科教兴国战略、人才强国战略、创新驱动发展战略，开辟发展新领域新赛道，不断塑造发展新动能新优势。”快速提升的全民受教育程度与健康水平为我国实现中国式现代化提供了坚实的经济基础。当前，我国正处于通过增长动力转换实现经济高质量发展的关键时期。以科教兴国战略推动人才强国战略、创新驱动发展战略，实现从“人口红利”向“人力资本红利”的动能转换，是我国迈向中国式现代化的转型发展之道。

资料来源：

［1］李稻葵．摒弃人口焦虑　提升并利用好中国充沛的人力资源［N］．中国经营报，2023-06-26（A3）．

［2］佚名．提升劳动者职业技能，推动“人口红利”向“人力资本红利”转变［N］．21世纪经济报道，2023-03-03（1）．

本章小结

人力资本是与物质资本相对的一个概念。人力资本是通过人力投资形成的、寄寓在劳动者身上并能够为其带来持久性收入来源的生产能力。

人力资本投资是指通过对人的投资，增强人的生产与收入能力的一切活动。它包括四个方面的含义：(1) 人力资本投资的对象是人；(2) 人力资本投资需要放弃眼前的利益；(3) 人力资本投资旨在未来可以获得收益；(4) 人力资本投资可以增强人的生产能力。

人力资本投资主要有四种方式：(1) 普通教育；(2) 职业技术培训；(3) 健康维护；(4) 流动。不同的投资方式的收益不同，因此，不同的投资主体选择的投资侧重点也不同。但是其投资决策模式基本一致，即都是依据对投资的预期收益与预期成本进行比较作出决定。

大学教育的人力资本投资费用包括直接成本与间接成本两部分。直接成本是指接受大学教育而直接发生的各种费用，亦可理解为“购买”大学教育服务所支付的价格。间接成本亦称机会成本，是指因上大学而放弃的可能的工资收入。

职业技术培训是人力资本投资的一个重要方式，主要包括两种类型：一般培训与特殊培训。它们之间的差别在于培训投资所产生的效用对其他企业是否具有适用性。

雇佣成本是企业人力资本投资的一种方式。雇佣成本并不能直接增加人力资本的价值，但仍能为企业带来预期收益。雇佣成本的存在改变了企业劳动力需求的决策。

人力资本投资需求曲线表示每增加1个单位的人力资本投资所能带来的边际收益。它是一条向右下方倾斜的曲线。人力资本投资供给曲线表示每增加1个单位的人力资本投资所需要投入的边际成本。该曲线向右上方倾斜。人力资本投资需求曲线和供给曲线相互作用，决定人力资本投资的均衡。

关键术语

人力资本　人力资本投资　机会成本　投资报酬率　雇佣成本

基本训练

1. 什么是人力资本？它与物质资本相比有哪些特点？
2. 什么是人力资本投资？其特点有哪些？
3. 人力资本投资方式有哪几种？
4. 简述人力资本投资决策的一般模型。
5. 以大学教育为例，简述个人教育投资的决策。
6. 一般培训和特殊培训有什么区别？
7. 人力资本市场是如何实现均衡的？

第6章　完全竞争市场条件下的工资水平与工资结构

学习目标

通过本章学习，你应该能够：

1. 了解均衡价格理论的一般原理以及在完全竞争市场条件下工资水平是如何决定的。

2. 掌握四种主要的工资形式及其特征。

3. 掌握工资差别的类型及成因；学会运用一般原理来分析我国的工资差别状况。

6.1　完全竞争市场条件下工资水平的决定

6.1.1　均衡价格理论的一般原理

均衡价格理论是解释商品的供给与需求运动如何决定商品价格形成的理论。

首先，从商品的供给运动看，商品的供给量取决于供给价格，即取决于商品生产者为生产一定量商品所愿意接受的价格。通常的商品供给量与供给价格之间存在正向关系：价格高，则供给多；价格低，则供给少。这种正向关系用供给表和供给曲线来描述。供给价格决定于商品的生产成本。生产成本依考察角度的不同，可分为两个范畴：实际生产成本和货币生产成本。实际生产成本包括生产商品所占用的资源或投入的生产要素，最主要的是包括各种形态的直接劳动和各种形态的资本；货币生产成本为以货币计量的实际生产成本，它具体化为工资、地租、利息和利润。

其次，从商品的需求变动看，商品的需求量取决于需求价格，即取决于消费者购买一定量商品所愿意接受的价格。通常的商品需求量与需求价格之间存在反向关系：价格低，则需求多；价格高，则需求少。这种关系可以用需求表和需求曲线来描述。需求价格取决于消费者的偏好，即取决于商品的边际效用。这里需要注意的是：效用不同于商品自身的使用价值。使用价值是物品本身所具有的属性，能够依据自身物理的或化学的属性来满足人们某种需要。使用价值是客观的，是一个不变的常量。例如水果、青菜，对任何人都具有使用价值。但是效用是指消费者消费某种物品的主观评价、主观感受，是消费者消费某种物品所得到的满足。效用是一个变量，满足程度将随着某种物品消费量的多少而改变，或者随着其他物品消费量的相对多少而变动。根据经济学中边际效用递减的原理，只有价格下降，需求量才能增加。因此，需求量与价格之间存在反向联系。

最后，供给与需求的矛盾运动，最终使供给价格与需求价格相等、供给数量与需求数量相等，从而形成均衡价格与均衡产量。

商品均衡价格与均衡产量是市场上供求双方在竞争中自发形成的。均衡价格的形成过程也就是价格决定的过程。均衡价格的决定实际上是需求规律和供给规律共同作用的结果，供求就像剪刀的双刃一样起作用，不分主次。均衡价格和均衡产量一旦形成，在需求与供给的共同作用下，价格就会处于一种相对静止的状态。如果有其他的力量使需求或供给或供求双方发生变动，则会在新的条件下通过供求的竞争实现新的市场均衡。

均衡价格理论是新古典学派创始人、现代微观经济学的主要代表人物马歇尔在其所著的《经济学原理》中提出来的。这里需要读者注意的是，均衡价格理论只是运用供求理论说明局部均衡价格的形成，而非价值理论。

6.1.2 工资水平的决定

劳动力市场作为要素市场在许多方面都同商品市场的情况相似。均衡价格理论既可以说明商品市场的价格决定问题，也可以说明要素市场的价格决定问题。但要素市场与商品市场仍存在重大差别，其表现之一就是供给与需求的主体恰恰相反。

在完全竞争的要素市场中，商品市场的需求者成为要素市场的供给者，商品市场的供给者成为要素市场的需求者。企业购买各种要素所支付的价格，形成企业进行商品生产的成本，同时成为要素供给者的收入来源。因而，要素的价格决定问题就演化成社会总产品在各要素所有者之间的分配问题。

商品的价格是由供给和需求的相互作用决定的，要素的价格也是由要素的供给和需求决定的。工资是指劳动力作为生产要素的均衡价格，即劳动力的需求价格与供给价格相一致的价格。

首先，从劳动力供给方面看，劳动力的供给价格取决于：

第一，劳动力的生产或再生产的成本，包括维持劳动者本人及其家庭生活的费用、教育和培训费用等。

第二，劳动的负效用或心理成本。劳动是以牺牲闲暇为代价的，闲暇亦能够给人带来满足，而且劳动的紧张、劳累等亦给人带来负效用，补偿这些负效用的费用也构成了供给价格的组成部分。在通常情况下，市场劳动力供给数量与供给价格之间存在正向关系，即供给曲线从左下方向右上方倾斜。

其次，从劳动力需求方面看，需求价格取决于劳动的边际生产率或劳动的边际产量。在其他条件不变的情况下，劳动的边际生产率递减，因此，劳动力需求量与需求价格之间存在反向关系，市场劳动力需求曲线从左上方向右下方倾斜，斜率为负。

最后，工资即劳动力价格是在劳动力供给与劳动力需求两种力量相互作用下确定的。

从表面上看，工资作为劳动力要素的均衡价格是在供给价格和需求价格相互作用下共同决定的，但是，如果进行深层次的分析，可以看到，工资具有与劳动的净产品相等的趋势，劳动的边际生产率决定劳动力需求价格。假设在其他条件不变的情况下，将可变的活劳动加在不变的资本上面，一方面，随着劳动力的增加，其边际使用价值递减，劳动力体现其使用价值的程度依资本的变动而变动；另一方面，工资与有生产能力的劳动力的再生产、教育、培训和维持费用密切相关。所以，工资的决定以劳动力价值为基础，最终也取决于劳动的边际生产率、劳动力的再生产费用与劳动的负效用。

工资水平的决定与商品价格的决定的另一重大差别是：商品价格的决定一般不受社会和历史因素的影响；由于劳动力的特殊属性，劳动力均衡价格的决定要受到社会、历史因素的影响，这些因素包括社会的风俗习惯、伦理道德等。

6.2　工资形式

工资形式是计量劳动与支付劳动报酬的具体方式。其具体包括两个方面的内容：首先，通过某种预先确定的方法，对劳动者在劳动过程中所付出的劳动量（包括数量和质量）进行计量和评估；其次，在此基础上根据事先规定的标准来计算劳动者应得的劳动报酬，并按实际情况进行支付。

在现实经济生活中，根据对劳动者在劳动过程中所付出的劳动量和所得劳动报酬的计量，以及支付方法的差异来划分，工资形式主要包括基本工资、绩效工资及员工福利。其中，基本工资的两种基本形式是计时工资和计件工资，绩效工资和员工福利是辅助和补充形式。

6.2.1　计时工资

计时工资是依据劳动者的工作时间长度与工资标准（单位时间内劳动的价格）支付的工资。根据时间单位不同，计时工资可分为小时工资制、日工资制、周工资制等。

计时工资是较古老的工资形式，劳动量直接地以劳动持续时间来计量，其适用性强，适用范围广。一般来说，计时工资比较适用于以下领域和职业：

第一，产品的数量标准难以精确确定、产品数量难以度量的职业和行业；

第二，自动化程度较高、生产的合作性较强、生产的结果不易分解为单个人的产量的行业；

第三，产品质量重于数量且要求劳动者素质比较高的行业和企业；

第四，产品种类、经营项目和生产条件多变的企业。

从员工的角度来讲，采用计时工资使员工所承担的风险较小，基本工资收入比较稳定，但这种工资制度缺乏对员工的激励。从雇主的角度而言，其所承担的风险较大，虽然部分员工的低劳动生产率可能由其他员工的高生产率来弥补，但是生产率波动的风险难以消除。在信息不对称的条件下，雇主难以对员工实施有效的监督，员工存在偷懒的空间。一般来说，员工比较偏好计时工资，雇主则会在对比计时与计件两种工资制度的成本和收益后作出选择。在某些行业，为了使计时工作更有效率，有些雇主曾尝试建立特殊的企业内部运行机制，如企业内部劳动力市场、效率工资制度。前者可以通过年功序列工资、退休金等激励手段克服计时工资制度下员工缺乏激励的弊端；后者以高于其他企业的工资水平留住或吸引高素质的员工，提高了劳动力偷懒的机会成本，以保证更高的生产效率，这种工资在经济学中通常被称为效率工资。

6.2.2 计件工资

计件工资是依据工人生产的合格产品的数量和计件工资率加以计量的一种工资的支付形式。其计算公式为：

货币工资=计件工资率×合格产品的数量

计件工资以生产的结果为工资的计量基础，其适用范围有一定的局限性。其适用范围主要包括：

第一，产品数量、质量可以准确计算并检验的行业；

第二，产品的生产数量及质量主要取决于工人的努力程度；

第三，品种比较单一且能大批量生产的行业和企业等。

计件工资将劳动生产率的激励机制更多地加在了工人的身上，因为工资的高低主要取决于一定时间内产品生产的数量。这就增强了工人在单位时间内的工作竞争激励，较大限度地提高了劳动生产率，不过企业可能要为此付出较高的管理成本。

6.2.3 员工福利

6.2.3.1 员工福利的含义

福利是劳动力价格的重要组成部分，是工资的转化形式。它与基本工资共同构成了劳动报酬，大致包括奖金、津贴、退休金及社会保险等项目。福利的支付方式可以划分为两类，即实物支付和延期支付。带薪休假、免费的工作餐、实物发放等都是实物支付的例子；退休金及社会保险大多为延期支付。

6.2.3.2　员工福利的基本特征

无论是实物支付还是延期支付，对企业来说各种员工福利都有类似固定成本的特点。员工福利具体有以下特征：

第一，多数福利形式只与劳动人数有关，而与劳动数量、劳动时间无关，如免费工作餐。

第二，部分福利具有法定性，特别是延期支付的福利形式更具法定约束力，如社会保险制度。

第三，企业具有自主性和灵活性，企业中的多数福利形式可以根据企业和员工的偏好进行自主确定，因而福利在企业间存在很大差异。但是除了具有法定效力的福利形式，一个企业其他福利的多少与这个企业的经营业绩紧密相关，一般地说，获得更多利润的企业的员工福利相对丰厚。员工福利也是吸引劳动力流动的不可忽视的力量。

6.2.4　利润分享制度

利润分享制度也是一种工资形式，属于绩效工资的范畴，它是一种使员工报酬的多少与企业利润有关的报酬支付形式。采用利润分享制度支付劳动报酬，员工的收入不仅取决于他自己的努力和生产量，还取决于企业的管理效率、机器设备的质量、生产组织情况、产品市场开拓情况以及其他一些因素。虽然利润分享制度刺激员工努力工作，避免消极怠工，但这种刺激是有限的。中国20世纪80年代开始实行的“工效挂钩”的国有企业工资总额决定制度，如果不考虑它的行政干预色彩，仅就效益与工资的关系看就是一种利润分享制度。所谓经济效益，可能是利润，也可能是收入或者产量，有时还可能是亏损额，但从本质上说，工效挂钩制度与利润分享制度一样，将员工收入与企业经营状况联系起来。在工效挂钩制度下，员工收入的高低同样不仅取决于其是否努力工作以及他的生产率水平，还取决于其他一些因素，如企业投资规模、机器设备状态、产品价格是否合理等。

利润分享制度的具体形式有：

（1）保障工资的分享制度

员工的收入不完全取决于企业利润，而是部分取决于企业利润，部分取决于工作时间的保障工资。

（2）无保障工资为基础的纯分享制度

采取这种分享制，员工工资完全取决于企业利润。如果企业当年利润为负，则员工不仅得不到任何收入，还要支付一定费用以弥补损失，这是一种极端的情况。

（3）年终或年中一次性分红

员工在一年内的其他时间仍按计时工资获取报酬，只在年终或年中一次性根据企业利润提取一定比例的分红。

6.3 工资差别

劳动力市场的非竞争性因素有很多，除了工会力量对劳动力市场的影响以外，其他如人力资本投资、信息不对称、性别歧视、劳动者年龄、劳动力流动障碍等非竞争性因素的存在使得完全竞争劳动力市场的前提假设被打破，劳动力市场上出现的不再是“统一工资”，而是有差别的工资。

所谓工资差别，是指劳动要素供给者之间在要素服务收入数量方面的差异。在这里，工资差别可以通过不同的视角进行考察，是一个运用非常广泛的概念。

经济学家与社会学家在研究中发现，人们不仅关心工资水平，也很关心自己与其他人的工资差别，而且后者往往甚于前者。随着社会的发展与进步，人们总是力求缩小社会成员的收入差距，但迄今为止这种努力总是无法实现。可以预见，人们的工资差别将会长期存在下去。这种差别从本质上说是由劳动引起的，它包括劳动力不同质和劳动条件有差异引起的所有差别。同时，工资差别具有激励功能，合理的工资差别对社会经济的发展也具有积极的作用。

由于劳动者在劳动过程中的劳动差别以及其他原因，现实社会中不同类型的社会成员的工资具有很大差别。这些差别可以表现在不同行业、职业、地区、年龄、性别之间等。从形成差别的原因分析，这些差别又可分为补偿性工资差别、竞争性工资差别和垄断性工资差别。

6.3.1 补偿性工资差别

工资差别是劳动力市场的基本特征之一。一般说来，只要存在劳动差异、工资，劳动者之间在工资收入方面必然存在数量上的差异。对劳动者某一方面的特殊性给予补偿形成的工资差别被称为补偿性工资差别。

6.3.1.1 人力资本投资的补偿性工资差别

人的劳动能力不是与生俱来的，劳动者进入劳动力市场寻求职业，需要必要的人力资本投资。劳动的性质不同、职业不同，人力资本存量（知识存量、技能存量、健康存量）的要求亦不相同。补偿人力资本投资是补偿性工资差别的重要方面。现假设有两个职业市场A和B，A职业是非技术性职业，B职业是技术性职业；A职业劳动者不需要付出更多的人力资本投资费用，B职业劳动者则需要付出较多的人力资本投资费用。如果两种职业在劳动的其他方面均可比，且劳动者有相同的兴趣爱好和货币时间价值的偏好，B职业的工资就必须高于A职业，用以补偿人力资本投资。在这里，人力资本投资形式是无关紧要的，关键在于B职业劳动者比A职业劳动者进行了更多的人力资本投资。在劳动者自己承担人力资本投资的情况下，如果B职业的工资低于A职业的工资，B职业就绝不会有充分的劳动力供给。下面结合图6-1加以说明。

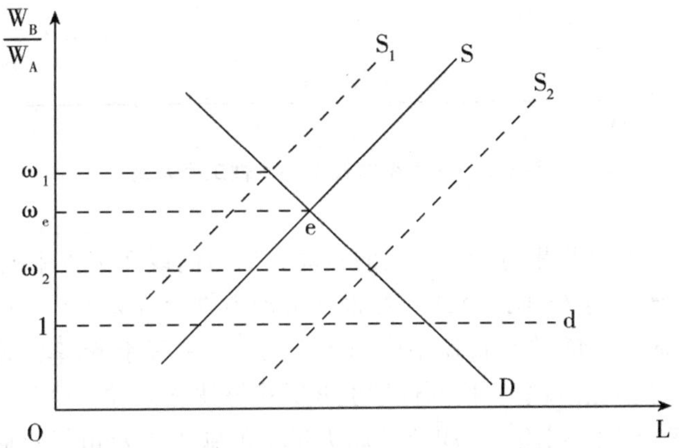

图6-1 补偿性工资差别

在图6-1中，纵轴为B职业的工资率W_B与A职业的工资率W_A之比W_B/W_A，横轴为劳动力数量L，D为技术性B职业的劳动力需求曲线，S为B职业相对于A职业的劳动力供给曲线。当两个职业的工资率之比$W_B/W_A=\omega_e$时，B职业相对于A职业的劳动力供给曲线S与劳动力需求曲线D处于均衡状态。此时，ω_e必须大于1，其差异程度等于人力资本投资报酬率。如果职业工资差异水平大于人力资本投资报酬率，即两个职业的工资率之比$W_B/W_A>\omega_e$，如$W_B/W_A=\omega_1$，此时，相对于A职业的B职业的劳动力供给曲线为S_1，人们将离开A职业，通过人力资本投资行为获得进入B职业的人力资本条件；A职业劳动力供给的减少和B职业劳动力供给的增加，必然导致A职业的工资率W_A的上涨和B职业的工资率W_B的下降。劳动力供求相对关系发生变化，直到工资率之比$W_B/W_A=\omega_e$，即直到S_1移向S，人们向B职业的流动才会停止。根据同样的原因，工资率之比$W_B/W_A<\omega_e$，人们将离开B职业进入A职业，劳动力供求的变化最终又使工资率之比上升到ω_e。

进一步分析，如果两个职业的工资率之比小于1，B职业在长期中将得不到必要的劳动力供给，而对B职业的劳动力需求的客观存在，必将使$\omega_e>1$。实际上，在长期中B职业相对于A职业的劳动力供给曲线是有充分弹性的。当工资率之比$W_B/W_A=\omega_e$时，B职业相对于A职业的劳动力供给曲线为一条平行于横轴的直线，如图6-2所示。任何工资率之比W_B/W_A与ω_e的背离，都将导致工人的流动，这种流动将持续到相对均衡工资率恢复为止。

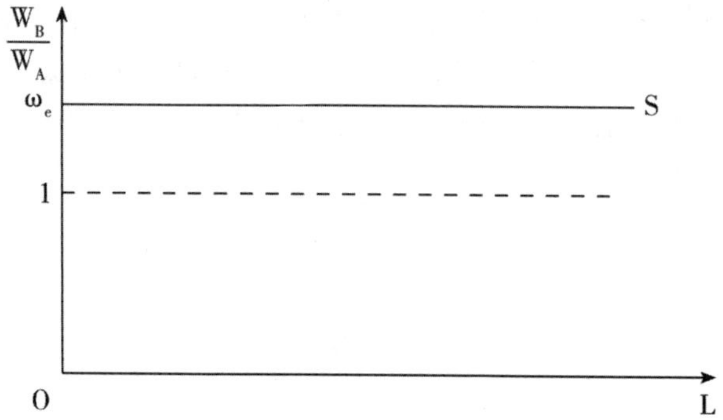

图6-2 人力资本投资补偿性工资差别

在图6-2中，B职业相对于A职业的劳动力供给曲线在工资率之比$W_B/W_A=\omega_e$的条件下，为一条平行于横轴的直线。假设在劳动力供给者关于货币时间价值偏好相同的情况下，(ω_e-1)的差在长期中收敛于人力资本投资报酬率。即使(ω_e-1)的差低于人力资本投资报酬率，技术性职业B所获得技能的成本得不到补偿，人们对进入B职业缺乏应有的刺激，B职业劳动力供给的缺乏以及市场对此类职业劳动的客观需求也会使其相对均衡工资差别恢复到ω_e的水平上；反之，如果相对工资差别远远高于人力资本投资报酬率，则必然导致技术性职业B的劳动力供给增加和工资率W_B下降，非技术性职业A的劳动力供给减少和工资率W_A上升，相对均衡工资差别恢复到ω_e的水平。

6.3.1.2 效用均等化的补偿性工资差别

相对工资差别的存在来源于劳动差别的存在。不同的劳动、不同的职业都是社会在给定生产力水平下的客观需要，但它们在劳动条件、工作的社会环境方面存在较大的差异。劳动经济学把引起补偿性工资差别的上述差异概括为职业的非货币特征或职业的非工资因素。这些特征一般被归纳为以下方面：

第一，恶劣的劳动或工作条件及伤害、危险，如苦、脏、累、险、单调、枯燥、温度、湿度、噪声等。

第二，职业的社会声望和社会评价。受社会风尚、社会习惯及流传久远的某些意识和观念的影响，人们对社会上的某些劳动、职业的评价较低，社会声望较低；有些职业得到人们的偏爱，有较高的社会声望。

第三，职业和收入的稳定性。某些职业及其收入具有较强的稳定性，而有些职业具有较大的失业风险，且一定时期内收入的变动性亦较大，无法建立关于未来收入数量的比较确切的可能预期。人们在职业生涯内，有时可能收入很高，有时则可能收入很低。

上述职业的非货币特征是一种客观存在。相同的劳动者，即人力资本存量、知识与技能等并无质的差别的劳动者，在从事这些劳动或职业时，不得不承受更多的生理的、心理的压力或面临更大的职业及收入风险，在某种意义上他们比那些没有处于同样不利地位的人付出了更多的劳动。为了使各类劳动和职业的吸引力均等化，客观地需要用较高的工资来补偿。此类工资差别被称为效用均等化的补偿性工资差别。

效用均等化的补偿性工资差别虽然是一种客观存在，但其需若干条件。这些条件分别体现在以下方面：

第一，劳动或工作条件与工作效率有关，且劳动者关心这些条件。无论是何种工作条件，只要这些条件不影响工作效率，在劳动者劳动力的支出中不产生生理或心理负担，或劳动者对这些条件无所谓，则无须用一定的高工资去补偿。

第二，需要付出较大费用才能改善或创造新的劳动条件。如果企业较易消除恶劣的工作条件，则无须付出补偿性工资。这里的问题是改善劳动条件的成本与补偿性工资成本的权衡。如果前者大于后者，则企业将选择工资补偿。当然，如果无法根本改善劳动条件，则必须付出补偿性工资（如矿山井下、高空、深水作业等劳动条件）。

第三，补偿性工资亦要受劳动力供求的影响。某些劳动条件在一些人看来是不好的，但可能对另一些人没有什么影响。如果对某类劳动、某种职业的需求较小，而劳动力供给比较充足，无须付出补偿性工资。如某些高空作业或水下作业，如果需求较小，但有较充分的供给，则没有必要付出补偿性工资，因为在一些人看来，这类劳动或职业还是求之不得的；当需求较大时，为了吸引足够的劳动力供给，就必须支付较高的相对工资。

此外，职业及收入的不稳定性将影响劳动力供给。如果两种职业在其他方面相同，但其中一种职业的风险较大，收入的不稳定性也较大，那么，由于人们普遍地回避风险，选择风险较小的职业将是一个共同的趋势。因此，要付出较高的工资，以保证必要的劳动力供给。

6.3.2　竞争性工资差别

在实际生活中，人们可以看到，相对工资高的职业不是劳动条件最不好的职业。一般而言，工作条件较好，职业的社会评价、社会声望较高，工作内容丰富且富于创造性的职业，一般具有相对高的工资。因此，仅用效用均等化的补偿性工资差别不能解释所有工资差别，大量的工资差别现象具有非补偿性特点。

劳动力市场的竞争是形成工资差别的重要原因。竞争性工资差别是指在劳动力自由流动的完全竞争的条件下劳动者工资收入的差异。例如，即使劳动者在相同的外部环境和市场机会的条件下，劳动者之间在劳动效率方面仍会存在差异，其中一些人的劳动效率高，一些人的劳动效率低，由此导致前者工资高，后者工资低。这类工资差别是由劳动者能力结构的差异引起的。在实际劳动过程中，它一方面表现为不同质的劳动者在人力资本存量上的差异，另一方面表现为个人勤奋、努力程度的差异。前者的工资差别可用人力资本投资的补偿性工资差别作直接的解释，而后者只能用竞争来说明。

竞争是人力资本投资行为的强大推动力。正是由于竞争，人们追求更高的工资收入，这又导致低素质劳动者进行更多的人力资本投资，由低能力结构的劳动力市场向高能力结构的劳动力市场流动。基于同样的理由，人们进行各种非正式培训，更加勤奋和努力。因此，竞争性工资差别是人力资本补偿性工资差别的特例或是其基础。

6.3.3 垄断性工资差别

垄断性工资差别是非补偿性、非竞争性的工资差别，是指由某种制度性因素或劳动力的某些自然特征导致劳动力供求的特殊矛盾，从而使某些职业的劳动者处于垄断地位所形成的工资差别。

一般而言，在劳动力完全自由流动的情况下，工资差别主要因补偿性或竞争性形成，即因人均物质资本存量、人均人力资本存量的不同而形成。但由于以下两种因素，劳动力供求在决定工资水平的作用方式上发生了转化，从而形成垄断性工资差别。

6.3.3.1 制度性因素

制度性因素造成的劳动力供求对工资的制约作用，形成垄断性工资差别。制度性因素的主要表现是：

第一，工会的影响，如行业工会对该行业劳动力供给的控制。

第二，行政权力与行政管理对劳动力供求的影响。

第三，经济体制对劳动力供求的影响等。

当某些职业、行业、地区所需要的劳动力出现短缺时，由于在上述因素的作用下，劳动力供求运动中的竞争程度受到抑制，从而使劳动力短缺的职业、行业、地区的劳动者处于垄断地位，获得垄断性收入。例如，我国乡村存在大量的农业劳动力剩余，但在改革开放初期剩余劳动力向大中城市转移受到制度性约束，造成城市中某些行业、职业劳动力短缺，特别是那些苦、脏、累、险的职业的劳动力供给短缺，而使得效用均等化的补偿性工资差别加大。补偿性工资差别小，招不到人；差别大，则加大人工成本，削弱市场竞争能力，造成企业经营困难。

造成垄断性工资差别的制度性因素包括生产力水平落后和市场发育不全。生产力的发展和市场机制的培育，可逐渐消除抑制劳动力流动的外部因素，从而部分地消除这类垄断性工资差别。

6.3.3.2 劳动力能力结构的自然特征

在劳动力市场上，由于劳动力能力结构的自然特征，劳动者在某些职业保持垄断性地位，从而形成垄断性工资差别。

人力资本投资行为固然可以部分地消除垄断性工资差别，但是劳动力能力结构的某些特征，即使进行人力资本投资也不易或无法获得，因此，无法消除某些劳动者在某种职业的垄断地位。具有某种能力结构的劳动力的供给几乎是没有弹性的，当这种职业的劳动力供给变得稀缺时，在需求的作用下，这类劳动者的工资就会急剧上涨。典型的例子是运动员的收入。他们在速度、力量、耐力或其他方面具有的才能，其他人即使花费大量的培训费用也不易或不能获得，因而，这类劳动力的供给是无弹性的。为雇用他们而付出的工资，基本上不是取决于他们本身的生产或再生产费用，而是取决于社会对他们的需求。

可结合图6-3加以说明。图中，与横轴垂直的曲线为具有特殊的能力结构特征的劳动力供给曲线S，其供给没有弹性，故在需求的作用下，其工资可急剧上涨。显然，这类劳动者的工资收入的决定，不由其自身的价值所决定，而是由需求决定的，对他们的需求越是增长，其垄断性工资差别就越大。

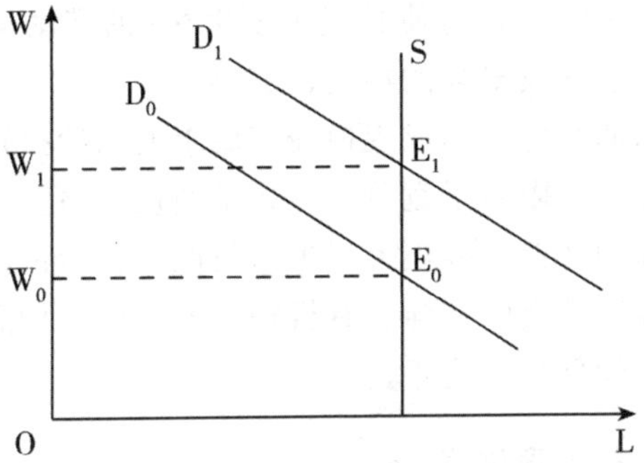

图6-3 垄断性工资差别

由劳动力能力结构的自然特征所形成的垄断性工资，差别虽然很大，但仍然属于现代劳动力市场中规范的工资，其存在是合理的。垄断性工资差别也包含补偿性因素，因为劳动力的工资收入仍具有不稳定性的特征。劳动力在其能力结构的特殊功能的高峰时期，工资收入很高；但由于劳动力生命周期的原因，劳动力能力结构的特殊功能一旦丧失，工资就很快且很大幅度地降低。特殊职业的风险亦需一定的工资来补偿。

6.4 产业与地区工资差别

6.4.1 产业工资差别

产业工资差别是一种重要的工资差别。形成产业工资差别的主要原因可以归纳为以下几个方面：

6.4.1.1 产业的技术经济特点

产业的技术经济特点是形成产业工资差别最重要的原因。生产力发展的自身特点决定不同的产业具有不同的有机构成。有机构成高的产业，其工人的工资也高。这是因为：

第一，有机构成直接决定了人均资本占有量的程度。工人的技术装备程度是劳动生产率的基础，两者是正相关关系。较高的劳动生产率具有支付高工资的能力。

第二，有机构成高，产品的人工成本占产品总成本的比重较小，由此导致工资的任何一种变动对总成本的影响都极小。例如资本密集型产品，人工成本占总成本的3%，工资即使提高10%，总成本也才发生0.3%的变动，对产品价格的影响极小，从而具有支付高工资的可能；反之，有些劳动密集型产品，人工成本占产品总成本的60%，工资提高10%，就将使总成本发生6%的变动，因而对产品价格的影响极大，工资提高的可能性及提高的幅度也就小。

第三，有机构成高的企业，形成规模经济要求的初始投资的规模很大，资本转移困难，从而在一定程度上限制了竞争，导致垄断性收益。

第四，有机构成高的产业，客观上要求高技能工人所占的比重较大，人均人力资本存量的差异必然导致工资的差异。有机构成低的产业，高技能工人所占的比重较小，从而造成产业的较低的平均工资。

6.4.1.2 产业所处的地理位置

经济发展的不平衡形成了地区的工资差别，一些地区的平均工资较高，另一些地区的平均工资较低。集聚在高工资地区的产业，因受生活费用等环境条件的影响，其工资也高。而产业的技术特点决定了产业的地理位置，如现代产业一般集中在沿海、沿江等交通便利地带。现代产业的集中带动了地区工资水平的上升，地区工资水平的上升反过来影响产业的工资。

地区工资差别与产业工资差别的关系似乎是循环论证，但在实际上两者之间的关系是互为因果、相互渗透并相互影响。

6.4.1.3 产业的规范管理程度及管理水平

产业的规范管理程度及管理水平直接影响产业的工资水平。在工资决定方面，虽然经济的因素起着决定性的基础作用，但组织的影响也不能低估。现代产业一般有着规范的管理体制及短期货币工资的决定机制，劳动管理水平较高；工会组织在劳动条件的所有方面都起着全面的监督作用。在劳动关系双方集体谈判、签订集体合同的过程中，工会组织发挥着重要的影响。因而，工会化程度较高的产业、集体谈判决定短期货币工资这一现代经济生活方式得到普遍推行的产业，其平均工资较高；反之，工会化程度较低的产业以及集体谈判、集体合同没有得到普遍推行的产业，其平均工资较低。

6.4.2 地区工资差别

地区工资差别是一种普遍存在的工资差别。形成地区工资差别的根本原因在于地区间经济发展的不平衡。从形成地区工资差别的原因方面看，地区间经济发展不平衡具体体现在以下方面：

第一，地区劳动力市场的劳动力供求差异；

第二，人均物质资本差异；

第三，人均人力资本差异；

第四，市场竞争程度差异等。

依据完全竞争市场条件下工资决定的理论，由于存在地区间贸易、资本流动和劳动力流动，同质劳动力在不同地区之间的工资不会存在差别。但在短期内，地区工资差别不易消除，其原因如下：

6.4.2.1 地区间贸易

为了分析简便，假设两个地区其他条件都具有可比性或者都相同。两个地区的唯一差别在于同质劳动力的工资率不同，因而两个地区的同类产品的生产成本中人工成本也不同，进一步假设在初始时期两个地区不进行商品贸易，所以产品的运输成本为零。那么，通过市场的竞争和地区间商品的流通，地区工资差别趋于消失。现结合图6-4加以说明。

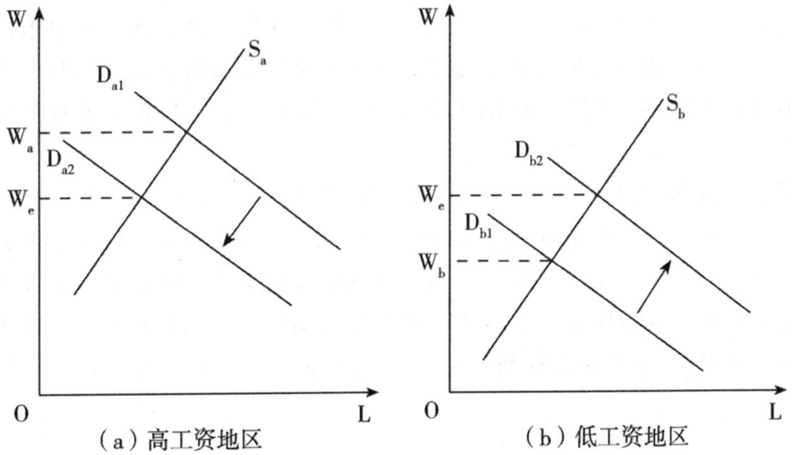

图6-4 地区间贸易对工资差别的影响

在图6-4中，在初始时期，两个地区的劳动力市场的均衡工资率分别为由D_{a1}和S_a曲线决定的W_a、由D_{b1}和S_b曲线决定的W_b，且$W_a>W_b$。由于B地区较低的工资率造成较低的生产成本，两个地区商品的竞争及地区间的商品流通必然导致：A地区商品需求下降，B地区商品需求增加；A地区商品价格下降，B地区商品价格上升。两个地区的商品需求和价格的变化改变了两个地区的劳动力需求曲线：A地区的劳动力需求曲线由D_{a1}移到D_{a2}，B地区的需求曲线由D_{b1}移到D_{b2}。因此，地区间的商品竞争和流通的结果是商品的价格均等，并通过这个过程使地区工资差别趋于消除，两个地区的工资率均为W_e。

在地区间生产多种商品的情况下，上述结论均可成立。在地区之间，商品的竞争和流通推动了地区间工资差别的消除，并且直到均衡实现以前，B地区较低的工资总是导致商品由B地区流向A地区，最终使W_a和W_b趋于W_e。

但是，商品的流通必然使运输成本大于零，获得商品价格方面的信息也需要一定的信息成本。信息成本、运输成本的存在也会成为地区间商品价格和工资均等的障碍，并且某些商品和服务不能进行地区间的流通，只能在产地消费。因此，地区间商品竞争和流通不能完全消除地区工资差别。

6.4.2.2 资本流动

资本流动对地区工资水平的决定具有直接的影响。如果地区工资差别如图6-4所示，这种工资差别就会刺激A地区的企业向B地区扩展或者迁移，投资的吸引力来自B地区的低工资和低生产成本。

资本的增加将导致劳动力的边际生产率增长，B地区的低工资引起资本从A地区向B地区流动，使得A地区的劳动力需求从D_{a1}移动到D_{a2}；同时，B地区的劳动力需求从D_{b1}移动到D_{b2}。这两个地区劳动力需求的运动使两个地区的工资差别趋于消失，最后统一到W_e的水平上。当然，也可能出现另一种情况，即B地区的低工资和低生产成本引致资本向B地区流动，B地区的劳动力需求连续增长，劳动力需求曲线不断向上移动，使B地区的工资率由W_b趋于W_a，同样可以使地区工资差别趋于消失。

然而，在现实经济中，任何一个地区的经济发展都要充分利用本地区的资源，发展相应的产业。低工资地区仅靠工资的优势和资本的流动来消除工资差别是不现实的。例如，如果因为B地区的工资低，A地区就把某些产业建立在B地区，但企业所需资源必须从A地区运过来，生产的产品再运出去，这是不符合资源配置的一般规律的。因而，资本流动有利于缩小地区工资差别，但不能从根本上消除工资差别。

6.4.2.3 劳动力流动

劳动力流动是缩小地区工资差别的最有力的杠杆。我们使用与图6-4相同的假设条件。W_a和W_b分别是A和B两个地区初始的工资水平，两个地区初始的劳动力供给曲线分别为S_{a1}和S_{b1}（如图6-5所示）。进一步假设，劳动力流动成本和信息成本为零，那么，在这种条件下，劳动力有从B地区向A地区流动的趋势。在劳动力地区间流动的作用下，A地区劳动力供给曲线将从S_{a1}向S_{a2}移动，B地区则从S_{b1}向S_{b2}移动。产生这种劳动力流动趋势的根本动力在于人们期望个人效用最大化。作为劳动力供给转移的结果，地区间的工资趋于W_e，并且只要存在地区工资差别，这种劳动力流动就不会停止。

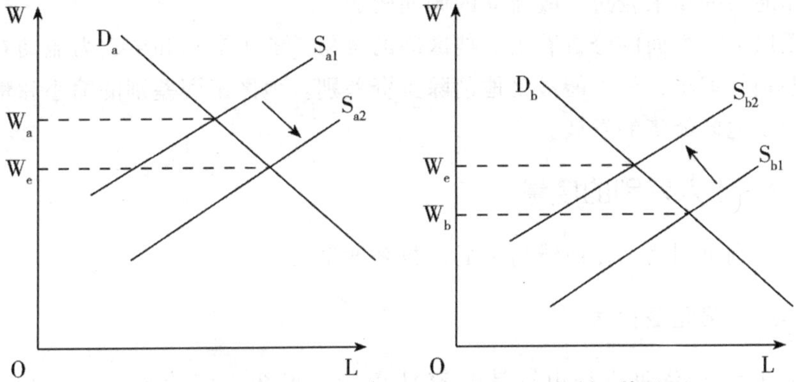

图6-5 劳动力流动与地区工资差别

但是，在现实生活中，存在阻碍缩小地区工资差别的一系列因素。这里忽略社会障碍和体制性因素，与劳动力流动直接相关的阻力是信息偏误、信息成本和流动成本。

劳动力地区间流动离不开准确的职业信息。搜寻恰当的职业信息既需要时间，又需要成本。劳动力流动成本既包括直接的迁移成本，又包括心理成本。迁移成本是有形的，可以准确计量；无形的心理成本则是难以估计和准确计量的。心理成本如离开熟悉的生活环境，改变习惯的生活方式到一个新的地区工作可能带来的种种不确定性等。

信息成本、流动成本对不同年龄的人有完全不同的影响。一般而言，越是年轻的人，成本越低；年龄越大的人，成本越高。此外，不同年龄的人经过地区间流动所能带来的收益，也有较大的差异。青年人从低工资地区流动到高工资地区就业，从而获得高工资的年限较长；反之，年长者获得高工资的年限较短。

人们在作出流动决策时，要对流动可能得到的收益和付出的成本进行比较。劳动力地区间的流动实际上是一种人力资本投资行为。劳动力流动决策可以借鉴第5章的人力资本投资决策模型。劳动力经过地区间的流动获得的收益，是在原地区所能得到的收入与流入新地区所能得到的收入的差额；总收益是个人职业生涯期间实现的各年收益的总和。对任何一个从低工资地区向高工资地区流动的劳动力来说，如果下式成立，即收益超过成本，他将作出流动决策：

$$\sum_{t=1}^{n}\frac{W_{at}-W_{bt}}{(1+r)^{t}}>C \qquad (6\text{-}1)$$

式中：C为流动成本，等于迁移成本和心理成本之和；W_{at}和W_{bt}分别为t年在A地区和B地区的工资收入；n是工作年限；r是个人关于货币的时间价值偏好，即时间内生偏好率。从公式6-1中可以看到，两个地区的工资差别（$W_{at}-W_{bt}$）越大，工人越年轻，即n越大，流动的倾向越强。而老年工人一方面流动成本高，另一方面保有工作能力的年限较短，故流动的倾向较弱。

根据以上三方面的分析看出：地区间的贸易、资本流动和劳动力流动有利于地区工资差别的缩小，但不能最终地消除工资差别。地区工资差别的缩小和最终消失只能有赖于地区经济的发展。

6.4.3 收入差别的度量

收入差别可用洛伦兹曲线与基尼系数来度量。

6.4.3.1 洛伦兹曲线

著名的洛伦兹曲线是由统计学家马克斯·奥托·洛伦兹（Max Otto Lorenz）提出的。他首先将一国总人口按收入由低到高排列，然后考虑收入最低的任意百分比。例如，收入最低的20%人口、40%人口等所得到的收入比例分别为3%、7.5%等。最后，将这样得到的人口累积百分比和收入累积百分比的对应关系描绘在图形上，即得到洛伦兹曲线（如图6-6所示）。图中横轴OH表示人口（按收入由低到高分组）的累积百分比，纵轴OM表示收入的累积百分比，ODL为洛伦兹曲线。

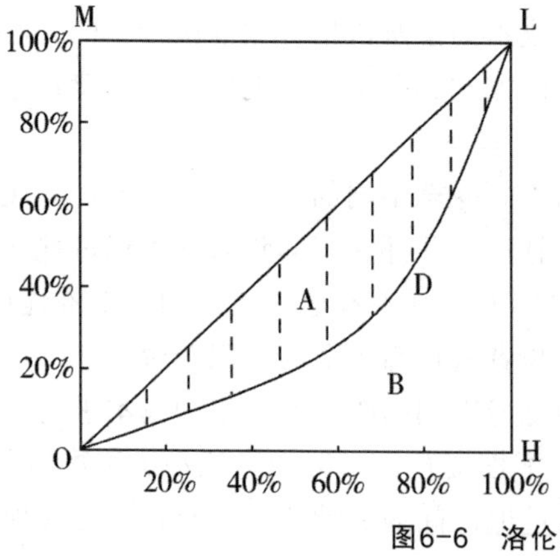

人口累计百分比	收入累积百分比
0	0
20%	3%
40%	7.5%
60%	29%
80%	49%
100%	100%

图6-6 洛伦兹曲线

洛伦兹曲线的弯曲程度具有重要意义。一般来说，它反映了收入分配的不平等程度。洛伦兹曲线的弯曲程度越大，收入分配越不平等；反之亦然。特别是，如果所有收入都集中在某一个人手中，其余人口一无所获，则收入分配达到完全不平等的程度，洛伦兹曲线成为折线OHL；如果任一人口百分比均等于其收入百分比，从而人口累积百分比等于收入累积百分比，则收入分配是完全平等的，洛伦兹曲线成为从原点出发的45度线OL。

6.4.3.2　基尼系数

一般来说，一个国家的收入分配既不是完全不平等的，也不是完全平等的，而是介于两者之间。相应地，洛伦兹曲线既不是折线OHL，也不是45度线OL，而是像ODL那样向横轴凸出（如图6-6所示）。因此，可以将洛伦兹曲线与45度线之间的部分A叫作不平等面积；当收入分配达到完全不平等时，折线OHL与45度线之间的面积（A+B）就是完全不平等面积。不平等面积与完全不平等面积之比被称为基尼系数，其是衡量一个国家贫富差距的标准。若设G为基尼系数，则：

$$G=\frac{A}{A+B} \tag{6-2}$$

显然，基尼系数既不会大于1，也不会小于0，即0≤G≤1。

学思践悟

深化收入分配制度改革，助推经济发展方式转变

收入分配是劳动经济学、宏观经济学乃至其他社会科学领域广泛关注的理论议题。按照衡量标准不同，收入分配可以分为功能性收入分配和规模性收入分配。功能性收入分配也称要素收入分配，是指国民收入在劳动和资本两大生产要素之间的分配，通常用劳动或资本收入在国民收入中所占份额衡量；规模性收入分配也称个体收入分配，是指国民收入在所有住户、个体之间的分配，通常用特定群体（如收入最高的10%群体）占所有居民收入的份额或上文提到的基尼系数衡量。后者不仅受宏观层面的功能性收入分配的影响，还取决于不同群体之间的工资差距。

改革开放以来，我国经济在保持持续高速增长的同时，也积累了一些不容忽视的结构性问题，其中最为显著的是居民消费率下降与收入分配差距扩大。这一问题在20世纪90年代后期以来表现得尤为突出：1998—2010年，劳动收入份额从59.3%降至51.7%，收入最高10%人群的收入占比从33.9%升至42.6%，居民消费率则从45.4%一路降至35.6%。越来越多的学者意识到，收入分配差距扩大正是我国居民消费率下降的主要原因。由于资本收入的储蓄倾向远大于劳动收入，且高收入群体的储蓄倾向一般大于中低收入群体，故劳动收入份额的下降以及个体间收入分配差距的扩大，将使全社会的平均消费率降低。这一现象势必导致有支付能力的消费需求不足，加重经济增长对投资和出口的依赖程度，进而加剧产能过剩、房地产泡沫、地方政府债务高企等经济结构性矛盾。

逐步缩小收入分配差距、实现共同富裕，既是实现“发展为了人民”“发展成果由人民共享”的内在要求，也是转变发展方式、实现“更好更快增长”的前提条件。党和国家领导人开始高度重视收入分配问题。党的十七大和党的十八大报告连续提出“提高居民收入在国民收入分配中的比重，提高劳动报酬在初次分配中的比重”，党的十九大报告强调“坚持在经济增长的同时实现居民收入同步增长、在劳动生产率提高的同时实现劳动报酬同步提高”。习近平总书记多次在公开场合提到深化收入分配制度改革的必要性。比如在主持中央政治局第28次集体学习时，他强调“要坚持和完善社会主义基本分配制度，努力推动居民收入增长和经济增长同步、劳动报酬提高和劳动生产率提高同步，不断健全体制机制和具体政策，调整国民收入分配格局，持续增加城乡居民收入，不断缩小收入差距”。党的二十大报告则继续强调“努力提高居民收入在国民收入分配中的比重，提高劳动报酬在初次分配中的比重”。

2008年以来，随着一系列规范劳动关系的法规陆续出台、多地连续上调最低工资、进一步健全三方协商机制、完善社会保障制度并持续推进公共服务均等化等制度举措，我国的收入分配差距呈现缩小态势：劳动收入份额从2011年的51.6%逐步回升至2017年的55.4%，人均可支配收入基尼系数则从2008年的0.491连续降至2021年的0.466。与之相应，消费在我国经济增长中的贡献也在逐步增强，居民消费率从2010年的35.6%稳步上升至2021年的38.5%。

近年来，以习近平同志为核心的党中央提出了一系列新的经济发展思想，进一步凸显了缩小收入分配差距的必要性。2020年5月召开的全国两会提出“逐步形成以国内大循环为主体、国内国际双循环相互促进的新发展格局”，2020年12月召开的中央经济工作会议在坚持供给侧结构性改革的基础上首次提出“需求侧改革”。这些发展战略有赖于通过优化收入分配结构，扩大中等收入群体，扎实推进共同富裕，实现以消费需求为主要驱动力的内需增长，畅通国内大循环，“形成需求牵引供给、供给创造需求的更高水平动态平衡”。

资料来源：

［1］刘盾．中国的经济增长属于“利润拉动”还是“工资拉动”？——再测功能性收入分配对我国需求增长与结构的影响［J］．南开经济研究，2020（1）：70-95.

［2］LIU D. Is China's economic growth profit-led or wage-led? A re-estimation incorporating investment nonlinearity, sectoral change, and regional disparity［J］. Journal of Post Keynesian Economics, 2020（1）.

［3］JETIN B, ORTIZ L R. Wage-led demand as a rebalancing strategy for economic growth in China［J］. Journal of Post Keynesian Economics, 2020, 43（3）：341-366.

本章小结

在竞争性的劳动力市场上，工资是由劳动力的供求决定的，市场所形成的工资水平在各行业是一种无差别的工资，被称为统一工资。劳动力供给的增加使工资率下降，就业量增加；劳动力供给的减少则产生相反的结果。而劳动力需求的增加使工资率上升，就业量增加；劳动力需求的减少使工资率下降和失业率上升。

在现实经济生活中，工资形式主要包括基本工资、绩效工资及员工福利。其中，基本工资的两种基本形式是计时工资和计件工资，绩效工资和员工福利是辅助和补充形式。

工资差别是劳动力市场的一种常态。职业工资差别可以分为两种类型：一是补偿性的工资差别；二是非补偿性的工资差别。非补偿性的工资差别包括竞争性工资差别和垄断性工资差别。产业与地区工资差别也是重要的工资差别。要注意上述工资差别形成的原因。

关键术语

均衡价格　工资形式　工资差别

基本训练

1. 完全竞争的劳动力市场有哪些特征？
2. 下列情形对某一特定类型劳动的市场需求有何影响？
 A. 商品需求增加，商品价格上升
 B. 这种类型劳动力的生产率下降
 C. 与该劳动力有替代关系的要素价格上升
 D. 使用这类劳动力的一些厂商倒闭
 E. 这种劳动力的市场工资率下降
3. 考虑到时间因素，在不同的供给弹性和需求弹性下，劳动力市场上工资率与就业量的走向如何？

4.工资形式主要有哪些？为什么存在这些不同的工资形式？

5.什么是补偿性工资差别？其中补偿的含义是什么？

6.补偿性工资差别有哪两种类型？请进行具体说明。

7.基尼系数与洛伦兹曲线二者之间是什么关系？试根据表6-1，近似计算2021年的全国居民可支配收入的基尼系数（提示：首先根据各组别人均可支配收入计算该组别收入占比，然后依次计算从低收入组别至高收入组别的收入累积百分比）。

表6-1 **2021年全国居民五等份收入分组的人均可支配收入**

组　别	人均可支配收入（元）
低收入组（20%）	8 332.8
中间偏下收入组（20%）	18 445.5
中间收入组（20%）	29 053.3
中间偏上收入组（20%）	44 948.9
高收入组（20%）	85 835.8

资料来源：国家统计局．中国统计年鉴2022［M］．北京：中国统计出版社，2022.

第7章　不完全竞争市场结构对工资与就业的影响

学习目标

通过本章的学习，你应该能够：

1. 掌握产品市场垄断条件下的劳动力需求曲线的变化、劳动力市场垄断条件下的劳动力供给曲线的变化以及两种市场垄断条件下工资和就业量的变化。

2. 了解工会影响其成员工资水平的主要方式。

7.1　垄断条件下工资与就业量的决定

7.1.1　垄断条件下劳动力的需求和供给曲线

这里分析的劳动力需求和供给应该是在局部劳动力市场的范围内，但是由于劳动力市场中的需求和供给为单个经济主体劳动力的需求和供给的总和，因此为方便起见，我们由单个经济主体的劳动力需求和供给分析引申出市场分析。

7.1.1.1　产品市场垄断（卖方垄断）条件下的劳动力需求曲线

因为劳动力需求是厂商的行为，而厂商在产品市场上主要扮演卖方的角色，故厂商在产品市场的垄断也被称为卖方垄断。厂商在产品市场的垄断行为对劳动力的需求曲线将产生重要影响。

为了分析的便利，假定厂商只生产一种产品，而且只使用一种生产要素，那么，根据经济学方面的知识可知，劳动力的需求曲线实际上是劳动力的边际收益曲线向右下方倾斜的部分。劳动的边际产品收益为MRP，它等于劳动的边际产量乘以产品的边际收益，即MRP=MP·MR。劳动的边际产品收益的含义是每增加一个单位的劳动力所能增加的总收益。与此相关的还有另外一个概念，即边际产品价值VMP，它等于劳动的边际产量乘以产品的价格，即VMP=MP·P。在完全竞争条件下，产品的价格等于其边际收益，因此MRP=VMP，在图形上两条曲线是重合的。在卖方垄断条件下，由于产品的价格高于其边际收益，因此，VMP曲线要高于MRP曲线，劳动力的需求曲线与边际产品价值曲线不一致（如图7-1所示）。

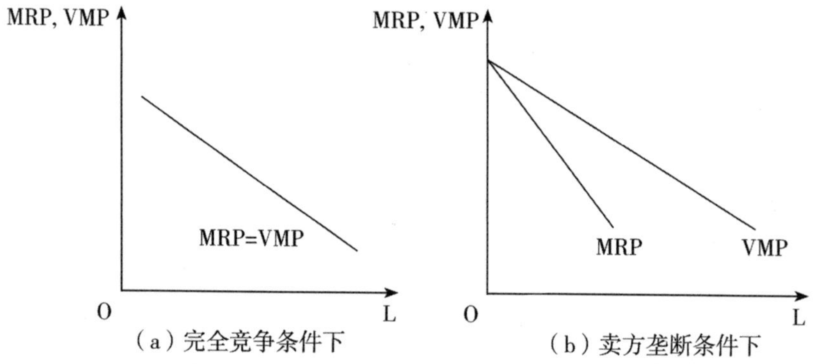

图7-1　完全竞争和卖方垄断条件下产品市场的劳动力需求曲线

7.1.1.2　劳动力市场垄断（买方垄断）条件下的劳动力供给曲线

劳动力市场的买方是厂商，厂商在劳动力市场上的垄断被称为买方垄断。这种模型分析实际上假定了劳动力供给主体缺乏市场力，在市场中始终处于被动地位。厂商在劳动力市场上的垄断会对劳动力的供给曲线产生相应的影响。

这里也涉及两个重要概念：

第一，劳动的边际要素成本MFC。其含义是每增加一个单位的劳动力所增加的总成本，MFC=MP·MC。

第二，平均要素成本AFC。其含义为平均每个劳动力所要花费的成本，AFC=W。

在图7-2中，在完全竞争的劳动力市场上，由于工资水平等于劳动力的边际成本，边际要素成本与平均要素成本一致，MFC=AFC，图形上两条曲线合二为一，而且平行于横轴。当劳动力市场为买方垄断时，这两条曲线是分离的，且MFC和AFC曲线都向右上方倾斜，但是MFC曲线位于AFC曲线的上方，即随着就业量的增加，边际要素成本的增长速度快于平均要素成本。由于AFC曲线实际为工资率的组合，所以AFC曲线就是劳动力的供给曲线。

7.1.2　不同市场在垄断条件下工资和就业量的决定

在以上假定条件下，劳动力市场的工资和就业量的决定问题与厂商利润最大化的实现是一个问题的两个方面，厂商实现均衡的条件是MRP=MFC，这一点所决定的工资和就业量是厂商满意的水平；但是这里均衡条件的主角是厂商，并未考虑到作为市场一方的劳动力供给者的效用最大化要求。这是传统工资理论的不足之处。

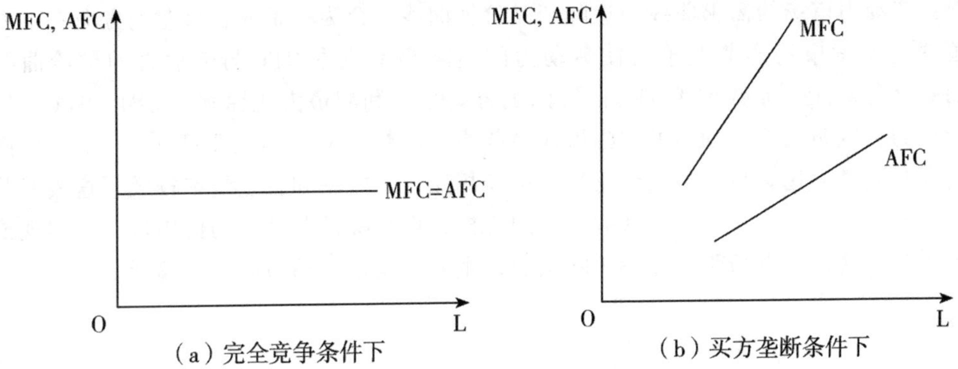

图7-2　完全竞争和买方垄断条件下劳动力市场的劳动力供给曲线

7.1.2.1　只存在产品市场垄断的工资和就业量的决定

先假定厂商在产品市场上存在垄断，劳动力市场是完全竞争市场，那么劳动力的需求曲线是MRP，边际产品价值VMP曲线位于MRP曲线的右上方（如图7-3所示）。

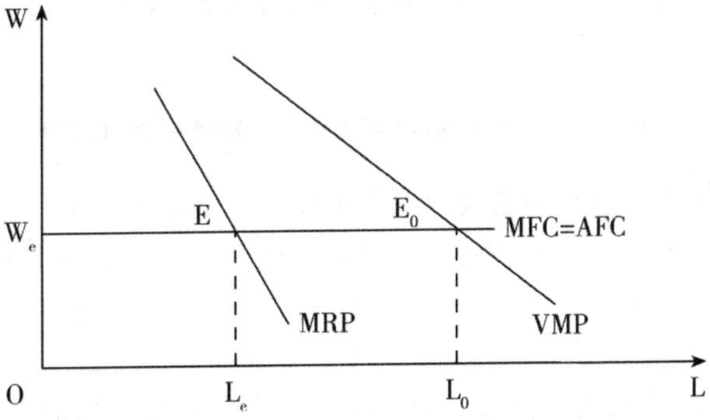

图7-3　仅产品市场垄断的工资和就业量的决定

由于假定劳动力市场是完全竞争市场，劳动力的供给曲线AFC与MFC是同一条曲线，它实际上是平行于横轴的一条直线。根据利润最大化原则MRP=MFC，均衡点是MRP和MFC曲线的交点E，由E点所决定的工资为W_e、就业量为L_e。与完全竞争条件下的产品市场相比，工资率没有差别，但是就业量低于完全竞争条件下的产品市场水平，亦即垄断使产品市场存在过剩的生产能力，产量下降，因此降低了劳动力的雇用数量，影响了劳动力市场的就业水平。

7.1.2.2 只存在劳动力市场垄断的工资和就业量的决定

假定厂商在要素市场上具有垄断能力，产品市场为完全竞争市场。在图7-4中，劳动力市场的需求曲线与边际产品价值曲线重合为一条线，自左上方向右下方倾斜。要素市场的非竞争性使劳动力的边际要素成本MFC与劳动力的供给曲线AFC分离，MFC曲线位于AFC曲线的上方。根据利润最大化原则，MRP=MFC，均衡点为这两条曲线的交点E。在此点决定的工资率（W_e）和就业量（L_e）上，厂商实现利润最大化。与两个完全竞争的市场相比，工资率和就业量都较低。这表明劳动力市场上的垄断既可以降低劳动力的价格，也会降低劳动力的使用量，以实现最大利润。这样的市场明显存在垄断剥削，主要表现在劳动力的工资偏低。

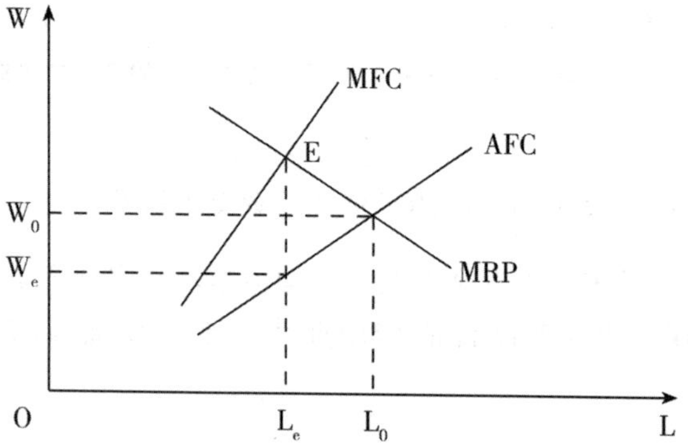

图7-4 仅劳动力市场垄断的工资和就业量的决定

7.1.2.3 同时存在产品市场垄断与劳动力市场垄断的工资和就业量的决定

在以上的分析中，总是假定其中一个市场是完全竞争市场，那么，当两个市场都是不完全竞争市场时，工资和就业量就会更低。如果劳动力市场存在垄断，MFC与AFC曲线是分离的；在产品市场存在垄断时，MRP与VMP曲线也是分离的，厂商利润最大化的原则依然是MRP=MFC（如图7-5所示）。

MRP与MFC两条曲线的交点E为厂商均衡点，此时市场的工资率为W_e，就业量为L_e。如果市场是完全竞争的，均衡点应为E_0点，竞争性工资与就业量分别为W_0和L_0，可见垄断的工资率和就业量都大大低于完全竞争市场，不完全竞争市场明显缺乏效率，存在更深层次的垄断剥削。

以上是传统理论对个别厂商劳动力的需求和供给分析。这个模型还可以扩展到整个市场，可以将整个市场看作个别厂商需求和供给的总和。当然，从需求方面来说，个别厂商与整个市场存在区别，但是需求曲线的方向都是一致的，因此这里可将个别的分析扩展到一般，市场的需求和供给可用$\sum MRP$与$\sum AFC$进行替代。既然传统理论并不能完整解释劳动力市场工资和就业量的决定，尤其对劳动力的供给方面的市场力未给予充分注意，那么，在7.2部分，我们将对劳动力市场中工会这一不可忽视的力量是怎样影响工资水平的问题进行探讨。

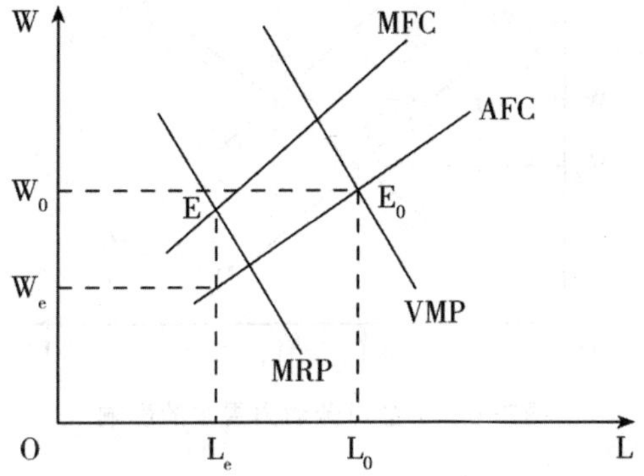

图7-5 产品市场和劳动力市场均垄断条件下工资和就业量的决定

7.2 工会对工资水平的影响

在以前的讨论中，我们假定工人是独立的劳动力供给者，并且相互竞争可能获得工作；然而，在很多劳动力市场上，工人是以集体形式组成工会"出售"他们的劳动。工会主要通过三条途径来提高其成员的工资水平：增加劳动力需求、限制劳动力供给、集体谈判。

7.2.1 增加劳动力需求

在一定程度上工会可以增加劳动力的需求，这既可提高市场工资水平，又可增加劳动力的雇用量。如图7-6所示，劳动力的需求曲线从D_0移动到D_1，将引起工资水平从W_0提高到W_1，就业量从L_0增加到L_1。劳动力供给曲线的弹性越大，即劳动力供给曲线的斜率越小，相对于就业量增加的工资水平上升幅度越小。

工会通过改变劳动力需求的如下某个或几个决定因素来达到增加劳动力需求的目的：

7.2.1.1 增加产品需求

工会对所涉及的产品需求没有直接的控制力，但它可以通过产品广告和政治游说来施加影响。

首先，工会可以为其所参与生产的产品作广告。典型的例子是：美国国际女子服装工会与雇主联合为其产品大作广告，工会还通过各种方式劝导消费者认准"工会标签"。这种广告旨在增加对工会参与生产的产品和服务的需求，从而增加厂商对工会劳动力的需求。

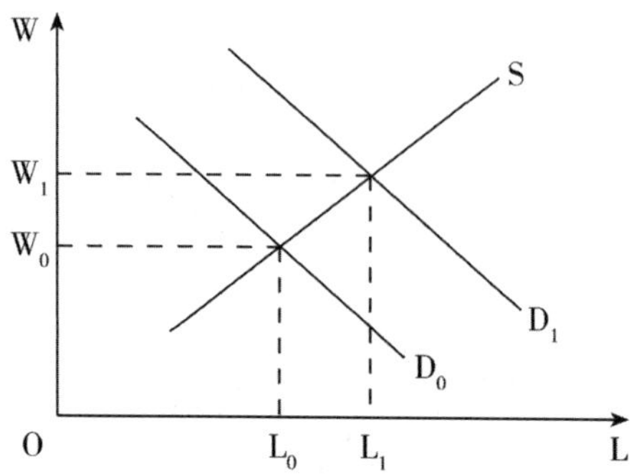

图7-6　工会对劳动力需求的影响

其次，工会通过政治游说以增加工会产品和服务的需求是更有效的方法。例如，西方工会经常积极支持那些能增加工会产品销售量的立法。为了争取新的公路工程、城市大型整修项目、洪水控制和水利工程设施，工会也会到处游说。敦促政府以立法的形式增加对教育的投资也是工会增加劳动力需求的手段之一。

再次，工会可以通过支持对工会产品具有很强替代关系的产品价格提升的立法，增加对工会产品的需求。例如，美国联合汽车工会与美国联合汽车公司曾经共同提议，以提高关税及配额的办法抵制进口汽车。这些贸易壁垒提高了该公司替代品的价格，从而使美国国产汽车的需求量增加，由此增加了对联合汽车工会劳动力的需求。

最后，某些工会认识到，通过成功的游说，以立法的方式降低工会产品和服务的互补品的价格，可以提高对工会自身劳动力的需求。

7.2.1.2　提高劳动生产率

通过讨论我们知道，某一特定职业的劳动力需求强度部分取决于劳动力的边际产量。决定工人劳动生产率的大部分因素受厂商控制。然而，工会有两条途径可以影响工人的劳动生产率：

第一，参与与提高生产率有关的劳动管理委员会（也称“质量圈”）；

第二，参与由工人直接参加的厂商的决策过程——“联合决定”（也称“工人民主”）。

这两种方式的目的是实现厂商内部的沟通，并通过强调工作组合和利润激励来提高劳动生产率。

在许多情况下工会也会抵制参与质量圈和联合决定，因为这样会影响集体谈判过程，并削弱工会的权力。然而，在某种程度上，这两种方式可提高劳动的边际产量，增加劳动力需求，从而提高工会在工资谈判中的地位。

7.2.1.3　影响相关资源的价格

当劳动力与其他资源为总替代关系时（即替代效应大于规模效应），工会可以通过提高资源的相对价格来增加对自己劳动力的需求。工会对其他资源的价格没有直接的控制力，但可以通过各种活动来影响这种价格。

首先，工会（一般拥有工资较高的熟练工人）通过支持提高最低工资来提高具有替代能力的非熟练、非工会会员劳动的相对价格。举个简单的例子，假定有两个非熟练工人1小时能生产与1个熟练工人同样的产量——1个单位产品，而每小时支付给每个非熟练工人的工资为20元，熟练工人为50元。很显然，厂商会雇用非熟练工人，因为单位产出的工资成本为40元。现在假定，工会成功地游说，使每小时的最低工资提高到30元，若熟练和非熟练工人在生产方面是总替代关系时，非熟练工人工资的提高会增加对熟练（工会）工人的需求，因为，雇用1个熟练（工会）工人的单位产出成本（50元）低于雇用2个非熟练工人的单位产出成本（60元）。

其次，工会可以通过支持政府降低生产中与劳动力要素互补的资源的价格，增加对工会劳动力的需求。例如，有些工会经常要求制止电力和天然气的涨价，尤其是大量使用这些资源的行业的工会，因为当劳动和资源投入在生产过程中是总互补关系时，资源价格的提高会通过巨大的规模效应（较高生产成本）减少对劳动力的需求。

7.2.1.4　增加雇主的数量

工会可以争取政府项目，鼓励在当地建立更多企业，增加对工会劳动力的需求。例如，工会可以通过支持发行工业债券、建立工业园区和财产税收减免来吸引国内外制造商。

7.2.2　限制劳动力供给

工会通过减少劳动力的供给增加工资。如果工会能将劳动力供给曲线左移，就能获得较高的工资水平。然而，如果这样做，就意味着工会的就业量降低。所幸的是，工会对劳动力供给的限制往往是在动态的劳动力市场，因而仅仅限制了工作机会增加。

图7-7描述了动态的劳动力市场，其中劳动力需求和供给都增加。假定劳动力需求的增加来自产品需求增加和生产率提高，而供给的增加是由于人口的增长，即人口的增长扩大了这类劳动力的供给。在没有工会参与的情况下，劳动力需求和供给的增加（$D_0 \to D_1$；$S_0 \to S_1$）将使工资水平和就业水平分别提高（从a点到c点）：$W_0 \to W_1$，$L_0 \to L_1$。

现在引入工会因素，并假定工会采取措施保持劳动力供给不变，结果如何呢？市场工资水平将上升到W_u，而不是W_1，劳动力雇用量为L_u，而不是L_1。很显然，这是由于工会限制了劳动力供给的增长，并提高了工资水平。图7-7还表明，在这种情况下，该措施减缓了就业的增长率（（L_u-L_0）/L_0相对于（L_1-L_0）/L_0）。当然，劳动力需求弹性越大，供给限制对就业的负影响就越大。

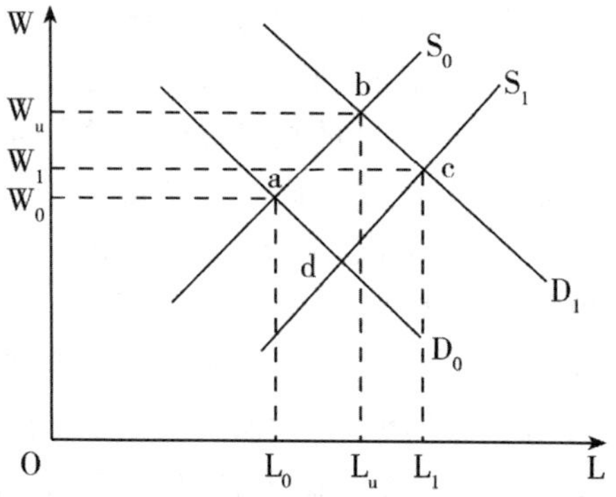

图7-7 工会限制劳动力供给

为限制劳动力供给，工会可以采取措施改变若干决定劳动力供给因素的政策。

7.2.2.1 减少合格劳动力供给的数量

工会限制某一特定劳动力市场的合格劳动力供给的方法之一，是限制全国该类劳动者的“存量”。这在一定程度上解释了工会为何强烈拥护限制移民、限制童工、强制退休、缩短工作时间等措施的原因。

工会还通过限制进入某种职业来限制某一特定劳动力的供给。例如，由某种技术工人所组成的手工艺工会——管道工、木工、泥瓦匠和某种专业团体。这种工会思想有时被称作“排他工会主义”，即排斥潜在的劳动力进入某行业。

更具重要意义的是，工会和专业团体能够通过“职业许可”来限制劳动力进行某种工作，即通过政府以法律的形式迫使从事某一职业的人必须符合某种要求，这些要求包括受教育的程度、所需的工作经历，还包括通过考试获得某种证书。实际上有证据表明，一些地方还通过调整“及格率”来控制进入某一职业的比例。因此，职业许可限制了劳动力供给并提高了工资水平。

7.2.2.2 影响非工资收入

工会及有关组织如何通过影响劳动力供给的非工资决定因素来提高工资水平？一般情况下，工会通过促进政府立法给失业工人、残疾工人和老年公民提供收入来实现。除了增加一般性的失业补偿外，还增加在职职工的补贴、社会保障费用等非工资收入，而这都将导致劳动力参与率的降低，由此提高了在职职工的税前工资。

7.2.3 集体谈判

除了限制某职业的劳动力供给，一些工会成功地吸收了大量的工会会员，以致在行业或职业中工会会员占了很大比重。这样，行业工会就控制了劳动力供给。在集体谈判期间，工会可以用劳动力的持有量来威胁雇主，即除非雇主增加工资，否则将举行罢工。在美国这方面的例子有很多。

图7-8描述了工会通过集体谈判争取超过均衡水平工资的影响。假设雇主在某劳动力市场的行为相互独立，并且不存在工会，则竞争性均衡工资水平和就业量是W_e和L_e。现在假设工会成立并成功地获得了高于均衡工资水平的工资W_u，这实际上使劳动力供给曲线在$W_u d$区域内完全有弹性。在这一区域内，雇用任何数量的劳动力，雇主都必须支付W_u的工资；否则，工会将罢工，抽回所有劳动力。然而，如果雇主需要超过d的工人数，譬如说在工会合同的有效期内，劳动力需求扩大，他们将支付超过工会规定的工资，以吸引工人从其他职业中转移出来。

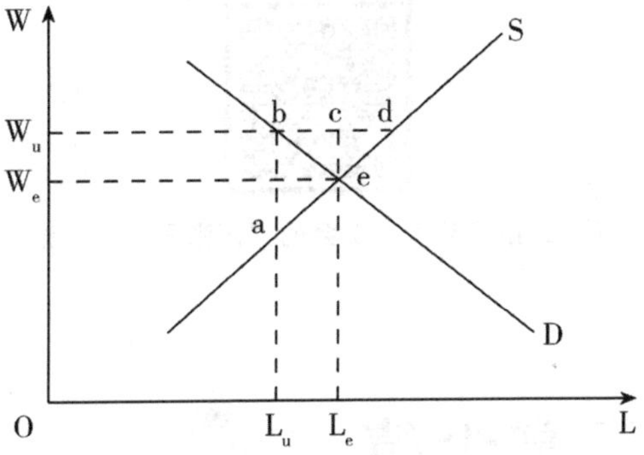

图7-8　工会通过集体谈判提高工资

注意图7-8中有工会的就业情况，雇主将以解雇bc工人数（L_e-L_u）来对工会工资水平W_u作出反应，过高的工资还吸引了数量为cd的求职者。因此，在工会工资水平下，劳动力供给量存在过剩bd（bc+cd）。由于就业量从L_e缩减为L_u，社会就遭受了eba面积的效率损失。劳动力需求曲线的弹性越大，bd越宽；劳动力供给曲线的弹性越大，cd缺口越大。

上述模型对理解工会行为和劳动力市场的一些现象很有帮助。

第一，这解释了为何工会化的劳动力市场常常以“长长的求职队伍”为特征。

第二，这表明了为何劳动组织极重视劳动合同中的工会保障条款。工会的谈判能力在很大程度上依赖工会号召罢工的威慑力，以及一旦停产工会控制企业劳动力供给的能力。工会条款规定，允许厂商雇用非工会工人，但要求他们参加工会或在试用期缴纳工会会费。这些条款实际上增加了工会会员的比例。因此，在现行合同到期时发生罢工，很可能会使厂商失去大部分的劳动力供给，迫使厂商削减或停止生产。工会的这种罢工威慑力增强了工会的谈判力，增加了工会获得高于均衡工资的机会，如图7-8中的W_u。

第三，图7-8中bc的距离说明了为何工会对合同保障条款感兴趣，因为它能降低劳动力需求的弹性。劳动力需求弹性越低，工资增加导致工作变动的工人越少。由以前的知识我们知道：劳动力需求弹性的主要决定因素之一，是其他投入的替代性。何种合同条款能降低资本对工会劳动的替代呢？何种条款可以限制非工会劳动对工会劳动的替代呢？因为这些条款包括限制新技术、怠工、要求雇用超过雇主所需的劳动量和提供补充失业保险费等。通过控制接受新技术的速度、参与要求雇用超过雇主所需的劳动量的活动，工会可以暂时降低劳动力需求的弹性，也就是说，减缓由于提高工资引起的资本对劳动的替代。补充失业保险费就有类似的作用，如果类似的费用足够高，其将提高用于替代工会劳动的任何资本的“有效代价”。降低非工会劳动替代性的主要措施包括防止转包和工厂搬迁。

第7章拓展阅读　工会的“两张面孔”理论

本章小结

在不完全竞争的要素和产品市场上，要素的需求曲线为MRP，需与VMP曲线分离开来。MRP是要素的边际产品收益，VMP是边际产品价值。要素的供给曲线为AFC，也需与MFC曲线分离开来。AFC是平均要素成本，即每个投入要素平均分摊的成本。AFC曲线实际上就是要素的价格线，MFC是边际要素成本。要素市场的均衡原则即厂商实现利润最大化的条件是MRP=MFC，这个均衡点决定了要素的均衡价格。

造成劳动力市场存在垄断的因素有很多，其中最重要的是工会。工会可以通过增加劳动力需求、限制劳动力供给及集体谈判等措施来提高其成员的工资水平。

关键术语

边际要素成本　平均要素成本　职业许可

基本训练

1. 厂商既是劳动力的买方垄断厂商，也是其产品的卖方垄断厂商，且不存在工会干预。用图形描述这一市场，正确标出所有有关的曲线，标明均衡工资和均衡就业量。

2. 工会是通过哪些方式来提高其员工工资水平的？试用图形描述。

第8章 就业与宏观经济变动

学习目标

通过本章的学习，你应该能够：

1. 懂得一国或一地区就业总量的决定原理。
2. 学会各类失业率的计算。
3. 掌握按照原因分类的各种失业类型。

8.1 就业与失业

8.1.1 总供给与总需求

劳动力资源的利用程度直接关系到社会的福利水平。若生产中实际利用的劳动力资源总量配置的优劣程度一定，那么劳动力资源越是接近于充分利用，社会的福利水平就越高；若劳动力资源的利用程度一定，那么这种资源越是接近于最优配置，社会福利水平就越高。显然，最大限度地提高社会福利水平，只有靠可利用劳动力资源的充分利用和最优配置才能达到。劳动力资源的利用水平与就业总规模的决定息息相关。

一个国家在一定时期内的就业总规模决定于总供给与总需求的关系。为了决定就业总量，首先要对总供给与总需求有一个基本的了解。

8.1.1.1 总供给

所谓总供给，是指一国在一定时期内生产的最终产品和服务按价格计算的货币价值总量。总供给来源于国民经济中产品和服务的连续不断、经常性的生产。从产品和服务的生产看，总供给取决于生产的各类生产要素投入总规模，即劳动、土地、资本和管理等生产要素投入的总规模；从分配角度看，它是一定时期内要素投入所获得的收入总和。所以，总供给等同于一定时期内的国民生产总值或国民收入。

生产要素的报酬收入中，一部分用于购买消费品和服务的支出，余下的部分用于储蓄。因此，总供给也等于消费和储蓄的总和。

从以上分析中可以看出：

总供给=各类生产要素供给的总和

=各类生产要素相应收入的总和

=消费+储蓄

8.1.1.2　总需求

所谓总需求，是指社会在一定时期内对产品和服务需求的总和。这里假设不存在政府和对外贸易对经济的影响，那么，总需求只包括对消费品的需求和对投资品的需求。

消费品需求是指居民对各类消费品的支出、住房租金以及其他劳务支出的总和。

投资品需求是指企业用于厂房和设备等固定资产的支出，以及用于原材料、半成品和存货增量的支出等。

由以上分析可以看出：

总需求=消费品需求+投资品需求

如果总供给（也就是从生产角度看的国民收入）在价值形态上能得到实现，那么必然在价值上与总需求相等。总供给与总需求相等的国民收入即均衡国民收入。

均衡国民收入=总供给=总需求

=消费+储蓄

=消费+投资

设均衡国民收入为Y，消费为C，储蓄为S，投资为I，则：

Y=C+S

=C+I

根据宏观经济学的基本定理，一国的就业总量与一国的均衡国民收入同时被决定。

8.1.2　就业总量的决定

在市场经济中，企业在决定劳动投入规模时，以取得最大利润为决策准则。企业对提供的每一就业量都有相应的最低预期收益，从而使企业能够收回成本和取得最低收益。这个最低预期收益就是该就业量所生产产品的总供给价格。因为总供给价格依企业所提供的就业量的变化而变化，故两者之间的关系为函数关系。设Z为总供给价格，N为就业量，总供给价格和就业量的关系为：

Z=f（N）　　（8-1）

此函数为总供给价格函数。

另外，企业也预测到出售这一就业量所生产的产品时所能得到的收益，即社会为该就业量所生产的产品所愿支付的价格。该收益也就是总需求价格。同理，两者之间也存在相互依存的函数关系。设D为总需求价格，总需求价格和就业量的关系可写作：

$$D=\varphi(N) \tag{8-2}$$

这个函数为总需求价格函数。

以上内容可以用图8-1表示。

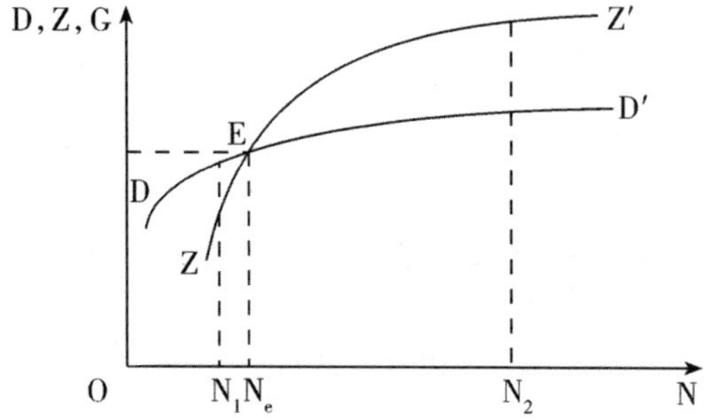

图8-1 就业总量的决定

在图8-1中，横轴为总就业量N，纵轴为总需求价格D、总供给价格Z和收益G。ZZ′为总供给价格函数曲线，DD′为总需求价格函数曲线。当N取某特定值，如N_1时，D大于Z，预期可得到的收益大于最低预期收益，企业在追求利润最大化目标的驱使下，就会增加就业量，扩大生产规模。一直到D等于Z时，企业预期获得的利润达到最大值，总供给和总需求达到了均衡状态。DD′和ZZ′曲线的交点为E，对应的横轴交点为N_e，为均衡就业量。如果当N取某值，如N_2时，D小于Z，总需求价格小于总供给价格。此时，企业出售该就业量所生产的产品的预期可能收益，必将低于最低预期收益，使企业不能收回成本和取得最低盈利，招致企业亏损，故必减少就业量，即全体企业所提供的就业量大于或小于N_e，预期收益均不能取得最大值。所以社会就业总量取决于均衡国民收入，或者更准确地说，取决于总需求水平。如果总需求水平提高，当N取某值时，D总是大于Z，那么全部企业会竞相购买生产要素，扩大就业，直到D等于Z时为止。使商品的总供给价格与总需求价格达到均衡时的社会总需求被定义为有效需求，由此可见，有效需求决定社会就业量。

这里需要注意的两个问题是：

第一，总供给价格由成本和最低盈利构成。这里的成本是指使用者成本（工资率），而不包括其他支出；这里的最低盈利是其他要素的报酬。如果工资率下降，可不可以增加社会的就业总量呢？也就是说，图8-1中的ZZ′曲线由于工资率的下降而相应地下移，是不是可以造成E点的右移从而扩大就业呢？或者说其他要素价格也相应地下降，是否可以使均衡点右移从而扩大就业呢？一般的回答是否定的。其原因在于，如果工资率下降，其他要素价格也下降，固然可以使ZZ′曲线下移，但工资和最低盈利是各类要素的报酬，它们的下降必然引起总需求构成中的总消费品需求和投资品需求的均衡点下降，从而造成DD′曲线相应地下移，结果对就业总量没有影响。因此，从宏观经济的角度看，就业水平从根本上说并不是由价格因素造成的。

第二，D=Z时所决定的均衡就业量是否是充分就业时的就业量呢？在宏观经济的初步分析中，一般假设充分就业的国民收入水平是不变的。当经济社会可利用的资源都能得到充分利用，没有任何闲置和浪费时，总供给曲线为一条垂直于横轴的直线。实际生活表明，当代还没有一个国家的资源都得到充分利用。因此，在这种条件下，总供给可以适应总需求的增加而增加。因而，D=Z时所决定的就业量既可以是充分就业时的就业量，也可以是非充分就业时的就业量。在市场经济的常态中，该均衡点所决定的就业量通常为小于充分就业时的就业量。

8.1.3 失业与充分就业

8.1.3.1 失业

所谓失业，是指劳动力供给与劳动力需求在总量或结构上的失衡所形成的具有劳动能力并有就业要求的劳动者处于没有就业岗位的状态。从统计学的角度可对失业者作出若干方面具体的规定，如对劳动年龄、就业要求、实际劳动时间以及一定时期内的收入水平的规定等。在通常情况下，在劳动年龄之内，有就业要求并在职业介绍部门或就业服务机构登记尚未工作的人，或在一定时期内劳动时间或收入水平低于某种标准的人均为失业者。

8.1.3.2 充分就业

充分就业可从两个视角进行观察：

第一，从劳动力供求的相互关系看，充分就业是指劳动力供给与劳动力需求均衡，国民经济的发展充分地满足劳动者对就业岗位需求的状态。

第二，从总供给与总需求的相互关系看，充分就业是指总需求增加时总就业量不再增加的状态。换言之，凡是接受市场工资率并且愿意就业的人均能实现就业的状态。

充分就业是一个相对的概念，在动态的市场经济中，在连续的基础上保持总供给与总需求、劳动力供给与劳动力需求在总量及结构上持续均衡是极其困难的事情。充分就业一般说来是一个理想的状态。实现充分就业，并不意味着失业的消失，摩擦性失业等自然失业与充分就业并行不悖。

本书在4.4.3部分曾经讨论过充分就业问题。当时的结论是在若干假设条件下作出的。其假设条件主要是：价格与工资具有充分的弹性、总需求水平给定、市场充分竞争、劳动力同质且能够完全替代、劳动力具有完全信息和充分的流动性等。在上述假设条件下，通过工资的自行运动和随之而来的竞争，会自动地使劳动力供求实现均衡，从而实现充分就业。而在劳动力市场的宏观分析中，就需放弃以上假设条件。

8.2 失业的类型

将具有共同性质、特点的失业现象进行分类，失业主要有以下类型：

8.2.1 摩擦性失业

劳动者进入劳动力市场寻找工作直至获得就业岗位之间的时滞，以及劳动者在就业岗位之间变换所形成的失业，被称为摩擦性失业。其反映了劳动力市场经常的动态变化，表明劳动力经常处在流动过程之中。通过这种形式的失业，劳动者从个人和社会收益较少的工作和就业岗位变换到个人和社会收益较多的工作和就业岗位上。

摩擦性失业是一种正常失业，即使劳动力市场处在劳动力供求均衡状态时也会存在这种形态的失业。它是动态市场的一个自然特征，是高效率地利用劳动资源的需要。

工作岗位之间之所以存在时间上的滞差，主要原因是：

第一，失业者缺乏有关就业岗位完整的、准确的信息，企业缺乏求职者完整准确的信息；

第二，失业者缺乏迅速流动的条件；

第三，信息成本和流动成本障碍等。

由于摩擦性失业不是由经济周期性波动所造成的，故增加劳动力的流动性，改善劳动力市场的信息情报工作，提高劳动力市场效率，降低信息和流动成本，缩短寻找工作所花费的时间等，就可以使此类失业得到缓解。

8.2.2 技术性失业

在生产过程中，由于引进先进技术替代人力，以及改善生产方法和管理而造成的失业，被称为技术性失业。

从短期和长期两个角度观察，技术进步对就业的影响有着显著的差异。

从长期看，劳动力需求的总水平并不因技术进步而受到影响。当代的技术水平及技术进步的速度超过以往任何时代，可是当代的就业规模也达到了前所未有的高水平。技术进步对就业的影响主要表现在劳动时间的缩短方面。18至19世纪的劳动时间通常在每个工作日10小时以上，而目前为7~8小时。

从短期看，先进技术、先进的生产方法和完善的经营管理，必然会取代一部分劳动力，从而造成失业。这类失业是效率提高的必然结果。

一般来说，技术性失业有以下特点：

第一，产品的需求弹性越大，对失业的影响越小；

第二，工资的弹性越大，对失业的影响越小；

第三，以新方法生产现有产品与生产新产品的技术比较，前者对失业的影响程度大；

第四，技术进步对非熟练工和半熟练工的影响大；

第五，技术进步所替代的工人的平均年龄越高，对失业的影响越严重。

解决技术性失业最有效的办法是推行积极的劳动力市场政策，强化职业培训，普遍地实施职业技能开发。

8.2.3　结构性失业

经济结构（如产业结构、产品结构、地区结构）的变动导致劳动力供求结构上的失衡所引致的失业，被称为结构性失业。科学技术的发展、收入水平的提高和消费偏好的变化对劳动力需求产生了全面、系统的影响，如果劳动力供给结构不能适应需求的变化，且劳动力不能完全替代，将造成失业与职位空缺并存的现象。

结构性失业的特点是，失业者缺乏现有空缺职位所需要的技能，即技能性失调。

失业者不具备重新就业所需要的知识与技能，劳动者之间不能完全替代，造成缓解结构性失业的困难。产业结构与劳动力需求结构的调整，需要在国民经济各产业部门重新配置劳动力。总需求结构的变化造成劳动力在产业间的转移，所需要的人力资本投资增多，结构性失业的时间就相应地延长。

经济学者一般主张采取下列措施来缓解结构性失业：

第一，加强劳动力市场的信息传递，使求职人员及时了解劳动力市场上各类人员的供求状况；

第二，由政府提供资金，向愿意从劳动力过剩地区迁到劳动力短缺地区的失业者提供迁移及安置费用；

第三，制订各种培训计划，使失业者的知识更新与技术发展同步进行，以适应新职业的需要；

第四，提供更好的就业指导和职业供求预测。

总之是推行积极的劳动力市场政策，广泛地实施职业技能开发。

结构性失业与一般的摩擦性失业有以下两点区别：

一是结构性失业的持续期较摩擦性失业的持续期要长；

二是结构性失业与摩擦性失业虽然都可能出现失业与职业空位并存，但后者并不是知识与技能上的原因所造成的。

在形成失业的原因方面，结构性失业与技术性失业有一部分是重叠的。技术性失业的程度与产品需求的价格弹性、劳动力需求的工资弹性有较大的关系。例如，技术进步可降低单位产品的生产成本，从而使产品价格下降。若此类产品的需求弹性很大，产品需求因价格下降而增加，被新技术替代的工人会因生产规模扩大而重新就业；若此类产品需求弹性小甚至无弹性，即使产品价格下降，需求亦不再增加，消费函数不变，消费者富余的购买力被用于其他方面，产品需求结构的变化导致技术性失业转化为结构性失业。此外，技术进步造成某些行业的衰落，且这种衰落是永久性的，即使工资下降也无法维持就业，此时技术性失业等同于结构性失业。例如，汽车的出现与普及以及汽车出租行业的迅速发展，造成以人力、畜力为动力的运输行业的持久性衰落，人力车夫、马车夫等职业的工资率即使降低，也无法维持就业，这就是技术性失业的典型表现。

8.2.4 季节性失业

季节性失业是指由气候有规律的变化所引起的失业。气候有规律的变化对就业的影响主要表现在两个方面：

一是气候对某些行业的生产产生影响，进而影响劳动力需求，如农业、林业、农副产品加工业、内河航运业等；

二是气候对某些消费需求产生影响，进而影响劳动力需求，如某些食品行业、社会服务业等。

季节性失业与摩擦性失业相类似，在劳动力市场处在劳动力供求均衡状态时，也会存在季节性失业，它是一种正常失业。季节性失业具有如下特点：

（1）地理区域性

在具有鲜明季节变化的地区与季节变化不显著的地区，这种类型的失业程度有较大的差异。

（2）行业性

一些行业是明显的“季节性行业”，受季节影响而就业波动较大。

（3）规律性

这种类型的失业有明显的高峰和低谷之间的差异，而不是均匀地分布在全年。

（4）失业持续期的有限性

完全因季节变换而失业的劳动者，一般情况下不仅知道何时失业，而且知道失业期限有多长。

当代，随着科学技术的进步，季节性失业有减缓的趋势。例如建筑业，以前受季节变换的影响很大，某些建筑项目的露天作业冬季不能施工；但现在，由于技术工艺方法的改进，季节的影响程度已大为降低。

季节性失业虽然是一种正常失业，但它给社会带来两个方面的不良影响：一是季节性员工由于就业时间短，收入受到影响；二是季节性失业不利于劳动力资源的有效利用。

为了减少季节性失业的影响，许多经济学者主张政府加强对季节性失业期的预测工作，以利于季节性员工尽早作出就业淡季的安排。此外，他们建议政府能规定一个合理的失业补助期限，以减少季节性员工的生活困难。

上述四类失业是动态的市场经济中经常存在的正常失业。之所以是正常失业，是因为这些失业在劳动力市场的供给与需求总量均衡时也会存在。上述失业实现生产要素的优化配置，将劳动者从个人和社会收益较少的就业岗位配置到个人和社会收益较多的就业岗位，反映了劳动的发展。要素调整配置的结果最终增进了社会的福利。

8.2.5　需求不足性失业

8.2.5.1　需求不足性失业的含义和形式

在市场经济中，通过价格形成机制及竞争，不能在连续的基础上保持总劳动力需求以适应总劳动力供给，也不能保证在任一时期总劳动力供求结构的平衡。就业及其波动与其说与劳动力供求相联系，不如说与劳动力需求的关系更为密切。在动态的经济社会中，通常情况下劳动力供给呈稳定增长的态势，只在一些年份出现波动，与劳动力需求相比相对稳定。劳动力供给的波动主要和能参与劳动的人口的变动相一致。例如，大量的统计与经验表明，人口增长和总人口劳动力参与率是相对稳定的，而总需求（特别是劳动力需求）广泛地受经济体系内外极为复杂的影响而波动。由总需求不足造成的、接受市场现行工资率、有就业要求的人不能满足其就业需要而引起的失业，就是需求不足性失业。

需求不足性失业具体表现为两种形式：

（1）增长差距性失业

增长差距性失业是指实际经济增长率长期低于可能达到的经济增长率，故造成劳动力供给大于劳动力需求而导致的失业。经济增长虽然受多种因素的影响，但从供给的角度观察，最终表现在劳动力供给的增加和劳动生产率的提高上：

首先，其他条件不变，劳动力供给增加，产出增加；

其次，其他条件不变，劳动生产率提高，产出增加；

最后，两者同时正向变动，产出增加。

所以，经济社会可能达到的经济增长率既受到两个因素独立的影响，又受到它们合力的共同影响。但是，由于总需求不足，实际增长率低于可能达到的经济增长率，所以必然产生失业。

（2）周期性失业

周期性失业是指经济的繁荣与萧条的周期循环所产生的失业。因为经济周期（扩张与收缩、景气与不景气）不能科学地预测出来，持续期影响深度与广度等具有不确定性，所以它是一种最严重、最常见又最难对付的失业。当经济处于景气或繁荣时期，总需求旺盛，生产扩展，劳动力需求迅速增加，企业普遍地出现职位空缺，大量的失业被迅速吸收，失业率降至很低水平，失业基本上属于正常失业；当经济处于萧条或收缩时期，总需求不足，生产停滞，一些企业停工停产，甚至破产，劳动力需求极度萎缩，失业迅速扩大，需求不足性失业与其他失业结合在一起，使失业率迅速上升，从而形成一种以周期循环为特征的失业类型。如果总需求的变动出现周期性的波动，这类需求不足性失业即是周期性失业。

需求不足性失业可用图8-2进行分析。

在图8-2（a）中，横轴为国民收入，纵轴为总需求，与横轴成45度角的斜线为总供给等于总需求的均衡国民收入。当总需求为$AD_1=C_1+I_1$时，均衡国民收入为Y_1，总供给设为AS_1，那么，$AD_1=AS_1$。此时，我们假设社会实现了充分就业。

在图8-2（b）中，总劳动力供给曲线S和总劳动力需求曲线D_1相互作用，决定了均衡工资率W_e和均衡就业量L_1，此时的就业水平为充分就业，即只存在正常失业，而不存在其他失业。经济社会出现总需求下降的情况，这种下降或者由消费需求C的下降引起，或者由投资需求I的下降引起，或者两者都下降，使得总需求曲线由AD_1移向AD_2，均衡国民收入则由Y_1降至Y_2。当遇到这种情况时，企业当然还是愿意生产和销售与以前一样多的产品。但是由于需求不足，企业不能把其生产的产品卖出去，只能减少当前的生产，缩小生产规模。

据前述分析，就业总量是由均衡国民收入决定的，产品市场出现需求不足以及均衡国民收入下降的情况，必然反映到劳动力市场，使得总劳动力需求曲线由D_1移向D_2，在工资率仍为W_e时，便形成了L_2L_1的需求不足性失业。

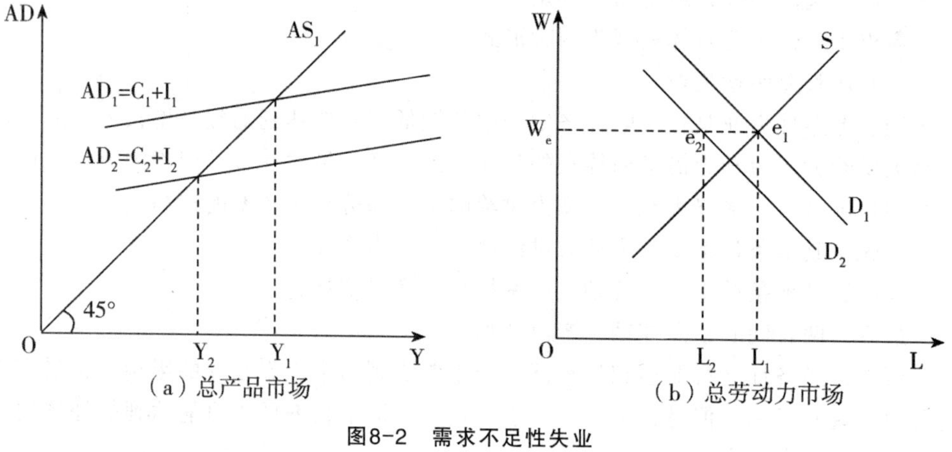

图8-2 需求不足性失业

8.2.5.2 缓解需求不足性失业的对策

总需求不足是造成非正常失业（亦可理解为非自愿性失业）的主要原因。什么原因造成总需求不足、如何刺激总需求以适应总供给并实现充分就业的国民收入均衡等问题，是宏观经济学的基本研究课题。全面地讨论恢复或实现充分就业的调整过程已超出了本教材的范围，这里只简单地提示两点：

其一，依靠市场自身的力量无法实现充分就业的国民收入均衡。企图依靠产品价格和要素的自行调整，使失衡的市场恢复均衡已被实践和理论研究证明是行不通的。

其二，刺激总需求及扩大有效供给是解决有效供给不足性失业的根本方向。由于消费需求在通常情况下相对稳定，而投资需求变动极大，经济的萧条或收缩往往是普遍的投资需求不足造成的，因而刺激总需求及增加有效供给的重点是投资。

既然市场自身不能自行恢复均衡，就只能依靠政府的宏观调控来使国民经济实现均衡。政府通过财政政策、货币政策，并将两者和产业政策密切结合，推行积极的劳动力市场政策，才能缓解需求不足性失业，进而实现充分就业。

8.3　失业的度量及影响

8.3.1　失业的度量

常用的反映失业程度的指标有两个：失业率和失业持续期。

8.3.1.1　失业率

失业率是反映失业者占劳动力总体的比重，用计算公式表示为：

$$失业率=\frac{失业人数}{社会劳动力总数}\times 100\%$$

$$=\frac{失业人数}{就业人数+失业人数}\times 100\%$$

失业率可按性别、年龄、受教育程度等分组资料计算。按某一标志计算时，分母应与分子的范围相一致，所计算的失业率可以反映某一特定群体的失业程度。若分母为社会劳动力总数，将各组劳动率求和可得总失业率。

8.3.1.2　失业持续期

失业持续期是指失业者处于失业状态的持续时间。其一般以周为时间单位，通常计算平均失业持续期。其计算公式如下：

$$平均失业持续期=\frac{\sum 各失业者的失业周数}{失业人数}$$

平均失业持续期的长度是反映失业严重程度的重要指标。平均失业持续期较短，一般地说，此类失业为正常失业，反映了经济的动态性；如果在失业率相同的情况下，平均失业持续期延长，则表明劳动力市场中存在长期失业者。

利用平均失业持续期指标可以计算年失业率，其计算公式为：

$$\text{年失业率（\%）}=\text{该年度有失业经历的人的数量占社会劳动力总数的比例}\times\frac{\text{平均失业持续期(周)}}{\text{52周}}$$

年失业率取决于失业人数占社会劳动力总数的比例和平均失业持续期。由此可见，同为4%的年失业率，既可以是所有的社会劳动力有4%的时间（2.08周）处在失业状态，也可以是有4%的社会劳动力在一年的时间当中均处于失业状态而成为长期失业者。显然，后者的失业状态要比前者严重。长期失业者群体的存在，不仅使他们承担失业的损失和痛苦，还对社会的稳定存在比前者更大的危害。

8.3.2 失业的影响

如前所述，失业现象既包括正常失业，亦包括非正常失业。在市场经济中，既然要使市场在资源配置中发挥基础性作用，上述两大类失业就有其存在的必然性，这是问题的一个方面。另一方面，无论是何种类型的失业，都对经济增长与社会发展带来负面影响，包括物质和精神、家庭和社会方面。

（1）失业造成家庭生活困难

就业是劳动者赖以生存的基础，当劳动者处于失业状态时，其劳动力价值无法实现，无法通过劳动获得劳动报酬。特别是长期失业者，一旦失业持续期超过领取失业救济金的资格标准（24周或其他标准时间），失业救济金就会被取消，从而不得不求助于社会救济，沦为社会救济的对象。

（2）失业是劳动力资源浪费的典型形式

劳动力不能投入生产过程中去，这就直接阻碍了创造新价值的道路和国民收入的增长。土地荒芜，矿藏沉睡，当然也是一种资源的浪费。但是，由劳动力自身特征决定，劳动力不能在生产中适时消费，就将永远失去，因此劳动力资源的浪费不仅是当前劳动的浪费，而且是以往积累的劳动力资源的浪费，是多重浪费。

（3）失业直接影响失业者精神需要的满足程度

失业及丧失劳动收入，使失业者承受巨大的压力。这种压力不仅来自家庭，亦来自社会。就业并通过劳动谋生是人的最重要的社会经济特征，这个特征的丧失会极大地挫伤失业者的自尊心和自信心，直接影响失业者的生活方式和社会交往方式，阻碍失业者精神需要的满足。

失业的负面影响是多方面的，非正常失业更是如此。正因为如此，社会各界都将降低失业率作为一个极为重要的社会政策目标加以研究。

第8章拓展阅读　“这次不一样”？——关于技术性失业的争论

本章小结

本章主要讨论了劳动力资源的利用水平的决定问题。从宏观角度考察，仅仅依靠市场机制是不能自动地实现充分就业的，应充分地认识不同时期、不同条件下失业产生的原因，并采取不同的对策使之缓解。

关键术语

就业总量　有效需求　失业率

基本训练

1. 何谓总供给价格函数曲线、总需求价格函数曲线？何谓有效需求？
2. 技术性失业与结构性失业有何异同？
3. 根据年失业率的计算公式，试比较分析两个地区的失业程度（见表8-1）。

表8-1　**两个地区的失业情况**

项　目	A地区	B地区
某年度有失业经历的人的数量占社会劳动力总数的比例	5%	100%
平均失业持续期	100周	5周

第9章 失业与通货膨胀

学习目标

通过本章的学习，你应该能够：

1. 理解通货膨胀的含义及类型。
2. 掌握菲利普斯曲线及其发展变化。
3. 领会各个学派对失业与通货膨胀关系的不同观点。
4. 学会运用菲利普斯曲线的基本思想分析现代经济发展中呈现出的一些新现象。

9.1 通货膨胀概述

9.1.1 通货膨胀的含义

通货膨胀并没有严格、准确的定义，经济学界对它的解释也并不完全一致。一般所接受的、比较实用的定义为：通货膨胀是指物价总水平普遍且持续地上涨。这里的通货泛指在流通领域内充当流通手段或交换媒介而被广泛接受的货币。把握通货膨胀的这一定义，要注意以下几点：

第一，通货膨胀是物价水平的上升。在以交易为特征的市场经济中，随着商品与服务的生产以及交易总量的增加，在货币流通速度一定的情况下，价格不变，流通中的货币量也要增加。这类通货的增加并不是通货膨胀。

第二，通货膨胀情况下的物价上涨并不是指一种或几种商品的物价上涨，而是物价水平的普遍上升，即物价总水平的上升。如果一部分物价水平上升，而另一部分物价水平下跌，则可能会使一般物价水平稳定，甚至下降，因而不能称之为通货膨胀。

第三，通货膨胀不是指物价水平的一时上升，而是持续一定时期的物价上涨。如果这个季度物价上涨，下个季度物价下降，从全年来看，一般物价水平可能稳定，甚至下降，因此也不能称之为通货膨胀。

第四，通货膨胀下的物价上涨必须是上涨相当幅度。如果每年物价水平上涨幅度较小，比如低于2%，那么虽然是物价持续上涨，也不能算是通货膨胀。

另外，通货膨胀理论一般是以市场机制是配置资源的主导机制为前提条件的。由于体制性或制度性因素的作用，如对价格实行严格管制，阻碍价格上涨，这便出现了潜在性或压制性通货膨胀，在研究中一般不涉及这类问题。因此，通货膨胀一般是针对价格水平的实际上涨而言的。

9.1.2　通货膨胀的衡量

目前，衡量通货膨胀的指标大体上有如下两类：

9.1.2.1　价格指数

目前，世界各国编制的物价总指数主要有消费价格指数（或称零售价格指数）和生产者价格指数（或称批发价格指数）。前者是衡量各个时期居民个人消费的商品和服务零售价格变化的指标，而后者是衡量各个时期生产资料与消费资料批发价格变化的指标。

对价格指数的计算方法，一直存在很大的争议。目前各国对价格总指数或物价综合指数的计算，通常采用由德国统计学家拉斯佩雷斯与帕斯卡分别在1864年和1874年提出的计算物价指数的加权体系公式，分别被称为拉氏指数和帕氏指数，公式分别为：

$$L_p = \frac{\sum p_1 q_0}{\sum p_0 q_0} \times 100\% \tag{9-1}$$

$$P_p = \frac{\sum p_1 q_1}{\sum p_0 q_1} \times 100\% \tag{9-2}$$

式中：L_p为拉氏指数；P_p为帕氏指数；p为商品价格；q为商品数量；“0”“1”分别表示基期和报告期。

在实际运用中，拉氏指数会夸大价格总水平的上升，帕氏指数又会低估价格总水平的上升。所以，美国经济学家费雪又提出了理想指数。这种指数是拉氏指数和帕氏指数的几何平均数，其公式为：

$$I_p=\sqrt{L_p \cdot P_p} \tag{9-3}$$

从理论上讲，理想指数更接近实际物价总水平的变动情况，但由于没有直接的经济解释，加之计算又比较复杂，没有得到广泛的运用。然而要取得帕氏指数计算所需要的现期权数资料也较为困难。因此，实际上现在各国广泛用的是拉氏指数及经过修改的加权平均指数。

9.1.2.2 国民生产总值平减指数

国民生产总值平减指数是衡量一国经济不同时期内所生产的最终商品和服务的价格总水平变化程度的经济指标，它是报告期名义GNP和实际GNP的比率。

$$D_{GNP}=\frac{报告期名义GNP}{报告期实际GNP}\times 100\% \tag{9-4}$$

式中：D_{GNP}为国民生产总值平减指数。

由于GNP的统计范围较广，包括所有的商品和服务，所以用这种方法测量通货膨胀时往往会高估通货膨胀率。

9.1.3 通货膨胀的类型

通货膨胀的种类繁多，根据不同的标准可将其划分为不同的类型：

第一，按通货膨胀的程度，可划分为爬行的通货膨胀、温和的通货膨胀、奔驰的通货膨胀以及恶性通货膨胀；

第二，按通货膨胀的表现形式，可划分为公开的通货膨胀、隐蔽的通货膨胀和抑制的通货膨胀；

第三，按对通货膨胀的预期，可划分为完全预期的通货膨胀、不完全预期的通货膨胀和未预期的通货膨胀等。

比较常用的划分标准是根据通货膨胀形成的原因，将其划分为需求拉动型通货膨胀、成本推动型通货膨胀、混合型通货膨胀、结构型通货膨胀、预期型通货膨胀和惯性通货膨胀。

9.1.3.1 需求拉动型通货膨胀

这是从总需求的角度来分析通货膨胀产生的原因的。这种类型的通货膨胀是由总需求的过度增长所引起的，即通常所说的"太多的货币追求太少的货物"，对商品和服务的总需求超过按现行价格可得到的供给，导致物价水平上涨。换而言之，消费者、政府和厂商的总开支超过可得到的总供给时，需求拉动型通货膨胀就会发生。然而，不同的经济流派对这一类型的通货膨胀又有不同的解释。

（1）凯恩斯主义者的解释

凯恩斯是把充分就业作为物价涨落是否引起通货膨胀的临界点，并以此来分析通货膨胀的。他认为，当充分就业实现以后，即社会所有资源都得到充分利用以后，再增加货币数量，刺激有效需求，就会引起需求过度，使工资、物价和货币数量同比例上涨，从而导致通货膨胀。可以用"膨胀性缺口"这一概念来说明这种通货膨胀产生的原因。膨胀性缺口是指实际总需求大于充分就业的总需求时实际总需求与充分就业总需求之间的差额。

在图9-1中，横轴为国民收入，纵轴为总需求，AD_f为充分就业时的总需求，这时决定的国民收入Y_f为充分就业时的国民收入。而此时的实际需求为AD_1，由于国民收入已经达到充分就业水平，总需求的增加无法再提高均衡的国民收入水平，从而形成膨胀性缺口KE_f。

在图9-2中，纵轴为价格总水平，总需求AD已经超过了充分就业（或潜在国民收入水平）时的总需求AD_f水平，这时由于过度需求的存在，国民收入并没有增加，仍为Y_f，但价格总水平由P_0上升到P_1，从而导致通货膨胀。

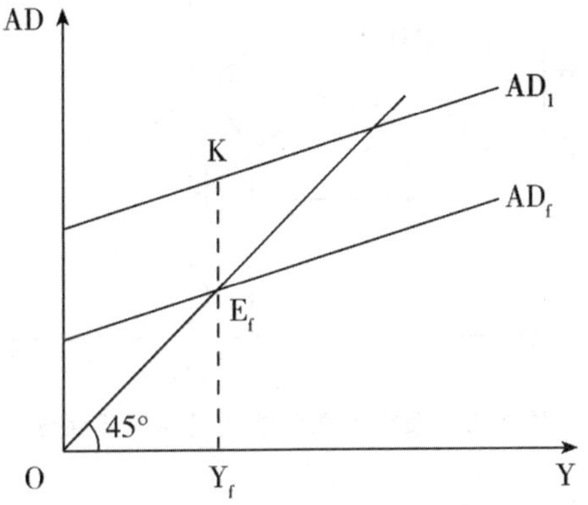

图9-1 需求拉动型通货膨胀

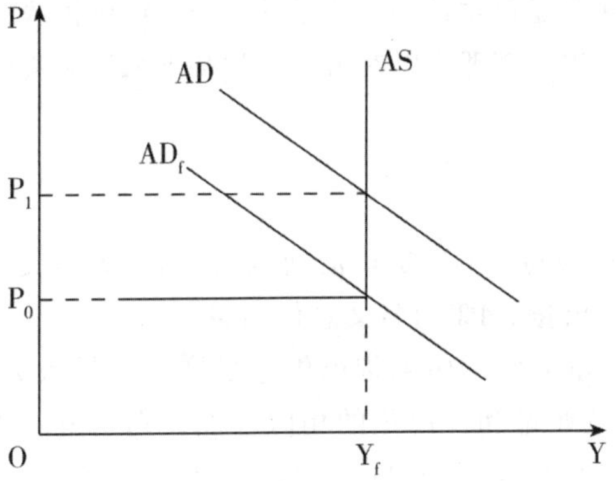

图9-2 充分就业时的通货膨胀

图9-1与图9-2表达了同样的观点：通货膨胀是在资源充分利用或充分就业之后产生的；通货膨胀与失业不会同时存在。

而现代许多经济学家认为，凯恩斯的观点绝对化了，实际上在未实现充分就业以前，也会由于需求的拉动产生通货膨胀。如图9-3所示，由于货币供应量增加、政府支出增加等，当总需求由AD_0增加到AD_1时，价格总水平由P_0上升到P_1，而均衡国民收入也由Y_0增加到Y_1，但并未达到充分就业水平。这是因为当总需求增加后，总供给的增加并不能迅速满足总需求的增加，产生暂时的供给短缺，从而使价格水平上升。凯恩斯认为，这种物价的上涨只是“半通货膨胀”或“温和的通货膨胀”，并不是真正意义上的通货膨胀，因为名义的和实际的国民收入也在增加。进一步，他认为在社会未实现充分就业，即有效需求不足时，可以通过增加货币供给，引起半通货膨胀，来扩大有效需求，实现充分就业。

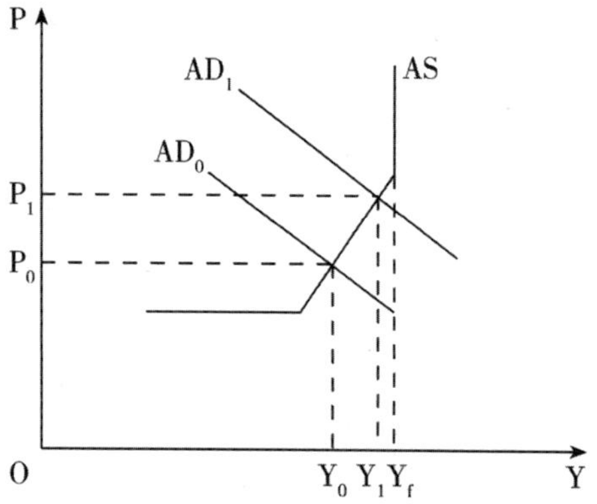

图9-3 未实现充分就业时的通货膨胀

（2）货币主义者的解释

货币主义者把通货膨胀看成纯粹的货币现象。他们认为，货币供应量增加和社会名义总需求量增长，并不能自发带动就业量的增长，即国民收入、就业量、总供给量不会因此而有实际的变化。该理论以费雪方程为基础来说明货币超量发行的后果。

$$MV=PT \tag{9-5}$$

或 $$P=\frac{MV}{T} \tag{9-6}$$

式中：M为货币供应量，V为货币流通速度，MV为名义总需求量；P为价格水平，T为产品总量或产出量，PT为名义总供给量。

根据MV=PT的恒等关系，如果货币供应量增加，导致名义总需求量上升，由于它并不能自动导致就业量和产出量的相应增加，则当MV增加时，现有产品量不能增加，结果P就会成比例于货币供应量M的增加而上升。

费雪方程说明，当存在人们对通货膨胀的预期时，货币当局或政府的货币政策对实际国民收入不会产生影响。当政府为抑制通货膨胀减少货币供应量时，公众都会用加速花钱的办法（如挤兑、增大消费支出）来加快V，这样，V加快抵销了M的下降，价格水平保持不变；同样，出现失业和衰退时，政府向经济中投放更多货币，但公众会降低V，多增加的M被储蓄起来，达不到刺激总需求的目的。

9.1.3.2 成本推动型通货膨胀

这是从供给的角度来分析的。一些经济学家认为，通货膨胀、物价上涨源于供给或成本方面。由于成本的增加，即使没有出现对商品和服务需求过度的情况，物价也会被推动上涨。

成本的上升主要源自两方面的原因，两者都表现经济中特殊集团运用市场权利：一是工会所得到的较高的货币工资；二是垄断或寡头垄断部门的企业所获取的较高的价格。

第一，如果已增加的生产成本是由增加的工资引起的，而这种工资的增加又是由强大的工会强加给经营者的，那么可把这样引起的物价上涨叫作工资推动的通货膨胀。工资推动型通货膨胀论认为，物价上涨的原因在于工资率的提高超过了劳动生产率的增长。他们还认为，工资提高，引起成本增加，导致物价上涨，而物价上涨后，工人又要求提高工资，因而再度引起物价上涨。如此循环往复，就造成了工资-物价螺旋式上涨，形成通货膨胀势头。

第二，如果物价上涨是经营者要求增加其利润而推动的，则把这样引起的物价上涨叫作利润推动的通货膨胀。利润推动型通货膨胀论认为，在不完全竞争市场上，具有垄断地位的厂商控制了产品的销售价格，从而可以通过提高价格来增加利润。尤其是在工资增加时，垄断厂商以工资增加为借口，更大幅度地提高物价，使物价的上涨幅度大于工资的上涨幅度，其差额使利润增加。这种利润的增加使物价上涨，形成了通货膨胀。

一些经济学家认为，工资推动型通货膨胀和利润推动型通货膨胀实际上都是操纵价格的上涨，其根源在于经济中的垄断，即工会的垄断形成工资推动型通货膨胀，厂商的垄断引起利润推动型通货膨胀。

此外，在成本中，原材料价格的上涨（如20世纪70年代石油危机对西方石油输入国的冲击）及由资源枯竭、环境保护政策造成的原材料、能源等生产成本的提高也会引起成本推动型通货膨胀。

在图9-4中，初始的总供给曲线AS_0与总需求曲线AD决定了国民收入为Y_0，价格总水平为P_0。当成本增加时，总供给曲线向左上方移动到AS_1，这时总需求曲线不变，决定了国民收入为Y_1，价格总水平为P_1。价格总水平由P_0上涨到P_1是由成本的增加所引起的，这就是成本推动型通货膨胀。

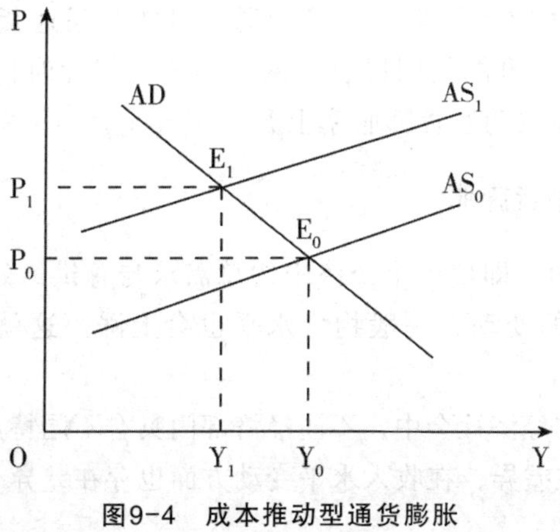

图9-4　成本推动型通货膨胀

9.1.3.3 混合型通货膨胀

许多经济学家认为，现实中的通货膨胀并不是由单一的总需求或总供给引起的，而是二者共同作用的结果。

如果通货膨胀源于需求拉动，即过度需求导致物价上涨，物价水平上涨使工资水平上涨，工资成本上涨又引起成本推动型通货膨胀（如图9-5（a）所示）。由于需求水平由AD_0增加到AD_1，虽然国民收入增加到Y_1，但物价水平也上涨到P_1。这时如果总供给不变，即货币工资不上涨，实际工资率的下降和实际货币供给量的减少最终会使总需求水平下降到AD_0，通货膨胀结束。但如果货币工资上涨，会导致成本推动物价水平进一步上涨（$AS_0 \rightarrow AS_1$，$P_1 \rightarrow P_2$），从而进一步推动通货膨胀率上升。

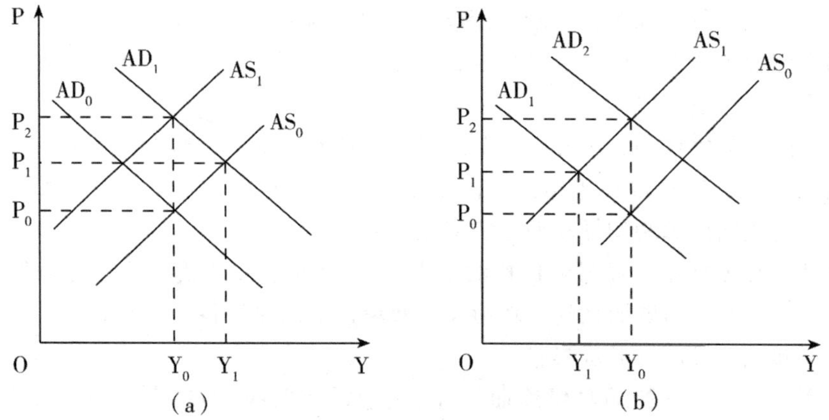

图9-5 混合型通货膨胀

如果通货膨胀是由成本推动开始的，即成本增加引起物价水平上涨（$AS_0 \rightarrow AS_1$，$P_0 \rightarrow P_1$），如图9-5（b）所示，物价上涨，产量下降（$Y_0 \rightarrow Y_1$）。此时，如果需求不增加，由于国民收入下降，经济衰退，可能结束通货膨胀。但当总需求由AD_1上升到AD_2时，虽然可能使国民收入恢复到Y_0，但此时价格总水平由P_1进一步上涨到P_2，从而进一步拉动通货膨胀率上升。

9.1.3.4 结构型通货膨胀

有些经济学家认为，即使整个经济中的总需求与总供给处于均衡状态，但由于经济结构方面的因素的变动，一般物价水平也会上涨。这就是所谓的结构型通货膨胀。

这种理论认为，在经济社会中，不同经济部门具有不同特点，各自在市场需求结构变动的适应方面存在差异，在收入水平变动方面也存在差异，而且不同经济部门的劳动生产率的增长速度也不一样。而通货膨胀正是由这些结构性因素的差异所引起的。

其一，高成长性部门和行业因种种限制，不能获得物质资源和人力资源，物质资源价格和工资水平上涨，而夕阳产业和衰退行业尽管物质资源和人力资源过剩，工资不仅不会下降，反而因攀比效应会上涨，从而工资成本推动了物价上涨。

其二，劳动生产率高的部门高速增长，带动工资水平上涨，各部门向高增长部门看齐，使工资增长率超过劳动生产率，从而引起通货膨胀。

其三，经济结构与劳动力市场的技术结构、地区结构、性别结构等互不适应，使"失业与空位"并存，工资刚性和劳动力需求的增加，特别是扩张的产业部门对劳动力需求的增加，使工资水平上涨，最终导致通货膨胀。

其四，由于示范效应，发展中国家向发达国家看齐，不发达地区向发达地区看齐，非开放部门向开放部门看齐，工资水平和通货膨胀的国际传递也是导致通货膨胀的一个重要因素。

9.1.3.5　预期型通货膨胀

货币主义学派认为，通货膨胀一旦出现，就将持续一定时期。这是因为，在存在通货膨胀的情况下，人们会根据经验或过去的通货膨胀率预期未来的通货膨胀率，并会根据预期的水平调整自己的经济决策和经济活动，如工资协议、经济合同、投资机会成本、实际利率的计算等，从而引起物价不断上涨，通货膨胀得以持续下去。例如在面临8%的通货膨胀率的情况下，厂商和工会都会进行预期，假定两者预期明年的通货膨胀率会达到10%，则工会就会以10%的通货膨胀率预期作为和厂商进行工资谈判的基础，要求名义工资至少要增加10%。厂商预期原材料价格也将上涨10%，还要考虑工会的要求，于是厂商将这些物价、工资上涨因素都加进成本，使产品价格提高20%，导致第二年物价上涨幅度更大。这样年复一年，通货膨胀率不断上升。因而，这是一种持久的、可怕的通货膨胀。

9.1.3.6　惯性通货膨胀

这是凯恩斯主义的观点。这一理论认为，无论什么原因引起通货膨胀，即使最初引起通货膨胀的原因消除了，通货膨胀也会由于其自身的惯性而存在下去。这是由于工人和厂商关心自己的相对工资与价格水平，他们要根据过去的工资与价格水平，以及他人的工资水平来确定自己的工资与价格。这样，谁也不肯降低自己的工资与价格，从而使得已形成的通货膨胀难以消除，作为一种惯性而存在下去。

这种惯性通货膨胀与预期型通货膨胀有相似之处，即都是与预期相关的。但货币主义者强调现在对未来的影响，即现在通货膨胀对未来预期及经济行为的影响；凯恩斯主义者则强调过去对现在的影响，即过去的通货膨胀会形成一种惯性，对现在的经济活动和经济行为产生影响。

虽然通货膨胀的类型是多种多样的，经济学者可以从不同角度、不同方面作出解释，但许多学者相信，通货膨胀往往是由各种因素共同作用所引起的，只不过不同因素或原因在不同情况下所起的作用是不同的。

9.2 菲利普斯曲线

菲利普斯曲线是宏观经济分析中研究失业与通货膨胀关系的一个十分重要的工具。它的发展大致经历了三个阶段：

第一阶段是经济学家菲利普斯、利普西、萨缪尔森和索洛发现通货膨胀率和失业率之间存在一种稳定的负相关关系后，提出了菲利普斯曲线的初始模型。

第二阶段是货币主义者米尔顿·弗里德曼和费尔普斯根据自然失业率假说，提出了附加预期的菲利普斯曲线，解释了短期菲利普斯曲线与长期菲利普斯曲线之间的根本区别。

第三阶段主要是理性预期学派对菲利普斯曲线的否认，提出失业率和通货膨胀率之间根本就不存在有规律的替代关系。

9.2.1 早期菲利普斯曲线

菲利普斯曲线是用来表示失业率与通货膨胀率之间关系的曲线。1958年10月，当时任教于伦敦经济学院的新西兰经济学家菲利普斯（A. W. Phillips）在英国《经济学报》发表了《1861—1957年英国的失业和货币工资变动率之间的关系》一文。他对1861—1957年将近一百年间的英国失业率与货币工资变动率的统计资料进行整理，绘制出一条表示失业率与货币工资变动率之间关系的曲线（如图9-6所示）。

在图9-6中，横轴代表失业率（u），右侧纵轴代表货币工资变动率（w），曲线PC就是最初的菲利普斯曲线。应当指出的是，菲利普斯所描绘的这条曲线不是一条直线，它是向原点凸出、上部陡峭、下部平缓的曲线。这意味着当失业率较低时，货币工资增长率就变得较高。这是因为失业率低意味着劳动力的短缺和较高的总需求水平，于是雇主会竞相雇用劳动力，从而引起工资水平较快增长；反之，当失业率较高时，劳动力供给相对过剩，总需求水平较低，工资的增长也就会放慢。

菲利普斯曲线的提出引起了经济学界的重视。萨缪尔森和索洛等经济学家认为，工资即人工成本是厂商生产成本的一个主要构成部分，并且与总成本之间存在相当稳定的比例关系。在现代经济中，决定价格的原则是成本加成法，即在成本的基础上加一个固定比率的利润。因此，从总体上看，工资水平与价格水平、货币工资增长率与通货膨胀率之间存在相当稳定的正比关系。据此，可以用通货膨胀率代替货币工资增长率，作为菲利普斯曲线的纵轴，用菲利普斯曲线表示通货膨胀率与失业率之间的关系。这种由工资率的增加引起的通货膨胀就是9.1.3部分所分析的成本推动型通货膨胀。图9-6中左侧纵轴代表通货膨胀率（gp）。这说明在失业率和通货膨胀率之间也存在此消彼长的替代关系：失业率高，表明经济处于衰退或收缩阶段，工资与价格水平较低，通货膨胀率也较低；失业率低，表明经济处于景气或繁荣阶段，工资与价格水平较高，通货膨胀率也较高。这样，菲利普斯曲线成为分析失业与通货膨胀之间关系的重要工具，也成为劳动经济学中一个十分重要的概念。

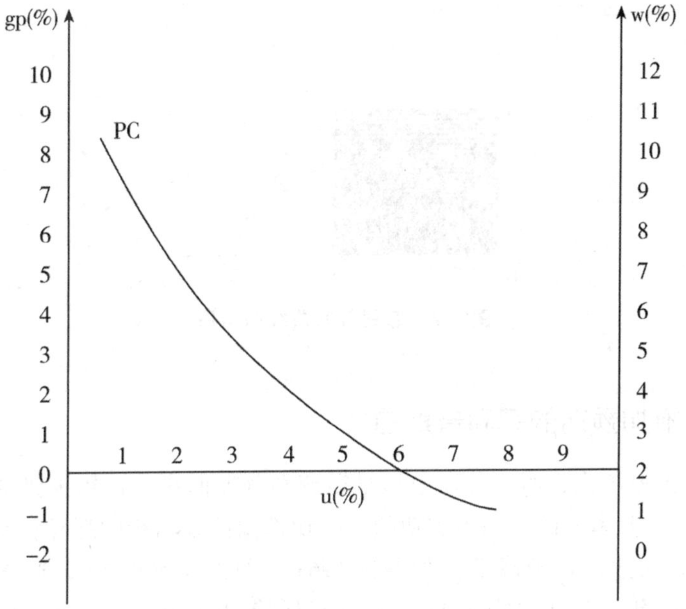

图9-6 菲利普斯曲线

菲利普斯曲线否定了凯恩斯关于失业与通货膨胀不会并存的断言，认为两者实际上是同时存在的，并不是有此无彼，而是此消彼长的关系。由此可以引申出一种新的需求管理思想，即不要求同时消除失业和通货膨胀，也不要求达到零失业率条件下的通货膨胀或零通货膨胀率条件下的失业，而是把失业率和通货膨胀率两者控制在“社会可以承受的”范围内。决策者在制定政策时，可以利用菲利普斯曲线进行相机选择，以社会的承受能力之内的一定的失业率与通货膨胀率作为决策的标准。

因此，菲利普斯曲线曾在西方国家受到普遍的赞赏，成为政府进行宏观经济决策的一个重要依据。政府在制定宏观经济政策时，可以根据社会可接受的失业率和通货膨胀率确定临界点，如图9-7所示的通货膨胀率和失业率临界点为5%。如果通货膨胀率和失业率都低于5%，即处于“安全区域”（如图9-7中的阴影区域），这时政府不必进行任何重大的政策调整。如果失业率或通货膨胀率超过了临界点，如图中的a或b点，政府就需要通过相关的经济政策进行调节，以求社会稳定。当失业率为社会所不能接受时，如图中的a点，政府可以采取扩张性的财政或货币政策，以较高的通货膨胀率为代价，使失业率降到临界点以内；当通货膨胀率为社会所不能接受时，如图中的b点，就可以采取紧缩性的财政或货币政策，以较高的失业率为代价，使通货膨胀率降到临界点以内。

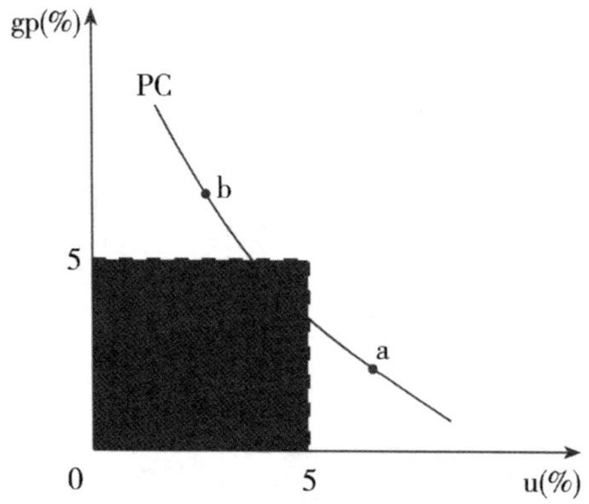

图9-7 菲利普斯曲线的运用

9.2.2 附加预期的菲利普斯曲线

在20世纪60年代，西方各国根据早期菲利普斯曲线，运用扩张的财政和货币政策，在降低失业率方面是相当成功的，一切都像曲线描绘的那样，在通货膨胀率上升的同时，失业率逐渐降低。如美国1961年的失业率近7%，通货膨胀率低于2%，到了1966年，失业率降至4%，并一直保持到1969年，而通货膨胀率达到了5%以上。

然而，进入20世纪70年代以后，现实情况发生了变化。菲利普斯曲线本身发生了向上的移动，即相对某一水平的失业率，会有一个更高的通货膨胀率与之相伴随；同样，在通货膨胀率一定时，会有更高的失业率与之相伴随。此时，整条菲利普斯曲线可能都处于原来的“安全区域”以外，如图9-8所示，以致政府不得不将临界点相应地提高。

针对这一现象，许多经济学家开始对菲利普斯曲线产生怀疑，并开始深入地研究和分析菲利普斯曲线的含义，并对它进行了一些理论上的修正。其中货币主义经济学家弗里德曼和费尔普斯的成就最为突出。他们认为，早期菲利普斯曲线忽视了通货膨胀预期的作用。在考虑预期因素的情况下，菲利普斯曲线并不是一条稳定的关系曲线，而且在长期中失业与通货膨胀之间也不存在菲利普斯曲线所表示的交替关系。

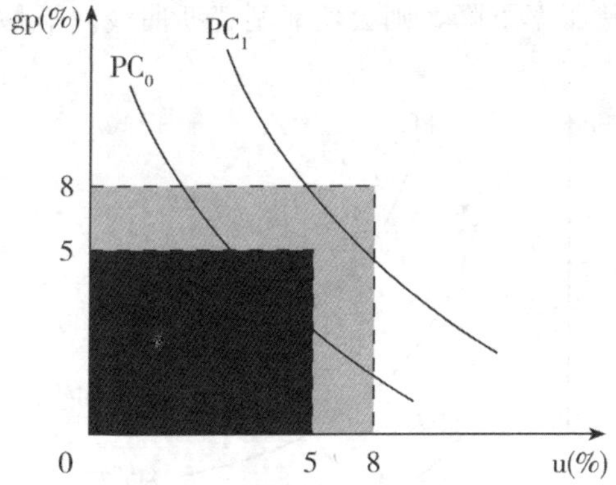

图9-8 菲利普斯曲线的恶化

9.2.2.1 通货膨胀预期

预期在通货膨胀理论中是一个十分重要的概念。在当代，预期理论实际上是围绕通货膨胀预期展开的。尽管凯恩斯、希克斯、兰格等著名经济学家早就提出了预期的概念，并研究了预期对经济行为的影响，但真正把预期理论与通货膨胀联系起来并建立预期的通货膨胀模型是20世纪70年代以后的事。所谓预期，是指决策者对其有关的不确定的经济变量所作的预言。预期的种类较多，其中影响通货膨胀理论的主要是适应性预期和理性预期。

适应性预期是货币主义者所使用的概念，它是在外推法预期的基础上发展而来的。这种预期首先认为人们能够根据过去的经验预期未来，同时认为人们的预期与实际总存在或多或少的误差，而人们能够根据以往的预期错误，不断地修正自己对未来的预期，以使预期正确。

理性预期是理性预期学派进行经济分析的工具，它与适应性预期的重要差别之一就是它强调预期和现实行为结果的一致性。它认为人是理智的，人们进行预期时，会充分利用一切可以获得的信息，作出理性预期。虽然理性地形成的经济变量的预期值会有个别的误差，但它们的平均值一般说来必将趋近于或等于客观的实际值。因此，人们的预期不会犯系统的错误。

9.2.2.2 菲利普斯曲线的移动

货币主义经济学家主要是使用适应性预期概念来分析菲利普斯曲线的。他们认为，在考虑通货膨胀预期的情况下，菲利普斯曲线的函数应写为：

$$gp=f(u)+gp^e \qquad (9\text{-}7)$$

式中：gp为通货膨胀率；u为失业率；gp^e为预期通货膨胀率。从式中可以看出，不同的预期通货膨胀率存在不同的菲利普斯曲线，而且预期通货膨胀率的变化会引起菲利普斯曲线的移动。如果预期通货膨胀率上升，则会使菲利普斯曲线向上移动；如果预期通货膨胀率下降，则会使菲利普斯曲线向下移动，如图9-9所示。

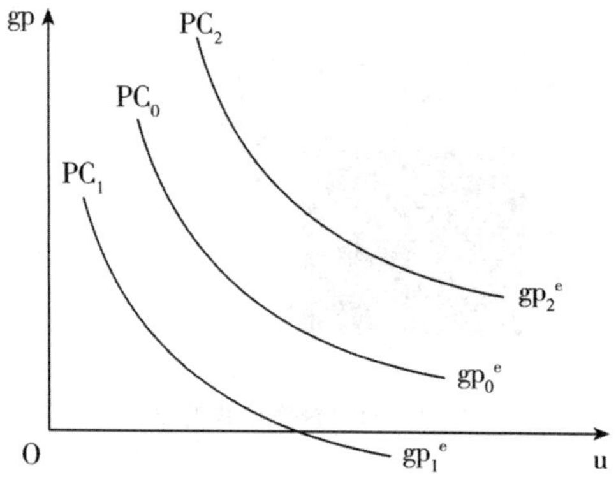

图9-9 短期菲利普斯曲线的移动

在图9-9中，PC_0、PC_1、PC_2是3条不同的菲利普斯曲线，每一条都对应于不同的预期通货膨胀率$gp_0{}^e$、$gp_1{}^e$、$gp_2{}^e$。由于$gp_0{}^e>gp_1{}^e$，所以PC_1曲线在PC_0曲线的下方；由于$gp_0{}^e<gp_2{}^e$，所以PC_2曲线在PC_0曲线的上方。这说明，由于在不同的时期人们会有不同的预期通货膨胀率，因此菲利普斯曲线并不是稳定的，而是会随着人们预期通货膨胀率的变化而上下移动。

进一步，还可以用图9-10来分析预期通货膨胀率的变动是如何引起菲利普斯曲线移动的。在图中，假设经济处于均衡点A，这时的失业率为自然失业率u_0，通货膨胀率为零。如果政府采取扩张性财政政策或货币政策，失业率会降至u_1，而通货膨胀率会上升为gp_0。在这种情况下，货币工资上涨，商品物价上涨。此时由于货币幻觉的存在，工人的价格预期（通货膨胀）没有变，他们把名义工资的提高看成实际工资的提高，从而增加了劳动力供给；雇主的价格预期也没有变，其将产品价格的上涨看成自己产品相对价格的上升，看成以其产品计算的实际工资的下降，从而会增雇工人。这样，产量增加，就业增加，失业率会下降为u_1。通货膨胀率gp_0与失业率u_1相结合为B点，连接A、B点就得出短期菲利普斯曲线PC_0。

但随着时间的推移，工人和雇主都会认识到一般价格水平的上升，并修改自己的通货膨胀预期，提高预期通货膨胀率。他们在认识到实际工资与产品相对价格都没有发生变动以后，就会减少劳动力供给量和产量，从而使失业率又回到自然失业率u_0的水平。但这时通货膨胀率不是零，而是gp_0，gp_0与u_0的结合点为C，菲利普斯曲线则为穿过C点的PC_1曲线。这样，由于预期通货膨胀率的提高，菲利普斯曲线由PC_0上移到了PC_1。当政府再次采用扩张性政策时，又会重复上一次的过程，通货膨胀率上升到gp_1，失业率先降至u_1，在PC_1曲线上有D点，然后失业率回到

u_0，u_0与gp_1的结合点为E，菲利普斯曲线又向上移动为通过E点的PC_2曲线。如此下去，通货膨胀率与预期的通货膨胀率不断提高，菲利普斯曲线也就会不断地向上移动。

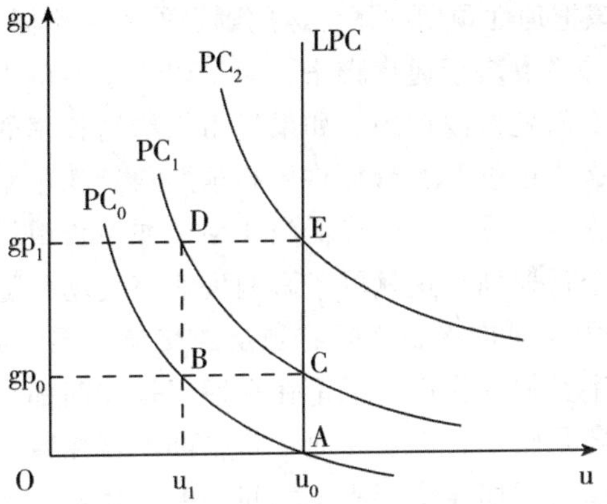

图9-10 短期菲利普斯曲线的移动和长期菲利普斯曲线

9.2.2.3 短期菲利普斯曲线和长期菲利普斯曲线

通过以上的分析可以看出，只有在短期内，当实际通货膨胀率已经发生变动，而工人和雇主的通货膨胀预期尚未作出调整时，通货膨胀率的上升（或下降）才会引起失业率的下降（或上升），即在短期内，失业和通货膨胀之间才存在交替关系。还有一种情况是，当工人和雇主预期的通货膨胀率小于实际发生的通货膨胀率时，失业与通货膨胀之间也存在此消彼长的关系。表示这种短期内存在的交替关系的曲线被称为短期菲利普斯曲线。

由于在长期中，工人和雇主会消除货币幻觉，意识到预期的误差并作出调整，因此失业率是不变的，这样，失业和通货膨胀之间就不存在交替关系，或者说两者之间不存在任何关系。长期中，表示失业和通货膨胀之间的这种关系的曲线被称为长期菲利普斯曲线，表现在图9-10中就是通过A、C、E点的垂直线LPC。

由此，弗里德曼和费尔普斯认为，通货膨胀率可以分为两个部分：一是预期到的通货膨胀率；二是没有预期到的通货膨胀率。在经济中，只有后一部分通货膨胀率才会对产量和就业产生正效应。由于经济主体会按过去的经验不断修改自己对未来的预期，即根据过去经历的通货膨胀率加权平均来得出通货膨胀率，所以，实际的通货膨胀率只有持续地加速才可以阻止产量和就业的减少。也就是说，为了达到菲利普斯曲线所描述的产量与就业扩张效应，通货膨胀必须持续地增长，即一个长期低于自然失业率的失业率要求有一个加速的通货膨胀率与之配合。

9.2.3 理性预期的菲利普斯曲线

理性预期学派认为，弗里德曼的自然失业率假说与适应性预期是不一致的，通货膨胀预期是由理智的人们形成的，他们在形成预期时会利用所获得的所有经济信息与知识，因此，应该把理性预期的概念运用到自然失业率假说的菲利普斯曲线中。

他们认为，失业并不取决于通货膨胀，而是取决于经济中的随机冲击，实际失业率是围绕自然失业率而随机波动的。如果货币供给增长率的变动是规则的，公众可以完全预期到，那么货币供给的增加将提高预期通货膨胀率，同时推移菲利普斯曲线，使实际通货膨胀率上升而不会降低失业率。如果货币供给增长率的变动是不规则的，公众无法完全预期到，这就属于影响失业率变动的随机冲击之一。但在这种情况下，并不是失业与通货膨胀之间有稳定的交替关系，而是随机冲击的作用，其他随机冲击也会发生类似的作用，无论在短期还是长期都是这样。由此所得出的结论是，无论在短期还是长期，失业和通货膨胀都不存在稳定的交替关系，政府都不可能利用通货膨胀率与预期通货膨胀率之间的差异来系统地影响失业率。

如图9-11所示，当政府采取扩张性政策时，通货膨胀率会上升，而失业率并不下降，如A点；再采取扩张性政策，通货膨胀率继续上升，失业率仍不会下降，如B点；连接A、B点则为菲利普斯曲线。垂直的菲利普斯曲线表明，无论是在短期还是在长期，失业与通货膨胀之间都没有系统的交替关系。

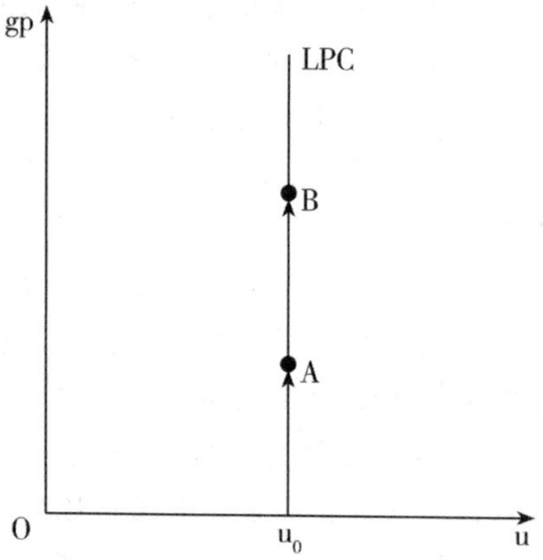

图9-11 理性预期的菲利普斯曲线

9.2.4 自然失业率

长期菲利普斯曲线显示，价格总水平的变化与失业水平的变化并不存在交替关系。在以市场机制配置资源的系统中，总存在一定水平的正常失业。前已述及，摩擦性、技术性、季节性、结构性等类型的失业均为正常失业，其与总需求水平没有直接的联系。从理论上讲，正常失业与社会劳动力总数的比例即自然失业率。这个概念简单明了，但是，对它的计算是非常困难的。原因之一就是很难将正常失业与需求不足性失业相区别。在实际生活中也没有职业空位的统计，很难将失业数量与职业空位数量进行比较。长期菲利普斯曲线的理论分析为定义自然失业率提供了便利。从长期菲利普斯曲线中可以看到，当失业率低于某一水平时，它是通过加速通货膨胀来维持的，因此，可以说通货膨胀率不变时的失业率为自然失业率。换言之，预期的通货膨胀率与实际通货膨胀率相一致时的失业率，即自然失业率。

自然失业率并不是劳动力市场中的一个常量，而是一个经常变动的量。大量的事实表明，菲利普斯曲线向右上方移动，就是自然失业率不断提高的表现。自然失业率的水平主要受以下因素的影响：

其一，技术进步的速度。技术进步是影响经济结构深刻变化的最重要的力量。特别是发展中国家，在实现本国工业化、现代化的过程中，都面临着深刻的结构调整，传统的经济结构已不适应经济现代化的要求。正是由于技术进步的速度逐渐加快，技术性、结构性失业增加。

其二，劳动力人口构成的变化。一般说来，劳动力人口中不同的年龄组有着不同的失业率，不同的性别在失业率方面也存在差异，而且不同的组别在失业率方面也各具特点：青年组比较频繁地变换工作；中老年组对技术进步具有更大的不适应性等。当失业率较高的组别在劳动力人口中占较大的份额时，自然失业率就会上升。

其三，工资刚性增强。一系列体制性因素使得工资刚性增强，阻碍劳动力市场配置资源功能的发挥，从而提高自然失业率。

其四，劳动力市场中介组织的服务功能与水平、职业技术培训事业的发展规模与水平、获得新技术的费用与组织等。这些因素制约了劳动力的流动性。当其滞后于市场发展的需要时，自然失业率就会上升。

影响自然失业率上升的因素还有很多，如工人寻找新工作的努力程度等。实际上，劳动力重新配置的所有阻力与动力都对自然失业率的变动产生影响。

自然失业率的客观存在说明，企图采用降低总失业率，使之低于自然失业率的政策，不仅不会对就业产生持久影响，反而会引起价格总水平的上涨。

9.3 菲利普斯曲线面临的挑战

9.3.1 经济滞胀现象

西方发达国家在20世纪50年代末到60年代初开始出现通货膨胀与失业并存的局面，继而70年代以后又出现了经济低速增长和就业停滞、物价上涨的经济停滞和通货膨胀同时出现的情况，这就是通常所说的“滞胀”。这时的菲利普斯曲线表现为一条正斜率的曲线（如图9-12所示）。

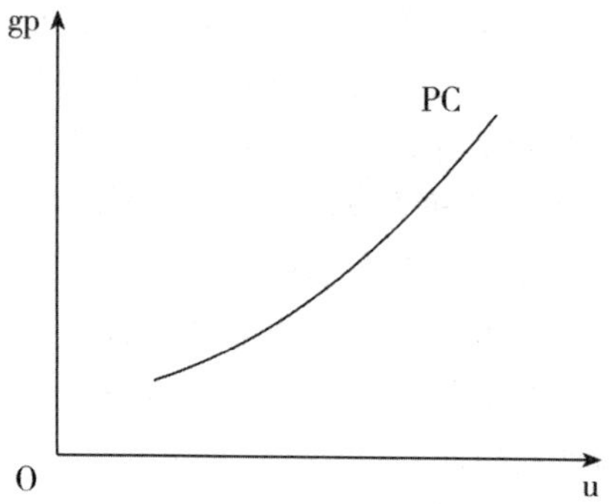

图9-12　滞胀的菲利普斯曲线

针对这一现象，各派经济学家都作出了不同的解释。

9.3.1.1　弗里德曼的解释

弗里德曼认为，政府的稳定政策导致通货膨胀率上升，为了稳定物价，政府又采取反通货膨胀的政策，这种走走停停的政策使实际通货膨胀率和预期通货膨胀率之间的差异加大。通货膨胀率的变动首先缩短了合同的合理期限，其次降低了市场价格协调经济活动的有效性。但弗里德曼并没有说明这些因素是如何影响平均失业率，使菲利普斯曲线成为一条正斜率的曲线的。

9.3.1.2　托宾和杜森贝里等的解释

美国经济学家托宾和杜森贝里等是从市场的不完全性来分析的。他们认为，市场上存在两大垄断力量，即大公司和工会，它们分别控制了物价和工资，形成价格刚性和工资刚性，即价格易涨不易跌，工资易升不易降。物价上涨，工资跟着上涨；工资上涨，公司又按成本定价，物价再度上涨，于是引起了工资和物价的螺旋式上涨，从而使通货膨胀逐步恶化。

进一步，托宾还认为，在劳动力市场上，由于工人的工种、技术、年龄、地区、性别等都存在差别，因此劳动力市场可以分为许多个别市场，而这些市场之间很难协调，于是出现失业与职位空缺并存的现象。即使失业人数可能与职位空缺的数目一样多，但由于失业者在技术上不能适应空缺职位的要求，二者之间也不能相互抵消。由于工资刚性的作用，经济中虽然有失业存在，工资水平并不会因此而下降。同时，由于职位空缺的存在，工资水平会上涨，继而推动物价上涨。于是，失业与职位空缺并存转化为失业与工资上涨并存，再转化为工资上涨与物价上涨并存，从而使失业与通货膨胀不断加剧。

托宾在上述分析的基础上，批判了弗里德曼的自然失业率假说。他认为，在劳动力市场技术结构不相适应的条件下，过度需求也会带来通货膨胀，那种认为市场失业率与自然失业率一致就可以避免产生过度需求，从而不会带来通货膨胀或者不会使通货膨胀加速的论点是站不住脚的。

9.3.1.3　希克斯等的解释

英国经济学家希克斯等人是用结构理论来探讨滞胀问题的。他们认为，经济部门可以分为两大类，即扩张中的部门和停滞的或衰退的部门。前者的劳动生产率增长较快，后者的劳动生产率增长则较慢、停滞，甚至下降。但各部门的工人都要求"公平性原则"，即要求在工资报酬方面一视同仁。扩张中的部门，工资率将会因经济状况较好或劳动生产率增长较快而上升；那些处于停滞或衰退部门的工会和工人看到这种情况，不管本部门是否提高了劳动生产率或是否盈利，根据"公平性原则"也要求提高工资。雇主一方面迫于工会的压力，另一方面唯恐那些有经验的、经过正规训练的工人离开，不得不答应工会和工人提高工资的要求。而如果那些劳动生产率增长停滞或衰退的部门，甚至那些劳动生产率有所下降的部门的工人也提高工资水平，那么就整个社会而言，货币工资的增长速度必将大于劳动生产率的增长速度，从而导致通货膨胀。这是一种结构性通货膨胀。这种通货膨胀显然无助于减少社会的失业人数，因为这种通货膨胀并非由社会上的需求扩大所引起的，而是由部门间发展不平衡引起的。如果处于停滞或衰退部门的雇主现在感到工资成本过高，商品竞争能力太差，难以继续维持下去，那么有可能缩小生产规模，使就业人数进一步减少。此外，他们还可能力求采用新技术装备，以提高劳动生产率，这样又会出现资本设备替代劳动力的趋势，使本部门的劳动力需求进一步减少，促使高通货膨胀率与高失业率并存局面的形成。

进一步，希克斯认为在凯恩斯的就业理论中，并没有考虑初级产品部门和制造业部门的区别，有必要把初级产品部门纳入分析范围。初级产品部门的产品供给曲线在短期内是没有弹性的。这样，一旦需求的增长大于生产率的增长，价格就会急剧地提高。而初级产品的价格将直接构成制造业部门的成本，因此会导致制造业产品价格的提高，从而引起价格水平的普遍上涨。不仅如此，由于初级产品价格是工资支出的组成部分，所以初级产品价格的上涨也会引起工资水平的上涨，这就在经济增长中不可避免地发生成本推动型通货膨胀。这种性质的通货膨胀同样不会增加就业量；相反，完全有可能使经济处于低于充分就业的状态。如果这种局面继续下去，企业就会更加重视以节约劳动力为目的的技术革新，于是高失业率将同高通货膨胀率一起出现。

此外，也有一些经济学家认为这是由经济生活中某些部门产品供给的异常变动引起的。如1973年以后石油价格的急剧变化，推动了通货膨胀的发生。这种通货膨胀不仅不能帮助解决失业问题，反而使一些与石油产品有关的生产部门由于成本提高而产品滞销，结果生产收缩，减少了就业人数，产生了通货膨胀与失业并发症。

也有一些经济学家认为，在现实经济生活中，政府财政支出中有相当大的部分被用于福利支出，这些支出不同于标准凯恩斯经济学中关于公共工程支出的分析，而是加剧通货膨胀的因素。当较多的人能够在较长时间内获得福利时，他们就可以不去工作，坐享其成，因此通货膨胀和失业同时发生。

9.3.2 美国新经济的“两低一高”现象

如果说经济滞胀现象对传统的、显示通货膨胀和失业之间交替关系的菲利普斯曲线是一次挑战，那么，美国20世纪90年代的经济发展状况使菲利普斯曲线又一次面临挑战。

由于高新技术特别是信息技术的发展、经济全球化进程的加速，以及适当的财政和货币政策，美国经济自1991年3月走出衰退期以后，一直到2000年都保持持续增长的势头。在经济高速平稳增长的同时，通货膨胀率、失业率都控制在较低水平，呈现出几十年以来少有的“两低一高”的良好运行态势（如表9-1和图9-13所示）。一些经济学家认为，美国经济的这种发展态势超出了主流经济理论的解释力，因此一些学者把这种持续的低通货膨胀率、低失业率的经济增长称为新经济。

表9-1 20世纪90年代美国主要宏观经济数据（%）

年 份	1990	1991	1992	1993	1994	1995	1996	1997	1998	1999
GDP增长率	1.7	−0.2	3.3	2.4	4.0	2.7	3.7	4.5	4.3	4.0
失业率	5.6	6.9	7.5	6.9	6.1	5.6	5.4	4.9	4.5	4.2
通货膨胀率	5.4	4.2	3.0	3.0	2.6	2.8	3.0	2.3	1.6	2.2

注：GDP增长率以1996年不变价格计算。

资料来源：White House Economic Statistics Briefing Room.

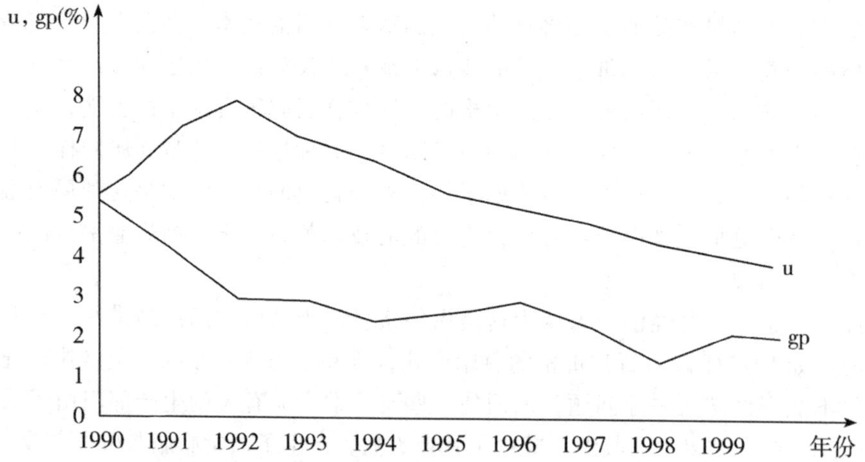

图9-13 1990—1999年美国的通货膨胀率和失业率

滞胀的反面现象的出现也使经济理论界进一步对失业与通货膨胀之间的关系进行了思考，并引发了新一轮的争论。新经济理论的倡导者认为，信息技术革命已经彻底改变了经济增长的方式，经济可以在无通货膨胀的压力下持续增长，失业与通货膨胀之间的交替关系已经消失。而传统经济学家认为，失业率与通货膨胀率的同步下降，并不意味着短期菲利普斯曲线及其隐含的政策含义失效。他们认为，美国的自然失业率下降了，这样，随着经济的扩张，失业率与通货膨胀率就可能同步下降；但一旦自然失业率稳定以后，失业与通货膨胀之间的替代关系就会恢复。在这里，我们仅从需求和供给的角度对这一问题作初步的分析。

经济学界普遍认为，新经济时代的出现，主要是由以信息技术和互联网为代表的高新技术的发展所推动的。经济全球化、信息技术的兴起以及互联网的发展，使美国经济面临国外市场更便宜的产品和服务的竞争，这使美国劳动力市场的灵活性大大提高，从而减少了源于劳动力流动性不完全的摩擦性失业。同时，信息技术的兴起和互联网的发展，降低了劳动力市场信息的不完全性，从而减少了源于信息不完全的“寻业的失业”。此外，高新技术产业领域的开辟，也为社会提供了大量新的就业机会，而且这种高科技信息产业链条长，产业关联度大，因此它的就业倍增效应也比传统产业高，这就使得失业率明显降低。

在传统经济学分析中，菲利普斯曲线所描述的失业与通货膨胀之间存在的交替关系，实际上暗含了两个基本条件：一是人们对通货膨胀的预期不发生变化；二是由于技术、资源等条件的限制，总供给短期内不可能大幅度提高。如果这两个条件发生变化，将可能出现通货膨胀和失业并存的局面。20世纪70至80年代出现的经济滞胀现象就是这样。20世纪90年代，一方面，由于持续的低通货膨胀率，人们对通货膨胀的预期很低，甚至消失，这使得同一失业率水平可以与更低的通货膨胀率相对应；另一方面，高新技术产业的增长、互联网的推广以及电子商务的拓展，在推动经济增长的同时，推动了经济结构调整，促进了技术创新，从而大大地提高了劳动生产率，在很大程度上抵消了生产成本的增长，加上进口原材料价格的走低，总供给可以在短期内大幅度提高，其增长幅度甚至大于总需求的增长幅度，进一步使失业率和通货膨胀率下降（如图9-14所示）。

在图9-14中，AD_0与AS_0为初始的总需求与总供给曲线，P_0为初始均衡价格，Y_0为初始均衡国民收入。由于高新技术的财富效应（股票价格大幅度上涨等），消费需求大幅度提高，从而使总需求曲线从AD_0移动到AD_1，此时价格水平上涨到P_1，国民收入水平也上升到Y_1。在这种情况下，按照传统经济学的分析，如果总供给曲线不发生变动，则会引起需求拉动型通货膨胀，表现为失业率下降和通货膨胀率上升；如果总供给减少，即总供给曲线向左上方移动，也就是一些经济学家所说的供给的异常变动，则可能会导致高失业率与高通货膨胀率并存局面，即经济滞胀。由于高新技术的采用、经济全球化以及原材料价格的走低等，企业能够在短期内大幅度提高劳动生产率，降低生产成本，产品的数量和种类等大幅度增加、质量大幅度提高，从而使总供给大幅度增加，总供给曲线从AS_0移动到AS_1，此时价格水平

降低到 P_2，国民收入进一步增加到 Y_2，从而出现了高经济增长率与低失业率、低通货膨胀率并存的局面。

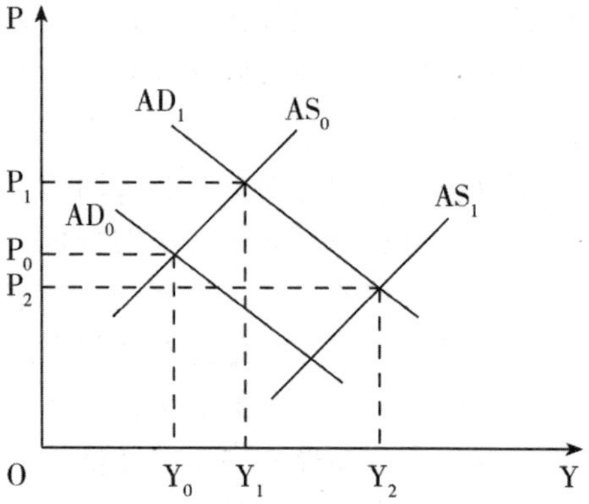

图9-14 高新技术的效应

第9章拓展阅读 美国的菲利普斯曲线（1961—1990年）

本章小结

失业与通货膨胀的关系问题是宏观劳动经济分析的一个重要问题。本章首先介绍了通货膨胀的含义及类型，然后围绕菲利普斯曲线的提出、发展以及面临的挑战讨论了失业与通货膨胀之间的关系。

通货膨胀是指物价总水平普遍且持续地上涨。通货膨胀水平一般是通过价格指数和国民生产总值平减指数来衡量的。通货膨胀的种类繁多，根据形成的原因可将其分为需求拉动型通货膨胀、成本推动型通货膨胀、混合型通货膨胀、结构型通货膨胀、预期型通货膨胀和惯性通货膨胀。而现实中，通货膨胀往往是由各种因素共同作用而引起的，只不过不同因素或原因在不同情况下所起的作用不同。

菲利普斯曲线是用来描述失业率与通货膨胀率之间关系的曲线。它的发展大致经历了早期菲利普斯曲线、附加预期的菲利普斯曲线和理性预期的菲利普斯曲线三个阶段。

凯恩斯主义认为失业和通货膨胀不可能并存。而早期的菲利普斯曲线揭示了失业与通货膨胀之间存在交替关系，并使菲利普斯曲线成为政策选择的依据。随着菲利普斯曲线的恶化，货币学派引入了预期的概念，提出了自然失业率假说，区分了短期菲利普斯曲线和长期菲利普斯曲线，认为在短期内失业率的降低必须以加速的通货膨胀率为代价。理性预期学派则认为，无论是在短期还是在长期中，失业与通货膨胀都没有系统的交替关系。

经济滞胀现象的出现对菲利普斯曲线提出了挑战。美国经济学家托宾、杜森贝里等认为这是由市场的不完全性造成的。希克斯则认为这是由劳动生产率不同的部门之间工资增长率互相攀比所造成的。

美国新经济的“两低一高”现象使菲利普斯曲线又一次面临挑战，并引发了争论。经济学界普遍认为，这种现象的出现主要是由以信息技术和互联网为代表的高新技术的发展所推动的。

关键术语

通货膨胀　菲利普斯曲线　预期　适应性预期　理性预期　经济滞胀　新经济

基本训练

1. 怎样理解通货膨胀的概念？
2. 试分析混合型通货膨胀是如何形成的。
3. 试阐述凯恩斯关于失业与通货膨胀的观点。
4. 什么是菲利普斯曲线？它的发展经过哪几个阶段？
5. 短期菲利普斯曲线和长期菲利普斯曲线有什么区别？
6. 试分析经济滞胀现象的成因。
7. 你是如何看待美国新经济的“两低一高”现象的？
8. 你认为失业与通货膨胀的关系是怎样的？

第10章　政府对劳动力市场的干预与调节

学习目标

通过本章的学习，你应该能够：

1. 了解劳动力市场的制度结构在不稳定的劳动力市场中的作用。

2. 掌握政府支出、个人所得税、社会保障税和最低工资立法对劳动力市场的影响。

3. 学会政府对就业和收入进行调控的宏观经济政策，包括财政政策、货币政策、收入政策和人力政策。

10.1　政府行为与劳动力市场

10.1.1　政府支出对劳动力市场的影响

政府支出包括公共部门的工资支出和非工资支出，而非工资支出又包括政府采购、转移支付和补贴。以下将讨论政府支出是如何影响劳动力市场的。

10.1.1.1　公共部门就业

在劳动力市场上，用人单位各自雇用自己所需的员工，非企业公共部门也不例外。这类部门为满足社会公共产品或服务的需要，雇用某些特定类型的人员，如军人、消防队员、机关公务人员、教师等。公共部门就业意味着其劳动者将不能从事企业部门的产品或服务的生产。但是，用于公共部门的产品或服务所创造的社会价值因国民经济发展的需要往往高于其他用途所产生的价值。因此，一般来说，公共部门的就业量增长较快。

自20世纪90年代以来，各国公共部门的就业量不断上升，一些经济学家认为其原因在于：

第一，经济和社会的发展增加了对公共部门产品或服务的需求；

第二，人口规模与人口的年龄结构发生了巨大的变化，人口的增长造成学龄儿童大量增加，导致了对义务教育需求的增加；

第三，社会实际收入的增加，使收入弹性较强的公共服务需求增加，如高等教育、健康服务等；

第四，公共部门工会出现，其偏向于选择那些使用更多公共产品或服务的官员，可能导致对公共部门员工需求的增加；

第五，政府增强在经济中的管理作用也将增加对政府工作人员的需求。

10.1.1.2　公共部门的工资水平

随着公共部门人力资源需求的增长与就业量的增加，公共部门的工资水平也随之不断提高。一般来说，公共部门的工资水平实行“比较工资”的原则，即公共部门员工的工资水平应相当于类似的企业部门员工的工资水平。但事实上，许多研究表明，公共部门的工资水平在总体上要比企业部门高。

另外，公共部门员工的工资性收入有以下特点：

第一，关于员工福利在工资性收入中的比重，公共部门员工比企业部门员工高，因此，在比较公共部门员工和企业部门员工的工资收入时，不能仅仅考虑工资，还要考虑其他因素；

第二，公共部门员工的辞职率低于各类企业部门，原因在于公共部门的社会保险待遇较好；

第三，职务工资结构在公共部门更趋平均化；

第四，人力资本补偿性工资差别亦占较大比重等。

10.1.1.3　政府采购对劳动力市场的影响

政府采购即政府购买各种产品或服务。与工资支出一样，政府采购是资源的消耗性支出。之所以称为消耗性支出，是由于这类支出所占用的资源排除了企业部门运用它们的可能性。政府购买产品或服务将导致对特定类型企业部门劳动力的需求。由于政府部门以外的其他部门不需要或很少需要这类劳动力，因此，对这种劳动力的需求将会影响均衡工资和就业水平。举例来说，政府增加用于公共工程方面的支出就可能引起相应产品生产的企业部门人员的工资水平和就业水平的提高。

10.1.1.4　政府转移支付和补贴对劳动力市场的影响

政府转移支付和补贴不以换取产品或服务为目的，只是在社会不同个人之间进行资源再分配。由于不反映公共部门占用社会经济资源的要求，因此政府转移支付和补贴是非资源消耗性支出。

（1）政府转移支付和补贴对劳动力需求的影响

政府转移支付和补贴所产生的产品与服务需求会进一步派生对特定劳动力的需求。举例来说，给老年人的医疗保健补助，会增加老年人对医疗保健产品和服务的需求，而这种需求又会导致对生产和提供这些产品和服务的派生劳动力的需求。对企业和非营利组织的补贴，如对学校的补贴，同样会增加提供相关产品和服务的劳动力需求。

（2）政府转移支付和补贴对劳动力供给的影响

这主要体现为对个人劳动力供给决策的影响。我们知道，转移支付和补贴会产生收入效应和替代效应。若政府给某些贫困家庭以补贴，借以改善他们的生活，但不改变任何产品的价格，就会产生收入效应。此时，受益者可能会减少对一般产品或服务的购买，其中包括闲暇，也可能会增加工作时间。若政府的转移支付和补贴导致了价格的下降，就有可能产生替代效应。例如，政府对教育进行补贴，人们的教育支出便会减少，从而有节余用于其他产品的购买，这便产生了替代效应。此处的其他产品也包括闲暇，就是说个人可能会减少工作时间。

10.1.2 政府税收对劳动力市场的影响

不同的政府税收会对劳动力市场产生影响，此处仅讨论个人所得税和社会保障税对劳动力市场的影响。

10.1.2.1 个人所得税对劳动力市场的影响

在分析之前，我们首先假设劳动力需求弹性不变，这样个人所得税对工资和就业的影响就完全取决于劳动力供给弹性，因此可以从以下两个角度来加以分析：一是劳动力供给完全无弹性；二是劳动力供给有弹性。

（1）劳动力供给完全无弹性

当劳动力供给完全无弹性时，个人所得税对工资和就业的影响可以用图10-1（a）来说明。

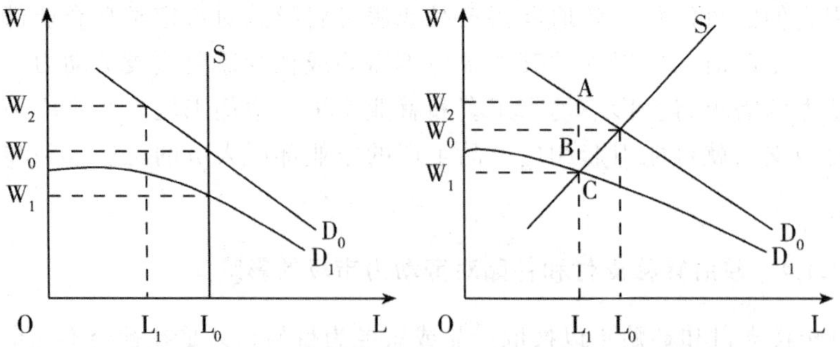

（a）劳动力供给完全无弹性　　（b）劳动力供给有弹性

图10-1　个人所得税对工资和就业的影响

在图10-1（a）中，劳动力供给曲线S是完全无弹性的，这表明工资的变化对劳动力参与率没有影响；劳动力需求曲线D_0反映的是税前工资率和相应的劳动力需求量；D_1曲线反映的是税后工资率，由于个人所得税一般采用累进税率，所以曲线D_1和D_0之间的距离随着工资率的提高而逐渐扩大。在征税以前，均衡工资率为W_0，就业量为L_0；征税以后，假设对该工资率征收的税收为T，则此时员工的税后工资率为W_1。由于劳动力供给完全无弹性，个人所得税不影响劳动力的供给量，因此，员工将承担全部税收，税前工资率仍为W_0，税后工资率为W_1。即使员工对承担全部税收不满意，也无法将税收转移给雇主。原因在于，若员工要求将税前工资率提高至W_2，雇主对劳动力的需求量会减至L_1，而此时的劳动力供给量仍为L_0。在竞争的劳动力市场中，劳动力供大于求必然导致税前工资率下降至W_0，劳动力市场再次达到均衡。可见，在这种情况下，员工无法将税收转移给雇主，个人所得税不影响市场的均衡工资率和就业量。

（2）劳动力供给有弹性

当劳动力供给有弹性时，个人所得税对工资和就业的影响可以用图10-1（b）来说明。在图10-1（b）中，劳动力供给曲线S是有弹性的，工资率的变动将对劳动力供给量产生影响。在征税以前，均衡工资率为W_0，就业量为L_0；在征税以后，劳动力供给量由L_0减少至L_1。当市场工资率为W_0时，劳动力供小于求，使得工资率上升至W_2，市场在A点达到均衡，此时的劳动力供给量为L_1，员工的税前工资率为W_2，税后工资率为W_1，与市场工资率相比下降了（W_0-W_1），而税收为（W_2-W_1）。可见，部分税收是由雇主来分担的，即图10-1（b）中的税收，员工承担BC部分，雇主承担AB部分。

可见，在其他条件不变的情况下，若劳动力供给曲线向上倾斜，个人所得税将导致劳动力供给量减少，工资率提高，就业量下降。在劳动力需求弹性不变的情况下，劳动力供给弹性越大，雇主分担的税收部分越大。

10.1.2.2 社会保障税对劳动力市场的影响

现代市场经济国家通常根据工资总额来征收社会保障税（缴纳社会保险费亦同），用于支付养老保险、医疗保险、失业保险、工伤保险等。

我们假设只有雇主是纳税者，且社会保障税是按每个员工一定数额而不是工资的一定百分比来计算。我们可以用图10-2来分析。需要指出的是，纵轴表示员工实际得到的工资（W'），而不是雇主支付的工资；D_0为征税之前的劳动力需求曲线。征税以后，雇主的工资成本比员工得到的实际工资高。假设员工工资为W_0，则雇主的工资成本为（W_0+T）。因此，雇主对劳动力的需求量由L_0降至L_2，从而形成新的需求曲线D_1。此时，只有工资率降至（W_0-T）（此时雇主的工资成本与征税前相同），才能恢复L_0的就业量。而L_0是与以前的实际均衡工资W_0相对应的，从而造成了劳动力剩余（L_0-L_2），形成了降低实际工资的压力，使得实际工资降至W_1，形成新的均衡工资。同时，就业量则随着工资的降低由L_2上升到L_1，但与L_0相比，就业量还是减少了。因此，实际上员工以工资和就业水平的降低为代价在部分地承担着社会保障税。

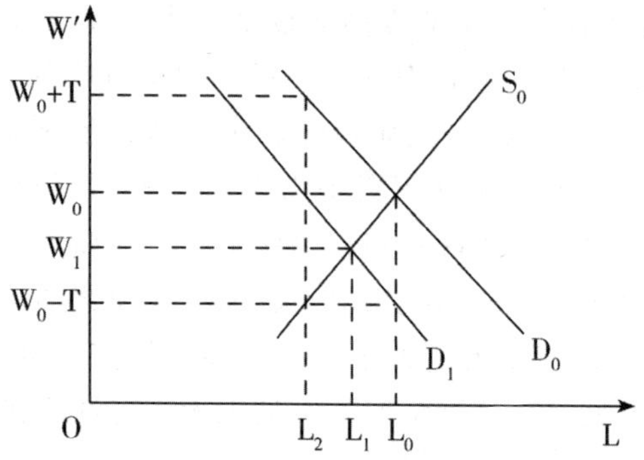

图10-2　社会保障税对工资和就业的影响

从以上分析可以看出，员工和雇主共同承担着社会保障税。从图10-2来看，员工承担的部分税收即实际工资的降低额为（W_0-W_1），雇主则承担其余的税收。至于雇主支付的社会保障税有多少转嫁到员工的工资上，取决于劳动力供给曲线的弹性和劳动力需求曲线的弹性。

劳动力供给曲线的弹性越小，以减少工资的形式转嫁给员工的税收就越多；相反，劳动力供给曲线的弹性越大，以减少工资的形式转嫁给员工的税收就越少，但就业水平下降的幅度更大。当雇主支付社会保障税而工资不可能下降太多时，劳动力成本便上升了，从而对劳动力的需求量减少。当劳动力供给曲线完全无弹性时，雇主便将全部税收转嫁给员工。

劳动力需求曲线的弹性越大，就业量下降的幅度就越大；相反，劳动力需求曲线的弹性越小，就业量下降的幅度就越小，以减少工资的形式转嫁给员工的税收就越少。

10.1.3　最低工资立法对劳动力市场的影响

政府制定的许多法律、法规都直接或间接地影响劳动力市场的工资和就业，以下仅探讨最低工资立法对劳动力市场的影响。

制定最低工资法是政府干预劳动力市场的最普遍形式。在现代市场经济条件下，许多国家都颁布了最低工资法，其目的是保证每一个员工都得到合理的报酬，以稳定劳动关系。那么，最低工资立法对劳动力市场的影响究竟如何呢？以下从两个方面进行具体分析。

10.1.3.1　最低工资立法对完全竞争市场的影响

在进行分析之前，我们要强调一点，最低工资率是根据名义工资，而不是根据与其他工资的相对数或价格指数制定的。随着时间的推移，通货膨胀率使消费品价格上涨，从而使原有的名义最低工资的真实价值下降，所以有时政府不得不在一段时期之后提高名义最低工资率，以恢复其原有的真实最低工资水平。

为了方便分析，根据覆盖面不同，最低工资立法可以分为两种情形：一种是完全覆盖的情形，即最低工资立法覆盖整个劳动力市场；另一种是未完全覆盖的情形，即只有部分劳动力市场被覆盖。在分析两种情形时均以非熟练员工劳动力市场为例。

（1）完全覆盖的情形

首先假设雇主都是遵守法律的，且其他因素不变。图10-3描述了在完全竞争市场中，最低工资覆盖所有员工的情形。在实行最低工资之前，该市场处于均衡状态，L_0为均衡就业水平，W_0/P_0为实际工资。W_1为政府法定名义最低工资，由于$W_1>W_0$，因而实际工资上升到W_1/P_0，此时企业对劳动力的需求量降至L_1，劳动力的供给量则上升至L_2。供大于求的情况本应导致工资率的下降，但最低工资立法限制了工资率的下降，从而造成（L_2-L_1）数量的劳动力失业。因此，在这种情况下最低工资立法的直接影响就是就业减少，失业增加。劳动力供给曲线和需求曲线的弹性越大，所造成的失业就越多。

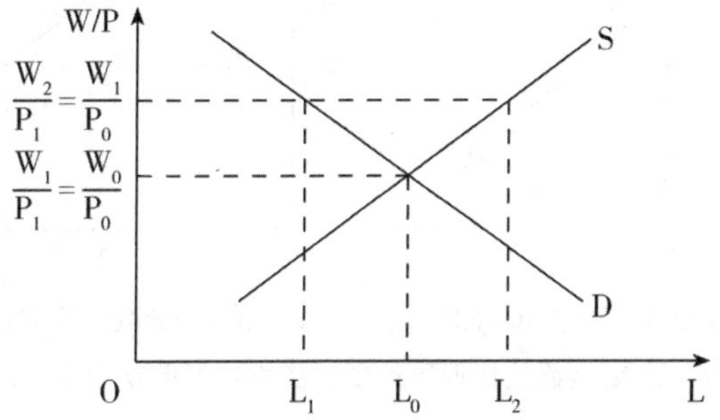

图10-3 完全覆盖情形下最低工资立法对劳动力市场的影响

为了减少失业，政府很可能会采取措施刺激经济，包括较为宽松的货币政策和财政政策，即增加货币供给和政府支出，同时减少税收，其结果是导致价格水平上升，但是由于名义最低工资没有变化，所以随着价格水平的上升，实际最低工资将不断下降。若政府继续奉行宽松的经济政策而不采取其他措施，价格水平最终会上升到P_1，此时，$W_1/P_1=W_0/P_0$，就业量亦增至L_0。

由于政府会定期提高名义最低工资，若将名义最低工资率提高到W_2，此时$W_2/P_1=W_1/P_0$，就业将再一次减少至L_1，必然迫使政府采取措施减少失业。其结果是形成这样一种循环：最低工资上升导致短期就业损失，通货膨胀降低最低工资的实际价值并且恢复就业水平，然后名义最低工资又增加，重新开始整个过程。

另外，最低工资立法降低了资源配置的有效性。由于政府强制提高实际工资会造成失业，从而社会损失了这些失业者原本可以创造的产品价值。

（2）未完全覆盖的情形

首先假设：

① 价格不变；

② 非熟练劳动力市场的供给曲线完全无弹性，总就业量保持不变；

③ 劳动力市场由最低工资立法覆盖部门和未覆盖部门组成；

④ 非熟练员工为寻找高工资工作而在部门之间自由流动。

图 10-4 描述了两个完全竞争的非熟练员工的劳动力市场。根据以上假设，在不存在最低工资立法的情况下，不存在最低工资立法覆盖部门和未覆盖部门的区别，劳动力可在两个部门之间自由流动，从而达到相同的均衡工资率 W_0，在这一工资率下的总就业量由 L_{C0} 和 L_{U0} 组成。

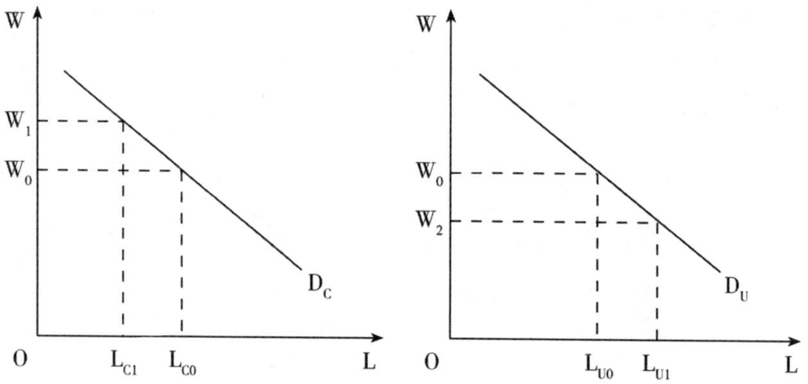

（a）最低工资立法覆盖部门　　（b）最低工资立法未覆盖部门

图10-4　未完全覆盖情形下最低工资立法对劳动力市场的影响

现在假定在最低工资立法覆盖部门实行最低工资 W_1，所有非熟练员工都将愿意在此部门中工作，但由于该部门工资率从 W_0 增加到 W_1，劳动力需求量下降，雇用量从 L_{C0} 减少到 L_{C1}。根据总就业量不变的假设，在最低工资立法覆盖部门失业的员工将转移到最低工资立法未覆盖部门就业，导致最低工资立法未覆盖部门的供给量增至 L_{U1}，劳动力供给量的增加迫使工资率从 W_0 降至 W_2。

由以上分析可以得出：最低工资立法既产生了获益者，也产生了受损者。获益者是那些在实施最低工资立法后仍然在最低工资立法覆盖部门工作的员工，而受损者是那些原来在最低工资立法覆盖部门工作、现在不得不到工资更低的最低工资立法未覆盖部门工作的非熟练员工，以及那些继续在最低工资立法未覆盖部门工作，却不得不因劳动力供给增加而接受较低工资的非熟练员工。

另外，最低工资立法会引起劳动力资源配置错位，给社会造成一定的损失。在利润最大化前提下，企业是根据劳动的边际产品收益等于工资率的原则决定劳动力雇用量的。实行最低工资立法之后，最低工资立法覆盖部门的雇用量下降，直到劳动的边际产品收益等于W_1；最低工资立法未覆盖部门的雇用量则上升，工资率下降，直至等于随雇用量增加而下降的劳动的边际产品收益。现在，后者的劳动的边际产品收益低于前者，因而如果劳动力能从最低工资立法未覆盖部门重新配置到最低工资立法覆盖部门，社会总收益将会增加。但是，由于存在最低工资立法，劳动力不能从低工资部门转移到高工资部门。高工资部门不能合法地降低工资，其雇用量也不能扩大，从而使有益的资源转移受到限制，造成了一定的社会损失。

10.1.3.2 最低工资立法对垄断市场的影响

在上述分析中，我们假定市场是完全竞争的。下面我们将放宽这一假设，分析最低工资立法对垄断市场的影响。首先假设最低工资立法完全覆盖所有员工，且市场上只有一个雇主。

当劳动力市场出现垄断情况时，垄断性企业便是市场上的唯一需求者，它所面临的是一条向上倾斜的劳动力供给曲线，要想增加雇用量，就必须相应地提高工资。由于垄断性企业对所有员工支付相同的工资，若为了增雇一个员工而提高工资率，还要同时为其他员工提高工资，所以雇用劳动力的边际成本高于工资率。

为了实现利润最大化，任何企业的劳动力雇用量都应达到边际产品收益等于边际成本的那一点上，垄断性企业也不例外。

在图10-5中，M为劳动力边际成本曲线，D为劳动力边际产品收益曲线。L_0为垄断性企业按照利润最大化原则确定的雇用量，与之相对应的工资率则为W_0。现在假定最低工资为W_m，那么企业现在面临的劳动力供给曲线便是ABCS，边际劳动力成本曲线是ABCEM，企业的雇用量达到L_1之前，边际劳动力成本等于工资率。在B点，利润达到最大化，企业雇用量仍为L_0，但支付的工资率由W_0增至W_m。

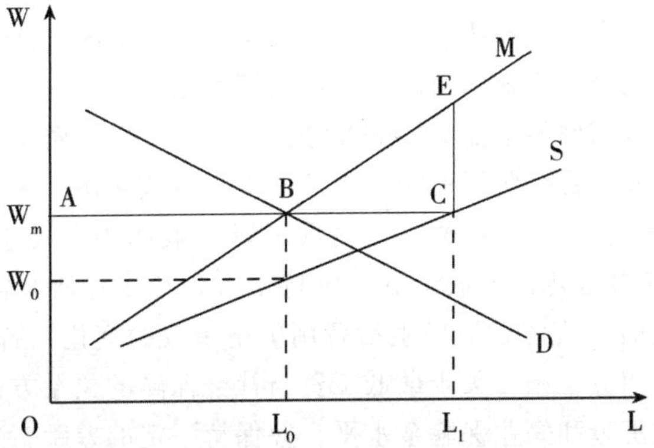

图10-5 最低工资立法对垄断市场的影响

在这里应当指出，如果最低工资确定在W_0和W_m之间，则工资率和就业量都将增加；如果最低工资超过W_m，则必然会降低就业水平。

10.2 劳动力市场的制度结构与竞争

劳动力市场正常、稳定地发挥其劳动力资源配置的基础性作用，必须依赖一定的制度结构。劳动力市场的制度结构是市场竞争的重要条件。

10.2.1 劳动力市场的制度结构

10.2.1.1 最低劳动标准

从劳动经济学的角度来看，最低劳动标准包括以下方面：

（1）最低工资标准

最低工资是国家为保证维持劳动力再生产的最低需要、以一定的立法程序规定的、用人单位对在正常时间内从事劳动的劳动者必须支付的最低限度的劳动报酬。最低工资标准一般以法律形式颁布，是各国政府对劳动力市场进行宏观调控的重要手段之一。在我国，按照2004年1月20日公布的《最低工资规定》，“最低工资”是指“劳动者在法定工作时间或依法签订的劳动合同约定的工作时间内提供了正常劳动的前提下，用人单位依法应支付的最低劳动报酬”。

最低工资标准又称最低工资率，是指国家依法规定的单位劳动时间的最低工资数额。国际劳工组织自1919年成立起一直对确定最低工资标准特别关注。在该组织的成立宣言中就指出，劳动者应享有“能维持合理生活水平的适当工资”；在1944年第26届国际劳工大会上通过的《费城宣言》再次强调保证所有劳动者能获取最低限度生活工资的必要性。

1970年第54届国际劳工大会通过的第131号公约《特别参照发展中国家情况确定最低工资公约》和第135号建议书《特别参照发展中国家情况确定最低工资建议书》列举了在决定最低工资水平时要考虑的因素是：

第一，工人及其家庭的必需品。需要考虑该国的一般工资水平、生活费用、社会保障津贴，以及其他社会阶层的相应生活标准。一般来讲，最低工资要按合理比例低于本地区的社会平均工资水平。最低工资一般相当于社会平均工资水平的40%~60%。生活费用越高，最低工资中维持工人自身生存所必需的生活资料费用部分也就越高；同时，应考虑居民生活费用价格指数的变化，若该价格指数上升，应将最低工资水平相应上调。关于最低工资与社会保障的关系方面，要求最低工资水平应高于社会救济金和失业保险金水平，并保持一定的差距，这样有利于促进劳动者的就业，有利于合理开发和利用劳动力资源。

第二，经济因素，包括经济发展的要求、劳动生产率水平、获得和维持高水平就业的需要。最低工资水平的高低和增长速度的快慢最终都要受各地区或各时期经济发展水平、劳动生产率水平及增长速度的制约。因此，不同地区、不同时期，由于劳动生产率水平和经济发展水平存在差异，最低工资水平也会有所不同。就业水平越高，赡养人口系数就越低，最低工资中延续员工后代的费用就越低；反之，就越高。

国际上具体确定最低工资一般考虑城镇居民生活费用支出、平均工资、劳动生产率、失业率、经济发展水平等因素。最低工资标准用公式表示为：

M=f（C，A，L，U，E，a）

式中：M为最低工资标准；C为城镇居民人均生活费用；A为平均工资；L为劳动生产率；U为失业率；E为经济发展水平；a为调整因素。

在我国，《劳动法》第四十九条规定，确定和调整最低工资标准时应当综合参考下列因素：

第一，劳动者本人及平均赡养人口的最低生活费用。实行最低工资的直接目的是确保劳动者所得工资足以维持基本生活需要。因此，最低工资标准不应低于劳动者本人及平均赡养人口的最低生活费用。此处，“最低生活费用”应当是各种基本生活需要项目的最低费用，即衣食住行和子女教育所需的最低费用。

第二，社会平均工资水平。最低工资标准应当低于当地社会平均工资水平，对社会平均工资水平有差别的不同地区来说，其最低工资标准可以有所不同。

第三，劳动生产率。不同地区、不同行业之间，劳动生产率存在差别，也意味着各地区、各行业用人单位对支付最低工资的平均承受能力不一样，因此，最低工资标准可以有所不同。

第四，就业状况。就业同劳动者的劳动收入和生活负担密切关联，并且影响劳动者的最低工资需求。最低工资标准应当具有与现实失业率相适应的保障作用，并且有利于实现高水平的就业。

第五，地区之间经济发展水平的差异。在经济发展水平不同的地区，最低工资标准应当有适当的地区差别。

（2）最长劳动时间标准

最长劳动时间标准包括国家通过立法规定的工时制度、延长工作时间（加班加点）的条件及最高限额、休息休假制度等。

①国际公约中关于最长劳动时间标准的规定。在工时立法的发展过程中，最具意义的是8小时工作制的确立。国际劳工组织的1919年第1号公约和1930年第30号公约规定，工厂的工作时间每日限为8小时，每周限为48小时；1935年第47号公约提出把每周工作时间从48小时减为40小时；1962年第116号建议书具体规定了实现40小时工作周的办法。

关于休息休假，国际劳工组织的1921年第14号公约和1957年第106号公约都作了规定：员工应在每7日内享有连续至少24小时的休息时间；1936年第52号公约又规定，企事业单位员工连续服务满1年后，享受工资照发的年休假，其休假期至少应有6个工作日，未满16周岁员工的年休假至少应有10个工作日；1970年第132号公约又将年休假修改为不应少于3个工作周，并对服务不满1年者的年休假作了规定。

从工时制度的变化趋势看，世界各国都在通过各种方式和途径，不断缩短工时和延长休息休假时间。20世纪70年代，欧美国家已普遍实行了40小时工作周制。近些年来，一些发达国家的周工时已减至35小时左右，最短的北欧等国只有30小时。

②我国劳动法律、法规中关于最长劳动时间标准的规定。从中华人民共和国成立到1994年3月1日之前，我国一直采用每日工作8小时、每周工作48小时的工时制度。根据1994年2月3日发布的《国务院关于职工工作时间的规定》，从1994年3月1日起，我国开始实行每日工作8小时、平均每周工作44小时的工时制度。同年颁布的《劳动法》第三十六条亦明确规定：国家实行劳动者每日工作时间不超过8小时，平均每周工作时间不超过44小时的工时制度。1995年3月25日，国务院发布了修订后的《国务院关于职工工作时间的规定》，规定从1995年5月1日起实行每日工作8小时、每周工作40小时的工时制度。

关于延长工作时间的条件和休息休假制度，在《劳动法》第四章中作了详细的规定。第四十一条规定："用人单位由于生产经营需要，经与工会和劳动者协商后可以延长工作时间，一般每日不得超过一小时；因特殊原因需要延长工作时间的，在保障劳动者身体健康的条件下延长工作时间每日不得超过三小时，但是每月不得超过三十六小时。"第四十二条对不受第四十一条限制的情形作了规定。另外，第三十八条规定："用人单位应当保证劳动者每周至少休息一日。"第四十条和第四十五条还分别就法定休假日和带薪年休假作了规定。

（3）其他劳动条件标准

其他劳动条件标准包括最低就业年龄标准和保护劳动者在生产中的安全和健康所应采取措施的各种法律规范，特别是关于女工和未成年工的特殊保护等。

女工和未成年工的特殊保护是各国劳动立法和国际劳工立法的重要组成内容。各国劳动法对未成年工进行特殊保护，一般体现为限制最低就业年龄、限制工作时间的延长以及在夜间工作和繁重体力劳动方面进行限制。大多数国家将未成年工的就业年龄规定在14周岁以上。如美国大多数州规定一般工作就业年龄为16周岁，危险岗位的就业年龄为18周岁；英国最低就业年龄规定为16周岁；德国、瑞士规定为14周岁等。

我国已颁布了不少关于女工和未成年工特殊保护的法律、法规。《劳动法》第十五条规定：禁止用人单位招用未满16周岁的未成年人。也就是说，我国劳动就业最低法定年龄为16周岁。对未满18周岁的女工和未成年工的特殊保护，《中华人民共和国宪法》《劳动法》《中华人民共和国妇女权益保障法》《中华人民共和国未成年人保护法》《女职工劳动保护特别规定》《未成年工特殊保护规定》《禁止使用童工规定》等都作了详细规定。

10.2.1.2 最低社会保障

最低社会保障制度是以国家或政府为主体，依据法律规定，通过国民收入再分配，对劳动者在暂时或永久丧失劳动能力以及由于各种原因生活发生困难时给予物质帮助，保障其基本生活的制度。其主要功能是为劳动力市场的正常运行创造良好的环境，增加社会经济的有序性，使国民经济和整个社会有机体得以持续、稳定、均衡、协调地发展。

国际劳工组织关于社会保障的专门性公约和建议书有50多个。其中1952年制定的第102号公约《社会保障最低标准公约》是一个基本标准。它确立了社会保障作为一种普遍制度的原则。其中包括得到普遍承认的9个方面：医疗、疾病补助、失业补助、老年补助、工伤补助、家庭补助、生育补助、残病补助和遗属抚恤金。

社会保障制度已有100多年的历史，当今世界上众多国家都实施了社会保障制度。各个国家都已出台了一系列关于社会保障的法律、法规，我国也不例外。我国出台了《国务院关于建立统一的企业职工基本养老保险制度的决定》《国务院关于建立城镇职工基本医疗保险制度的决定》《失业保险条例》《社会保险费征缴暂行条例》《城市居民最低生活保障条例》《工伤保险条例》《中华人民共和国残疾人保障法》《中华人民共和国社会保险法》等一系列的法律、法规，对享受或领取社会保险、社会救济、社会福利、社会优抚等各种物质帮助的条件、物质帮助的标准、物质帮助的领取方法等作了详细规定。

10.2.1.3 工会

在现代市场经济国家，工会是劳工自发组成的、借团体交涉的力量来维持及改善劳动条件与生活状况、保障自身权益的社会性团体。

工会有多重功能，除谋求劳工自身权益外，还兼顾社会整体利益的增进，具体来说包括：

（1）经济性的功能

① 改善与维持所属会员的劳动条件，以改善劳工的生活；

② 行使争议权，以维持会员权利；

③ 从事集体谈判，以缔结团体协议；

④ 参与企业的经营管理，以增强谈判力量。

（2）政治性的功能

运用群众力量以影响立法者选任之活动，从而通过其所支持当选的立法者，去影响劳工立法的内容，以通过对劳工有利的法案。

（3）社会性的功能

除为其会员争取福利保障外，还进一步从事社会服务工作，如办理各种福利事业、推行社会教育等。

（4）心理性的功能

工会作为保障劳工的权利的组织，能增强劳工的自尊心及责任感，予以他们心理上的满足，使劳工的人格得到健康的发展。

《中华人民共和国工会法》（以下简称《工会法》）规定，工会是职工自愿结合的工人阶级的群众组织。工会有以下权利：

第一，工会有参与国家社会事务管理和参加用人单位民主管理的权利；

第二，工会有维护职工合法权益的权利；

第三，工会有代表职工与企事业单位行政方面签订集体合同的权利；

第四，工会有权参与劳动争议的调解和仲裁；

第五，工会有监督用人单位解除劳动合同的权利；

第六，工会有监督用人单位执行有关工资、社会保险、工作时间、劳动保护、安全卫生规程、女职工特殊保护和其他有关改善生活条件及劳动条件等方面的劳动法律、法规的权利；

第七，工会有要求用人单位为工会办公和开展活动提供经费和必要的物质条件的权利。

10.2.2 劳动力市场的竞争机制

10.2.2.1 竞争与保障

在市场经济中，企业的主要经营目标是获得利润，并使利润不断增加。要想提高利润水平，很重要的一点就是降低成本，而其中之一便是降低人工成本。在其他条件给定的情况下，只要降低人工成本，就会使利润相应增加。因此，企业为了追求利润最大化，会尽量降低人工成本，特别是降低人工成本的重要组成部分——工资。

劳动者作为劳动力市场的另一主体，希望工资越高越好。如果工资降低到某个水平以下，劳动者就拒绝就业，此时企业将得不到必要的劳动力供给，工资就绝不会降到这一水平之下。但劳动者拒绝就业是有条件的，即他能够在就业之外具有其他谋生的手段；如果不具备这个条件，劳动者就只能通过自身的劳动来获得生活资料。因此，在劳动力市场上，特别是当供给大于需求时，工资存在无限制下降的趋势和可能。

从表面上看，降低工资可以增加企业的利润，但从社会再生产过程来看是不可取的。其原因在于：

第一，如果工资不断下降，甚至降低到维持最低生活水平的临界点，就有可能破坏劳动力的再生产。

第二，极为低廉且仅能维持基本生活的工资，必然导致无法通过市场竞争形成价格，也就无法通过市场来优化配置资源。

为使市场配置资源的功能稳定地发挥作用，建立保证其正常发挥功能的制度结构是十分必要的。中外市场经济发展的事实充分说明：一方面，通过劳动法等法律，提供对劳动者最低劳动条件的切实保证；另一方面，通过推行社会保险、社会救济等社会保障，使法律制度逐步健全和完善，非但不会阻止和妨碍市场机制正常运行，反而极大地增强和维护了市场的竞争，增大了劳动力资源配置功能的有效性。

10.2.2.2 劳动力市场的稳定与制度结构

以下将讨论的问题是：劳动力市场是否具有一种能够自动调节、自行恢复稳定均衡的功能。劳动力市场均衡的变动，即由市场决定的工资率、就业量的变动，取决于种种影响劳动力需求与供给的因素的变动。

关于劳动力市场的稳定问题，在本教材第4章已分析过。如果劳动力市场自身具有自动调节、自行恢复稳定均衡的功能，即使受到来自市场外部的强烈冲击，出现暂时的工资与就业的宽幅震荡，也能够通过市场的自动调节，使工资与就业和市场外部条件相适应，从而使劳动力资源的配置保持在一个稳定均衡的最佳水平上。对这种类型的劳动力市场，无须建立控制劳动力市场运行的制度结构，也就无须采取人为的政策进行干预。自由竞争的结果完全可以使劳动力市场自然地达到资源的最佳配置，使工资和就业稳定在最佳水平上。关于劳动力市场具有自动调节、自行恢复稳定均衡功能的情况，可以用图10-6加以说明。在稳定均衡的情况下，图10-6（a）中的供给曲线从左下向右上倾斜，具有正的斜率，且劳动力供给具有正弹性。

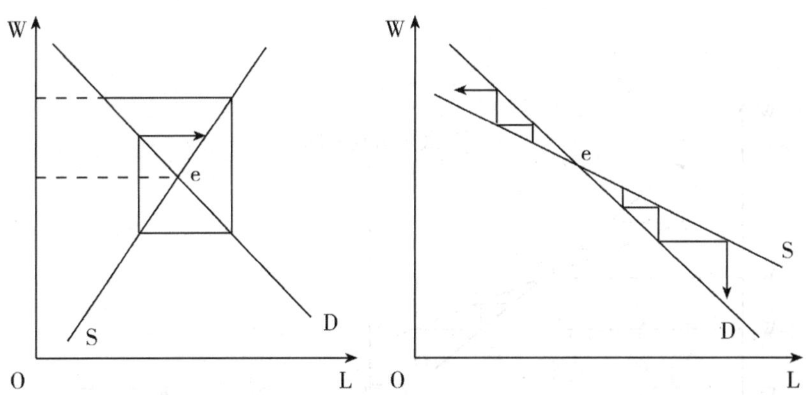

（a）具有稳定均衡性质　　（b）不具有稳定均衡性质

图10-6 劳动力市场的均衡性质

如果劳动力市场自身缺乏自动调节、自行恢复稳定均衡的功能，那么在经济变动的不同阶段就可能出现工资、就业极不稳定或劳动条件极度恶化的局面。对这种类型的劳动力市场，就必须建立市场以外的制度体系，进行政策干预。关于劳动力市场不具有自动调节、自行恢复稳定均衡功能的情况，可以用图10-6（b）来说明。图10-6（b）表明，劳动力市场受到某种冲击，均衡被破坏，工资率与就业量会向左上方或右下方发散。在非稳定均衡的情况下，图10-6（b）中的供给曲线向右下方倾斜，劳动力供给的工资弹性为负值，而且供给曲线的工资弹性的绝对值大于需求曲线相应的绝对值。此时，劳动力市场的均衡就必然处于不稳定状态，一旦失衡，就会出现极大的向右下方发散的可能性。

需要说明的一点是，图10-6中的两种劳动力市场的劳动力需求曲线的性质完全一样，不同之处表现在劳动力供给曲线的斜率上。

可见，讨论劳动力市场是否具有自动调节功能这一问题的关键在于确定劳动力市场究竟是哪一种类型。

在现实的劳动力市场中，只要市场的工资发生变化，家庭的劳动力供给也就发生相应的变化。因此，向右下方延伸的劳动力供给曲线是现实的。它揭示了劳动力市场本身具有一种极不稳定的特征，一旦由于某种原因，工资下降，劳动力市场的平衡被打破，劳动力供给就会急剧地增加。劳动力供给的大量增加，压制工资率下降，就会进一步出现工资率的大幅度下降，导致劳动力供给继续增加，最后结果是劳动力供给曲线向右下方发散。

既然现实的劳动力市场是不稳定的，缺乏自动调节、自动恢复稳定均衡的功能，那么，在市场均衡遭到破坏的时候，为制止这种无限制向右下方发散而对社会造成危害的扩大，就有必要通过市场以外的制约手段和政策措施加以限制。而最低劳动标准、工会权利的法治化，以及社会保障制度所提供的最低限度的生活标准，可以防止劳动力供给曲线向右下方无限制地发散。关于这一点可以用图10-7来说明。

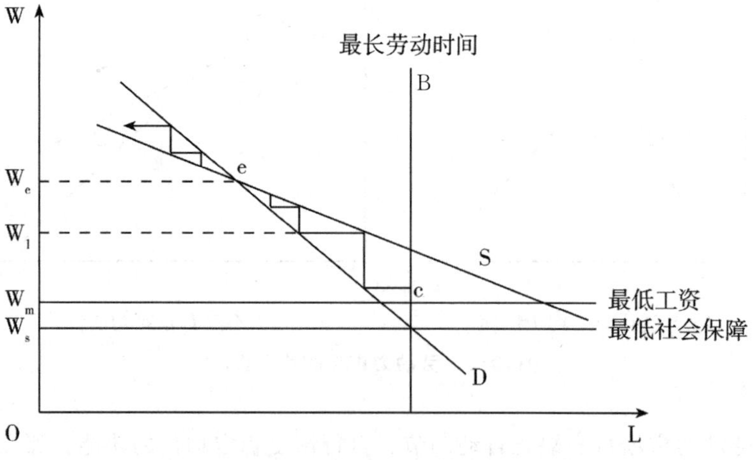

图10-7 劳动力市场均衡与制度结构

图10-7描绘的是不稳定的劳动力市场，由于某种原因均衡受到破坏。若工资水平 W_1 低于均衡工资率 W_e，那么过度劳动力供给的压力会迫使工资水平不断下降，进而导致低工资、多就业的恶性循环，劳动力供给曲线向右下方发散，而劳动力市场本身无法自动调节、自行恢复稳定均衡。

此时，由于规定了最低劳动标准，如最长劳动时间（用竖线B表示）和最低工资（用横线 W_m 表示），就可以使这种发散控制在c的水平上。而最低社会保障（用横线 W_s 表示）的存在，则起着在一定工资水平以下停止劳动力供给、维持最低限度劳动条件的作用。

当然，如图10-7中所示的不稳定劳动力市场中，就业和工资也可能偏离均衡点，使得劳动力供给曲线向左上方发散。这将导致工资高、供给少的恶性循环，可能造成通货膨胀与生产萎缩并存的滞胀局面。此时，政府应采取工资-物价管制措施来解决。

根据以上分析，我们可以清楚地看到劳动力市场自身具有不稳定的特征，因此，必须通过各种制度、政策，建立起保证正常的市场竞争秩序的制度结构。

10.3 就业与收入的宏观调控

就业与收入的宏观调控政策主要包括财政政策、货币政策、收入政策和人力政策。对国民经济就业总量影响最大的宏观调控政策是财政政策和货币政策。

10.3.1 财政政策

财政政策是指政府运用财政预算（包括政府支出改变和税率调整）来调节总需求水平，以促进充分就业、稳定物价和经济增长的一种宏观经济管理政策。

10.3.1.1 财政政策的种类

财政政策包括以下两种：

（1）扩张性的财政政策

扩张性的财政政策是指通过扩大政府购买、增加政府转移支付、降低税率等措施来刺激消费和投资，增加总需求，以提高就业水平的宏观经济政策。当经济处于不景气时期时，总需求小于总供给，经济中存在失业，政府就要实行扩张性的财政政策，如免税、退税、降低税率，增加公共开支，扩大政府购买，增加政府转移支付等。

（2）紧缩性的财政政策

紧缩性的财政政策是指通过减少政府购买和转移支付、提高税率等措施削弱消费与投资，减少总需求，以稳定物价的宏观经济政策。当经济处于繁荣时期时，总需求大于总供给，通货膨胀严重，政府就要实行紧缩性的财政政策。

10.3.1.2 政府实施财政政策的手段

在现代市场经济国家，政府实施财政政策的主要手段包括：

（1）改变政府购买水平

在总需求不足和失业严重时，政府扩大对产品和服务的需求，提高购买水平，以刺激总需求，增加就业水平；在总需求过旺和通货膨胀严重时，政府减少对产品和服务的需求，降低购买水平，以抑制总需求，稳定物价。

（2）改变政府转移支付水平

在总需求不足和失业持续增加时，政府增加社会福利费用，提高转移支付水平；相反，在总需求过多和价格水平不断上涨时，政府减少社会福利费用，降低转移支付水平。

（3）改变税率

税收是政府的主要收入来源，而所得税在税收中所占比重又是最大的，因此，改变税率主要是改变所得税的税率。改变企业所得税，可以改变企业收入；改变个人所得税，可以改变居民的可支配收入。在总需求不足和失业严重时，政府采取减税措施，增加企业的收入和居民的可支配收入，刺激投资和消费，以增加总需求水平；相反，在总需求过多和通货膨胀严重时，政府采取增税措施，减少企业的收入和居民的可支配收入，使得企业减少投资支出，居民减少消费支出，以抑制总需求。

需要注意的是，通过财政政策来提高就业水平，常常导致预算赤字的增加。也就是说，扩张性的财政政策有利于增加就业，但使得预算赤字增加和通货膨胀严重；紧缩性的财政政策有利于抑制通货膨胀，但使得失业增加。因此，还需用财政预算政策来对经济波动进行反向调节，这被称为功能性财政政策。

10.3.2 货币政策

货币政策是指政府以控制货币供应量为手段，通过调节利率来调节总需求水平，以促进充分就业、稳定物价和经济增长的一种宏观经济管理政策。由于货币政策对经济的调控是间接发生作用的，因而见效较慢。

10.3.2.1 货币政策的种类

货币政策包括以下两种：

（1）扩张性的货币政策

扩张性的货币政策是指通过增加货币供应量、降低利率来刺激投资和消费，增加总需求的宏观经济政策。当经济处于不景气时期时，总需求小于总供给，生产能力闲置，失业严重，政府就要实行扩张性的货币政策，如降低法定存款准备金率、降低贴现率、中央银行买进政府债券等。

（2）紧缩性的货币政策

紧缩性的货币政策是指通过削减货币供应量、提高利率来减少总需求的宏观经济政策。当经济处于繁荣时期时，总需求大于总供给，通货膨胀严重，政府就要实行紧缩性的货币政策。

10.3.2.2 政府实施货币政策的措施

政府实施货币政策的主要措施包括：

（1）调节法定存款准备金率

作为国家货币政策的实施机构，中央银行要求由其管辖的商业银行把存款的一部分作为法定存款准备金无息存入中央银行，并且规定了法定存款准备金的比例。当经济有总需求不足和失业增加的趋势时，中央银行就降低法定存款准备金率，增强商业银行的贷款能力，使货币供应量增加，利率降低，从而刺激投资和消费，扩大总需求，提高就业水平；相反，当经济有需求过度和物价上涨趋势时，中央银行就提高法定存款准备金率，降低商业银行的贷款能力，使货币供应量减少，利率提高，从而减少总需求。

（2）调整贴现率

商业银行在资金不足时，可以用商业票据和政府债券向中央银行要求再贴现或抵押贷款。中央银行给予商业银行贴现时所付的利率或贷款利率就是贴现率。中央银行在认为总需求不足和失业增加时，就降低贴现率或放宽贴现条件，增强商业银行发放贷款的能力；同时，由于商业银行贷款利率下降，企业增加贷款，从而刺激投资，扩大总需求。相反，中央银行在认为总需求过大，有通货膨胀趋势时，就提高贴现率或严格贴现条件，限制商业银行发放贷款，从而缩小投资，减少总需求。

（3）公开市场业务

公开市场业务是指中央银行在公开市场上买进或卖出政府债券，以增加或减少货币供给量的一种政策手段。当总需求不足和失业有增加趋势时，中央银行就买进政府债券。商业银行将持有的一部分政府债券卖给中央银行，会增加法定存款准备金。个人或企业卖出政府债券，会将中央银行支付的支票存入商业银行，增加商业银行的存款，也会使法定存款准备金增加。法定存款准备金的增加会使商业银行的存款、放款增加，货币供应量增加，从而导致利率下降，投资增加，总需求扩大。相反，当总需求过大和有物价上涨趋势时，中央银行就卖出政府债券，减少货币供应量，从而导致利率上升，引起投资下降，总需求缩小。

财政政策和货币政策都是通过影响总需求水平来调节经济运行的。货币政策由于其间接调控性，故而通常与财政政策结合使用。同时，在运用财政政策和货币政策降低失业率时，可能导致一个无法接受的高通货膨胀率，此时政府应考虑结合使用其他政策，如收入政策和人力政策，来达到在降低失业率的同时又避免高通货膨胀率的目的。

10.3.3 收入政策

收入政策是政府采取的通过控制工资和物价来制止或预防通货膨胀的政策，因其控制的重点是工资和利润水平，故被称为收入政策。其理论前提是存在成本推动型通货膨胀。扩张性的财政政策和货币政策在提高收入和就业水平的同时带来了货币工资和价格的上涨，形成了通货膨胀。此时为了抑制货币工资和价格，就有必要采取收入政策。

收入政策可以通过各种形式实现，其中最温和的形式是政府力劝工会和企业限制提高工资和价格。但在市场经济条件下，企业制定价格的权利和工会要求增加工资的权利一般不受法律控制，因此，以劝说的形式来执行收入政策收效甚微。最强硬的形式是实行工资和物价管制，即政府有关部门将工资和物价增长纳入政府的行政管理范围之内。介于二者之间的形式有工资-物价指导、经济激励和经济惩罚、工资-物价管制等。

10.3.3.1 工资-物价指导

政府为了制止通货膨胀，就要将货币工资增长率限制在劳动生产率增长率的增长幅度内。为此，政府应根据劳动生产率的增长率和其他因素，制定工资与物价上涨的限度，即实施工资-物价指导。其中，工资指导线的制定原则是：一定时期的工资增长率不得超过劳动生产率的增长率。物价指导线的最简单形式是：要求那些同意工资增长与社会劳动生产率增长保持一致而自身劳动生产率增长超过社会劳动生产率增长的企业降低产品价格；与此相应，对那些自身劳动生产率增长低于社会劳动生产率增长的企业，准许其适当地提高产品价格，借以补偿所支付的工资增加额中超过劳动生产率增加的部分。

随着我国社会主义经济体制改革的深化，政府在工资的宏观调控方面，总的原则是在坚持劳动力市场对工资决定起基础性作用的前提下，通过健全政府、工会和企业的协商协调机制，促进工资的正常合理增长，实现真实工资的增长率与劳动生产率的提高同步，从而形成市场机制调节、经济效益决定、民主协商分配、政府监控指导的工资调控体系。在现有的工资调控体系中，以工资指导线为主线，以劳动力市场价位为基础，以政府指导下的工资民主协商为主要的工资形成方式。其中，工资指导线由政府根据经济发展情况和宏观调控目标等因素确定，包括地区工资指导线和行业工资指导线。

地区工资指导线由基准线、上线（预警线）以及下线构成。基准线体现政府对大多数生产发展正常、经济效益增长的企业工资适度增长的基本要求。根据企业平均工资水平、劳动生产率、工资利税率、人工成本状况等主要经济指标与行业相应指标的对比情况，结合企业特点进行合理定位。上线（预警线）是政府根据宏观经济形势和社会收入分配关系分析，对工资水平较高的企业提出的工资适度增长的预警提示。企业工资增长如已达到当地政府提出的工资增长预警线，就应当自我约束，以免工资增长过快，超过本企业经济效益和劳动生产率的提高幅度，对整个社会分配秩序产生冲击。下线是政府对经济效益下降、亏损企业工资增长的最低要求，可以是零或负增长，但不得低于当地最低工资标准。

10.3.3.2　工资-物价管制

对工资和物价实行管制是一种政府对经济活动实行极端形式干预的收入分配管理措施。其基本内容是政府规定并强制实行某种工资标准和物价标准，在一定时期内工资与物价的变动不得超过该标准。这一措施一般在战争时期使用较多，在和平时期则很少使用，只是在某些通货膨胀特别严重的时期才采用。其原因在于工资-物价管制措施只是在短期内有效地控制了通货膨胀，但实际上否定了市场对资源配置的有效调节作用；从长期来看，不仅不能抑制通货膨胀，反而会引起资源配置恶化。20世纪70年代初，美国的尼克松政府曾经实行了为期90天的工资和物价冻结，未达到预期效果，结果不得不放弃这一措施。

10.3.4　人力政策

前面所讨论的财政政策和货币政策，是从总需求的角度提高就业水平的宏观经济政策；收入政策是在提高就业水平的同时，控制工资和物价来遏制通货膨胀的政策。下面将要讨论的人力政策则是通过改善劳动力的供给结构来降低失业的政策。

人力政策又称积极的劳动力市场政策，是指政府通过对劳动力进行重新教育和培训，提高其就业适应能力，达到改善劳动力供给的结构、提高劳动力市场运行效率等目的的政策。人力政策的目标旨在按照经济发展对劳动力的需求，调节和改善劳动力供给，进而改进劳动力市场的劳动力资源配置功能。人力政策主要是针对劳动力市场的结构性失业而提出的扩大就业的对策，其主要依据是人力资本理论。

人力政策包括多种人力资源开发计划，这些计划可以概括为三类：

①技能训练计划，包括经常性训练和职业训练；

②职位开发计划，包括学徒扩展计划、企业部门的工作机会和公共部门的职位扩大计划等；

③就业能力发展计划，包括工业化机会中心计划、集中性就业计划、工作激励计划和职位组合等。

通过这些计划，政府可以紧紧抓住劳动力资源配置中的两个环节，即青年劳动力由受教育到就业的转变和劳动力从旧职业、职位向新职业、职位的转变，提升他们的就业和再就业能力，以适应劳动力市场对劳动力需求的变化。

在现代市场经济条件下，劳动力市场的运行需要根据客观情况长期地、经常地实施经过调整的人力政策。近些年来，现代市场经济国家又不断赋予人力政策新的内容，概括起来主要有以下几个方面：

10.3.4.1 加大人力资本投资力度

对人力资本进行投资也就是政府通过职业技术能力开发计划，对劳动力重新教育和培训，把非熟练员工培训成有一定技术熟练程度的工人；把不适应职业空位要求的失业者培训成能够满足企业需要的劳动者，以缓解因劳动力供求结构失衡造成的失业问题。

近些年来，西方市场经济国家逐步加大了对职业培训的资金投入。很多国家还采取了一系列积极培训措施，以保证这些资金能最大限度地发挥作用。比如，瑞典曾实行培训社会化和市场化的机制。其具体做法是，国家拨付的职业培训经费由劳动部门所属的职业介绍中心掌握，职业介绍中心根据培训需要向社会培训机构购买培训课程，学员培训结束后由职业介绍中心介绍工作。这样既有利于促进培训质量的提高，也有利于促使培训与就业紧密结合，还大大减少了培训经费的管理层次与开支。

10.3.4.2 加强职业指导和职业介绍

职业指导和职业介绍是劳动力市场供求双方的桥梁。为此，各国政府都在加强职业指导，改进职业介绍方法，提高就业服务机构的工作效率；投入大量资金建立和完善劳动力市场信息网络，为劳动力市场供求双方提供迅速、准确、权威、完善的信息服务，以达到减少失业的目的。

在实施这些人力政策的过程中，大多数国家重视改进职业指导和职业介绍的方法，并逐步形成了一系列新思想、新方法。例如，对有技术业务专长的求职者，鼓励他们自己通过劳动力信息网络查询有关信息，直接与企业联系；对就业困难群体，包括长期失业者、残疾人、需要照顾儿童的妇女、年龄大的求职者和新进入劳动力市场的青年等提供特殊的职业介绍服务，对他们进行就业指导和障碍评估、提供空缺岗位信息、介绍应聘技巧等咨询服务，帮助他们恢复就业信心；职业介绍机构除提供日常的职业介绍服务外，还定期开展形式多样的职业介绍服务活动。

10.3.4.3 激励就业

激励就业的措施包括以下两种：

（1）鼓励失业者尽快实现再就业

为鼓励失业者尽快实现再就业，各国政府采取了各种各样的措施。如日本政府曾规定，失业者只要在享受失业保险给付的法定期限还剩一半以上的时间内找到可持续1年以上的工作，便可获得相当于30~120天的失业保险给付作为就业补助。法国曾规定，因经济裁员失业而要求6个月内再就业者，可不到就业中心登记求职，不领失业津贴，由失业保险管理机构发给相当于原工资80%的转业安置津贴。法国、瑞典等曾为鼓励失业者寻找工作，若失业者在领取失业津贴期间愿意接受一份比原来工作待遇差的工作，同时继续寻找更合适的岗位，便可继续领取失业津贴。

（2）鼓励企业雇用失业人员

为鼓励企业雇用失业人员，政府给予工资性补贴。如匈牙利曾规定，企业雇用失业人员超过6个月，或雇用待业青年超过3个月，并在同一期间不辞退类似岗位的工人，便可申请相应的工资补贴和有关社会保险费用补贴，数额不超过两项开支总额的50%，期限不超过1年。

10.3.4.4　实施创业就业计划

实施创业就业计划是指政府资助具备一定条件的失业者创办微型企业或小企业，以帮助他们实现自谋职业和吸纳他人就业。法国在实施创业就业计划方面搞得比较成功。其具体做法是：由失业者向省劳动局提出创办小企业计划，经评估获得申请资格后，由申办人自己先拿出一部分资金，政府则追加其拿出资金数额的1倍，然后银行根据这两笔资金的总数，为其提供1~2倍的低息贷款。

10.3.4.5　开发临时性就业岗位

开发临时性就业岗位是指开办一些市政基础工程项目或社区服务项目等临时性工作岗位，以安排失业者临时就业。由政府出面开办各种临时性就业岗位以安排困难失业群体临时就业，也是人力政策的部分有效措施。

党的二十大报告指出："实施就业优先战略。就业是最基本的民生。强化就业优先政策，健全就业促进机制，促进高质量充分就业。健全就业公共服务体系，完善重点群体就业支持体系，加强困难群体就业兜底帮扶。统筹城乡就业政策体系，破除妨碍劳动力、人才流动的体制和政策弊端，消除影响平等就业的不合理限制和就业歧视，使人人都有通过勤奋劳动实现自身发展的机会。健全终身职业技能培训制度，推动解决结构性就业矛盾。完善促进创业带动就业的保障制度，支持和规范发展新就业形态。健全劳动法律法规，完善劳动关系协商协调机制，完善劳动者权益保障制度，加强灵活就业和新就业形态劳动者权益保障。"

第10章拓展阅读　面向老龄化社会的大龄劳动者就业促进政策：国际经验与国内启示

学思践悟

实施就业优先战略 促进高质量充分就业

党的二十大报告在其第九部分“增进民生福祉，提高人民生活品质”中，用一整段的篇幅专门阐述“实施就业优先战略”，并将健全就业公共服务体系、统筹城乡就业政策体系、健全终身职业技能培训制度、完善促进创业带动就业的保障制度，以及完善劳动者权益保障制度等作为实施就业优先战略的主要工作抓手。这是党中央再一次将就业优先战略放在关乎国计民生发展大局的中心位置。所谓就业优先发展战略，就是要把促进就业放在经济社会发展的优先位置，作为经济社会发展的优先目标。中国就业优先战略的提出，在世界劳动就业发展史上算得上浓墨重彩的一笔。我国在21世纪初基本确立了就业优先战略，直接推动了我国劳动经济事业的蓬勃发展。目前，就业优先战略已经深入人心，在新时代，就业优先战略又被赋予了新的内涵。

一、就业优先战略的确立

2002年中共中央、国务院发布《关于进一步做好下岗失业人员再就业工作的通知》，2005年国务院发布《关于进一步加强就业再就业工作的通知》，是就业优先战略开始确立的阶段。2007年，党的十七大提出坚持实施积极的就业政策，实现社会就业更加充分的奋斗目标；同年，第十届全国人民代表大会常务委员会第二十九次会议通过《中华人民共和国就业促进法》。2008年，国务院发布《关于做好促进就业工作的通知》，基本确立了就业优先战略。2011年，实施就业优先战略被写入《国民经济和社会发展第十二个五年规划纲要》，标志着就业优先战略的正式确立。党的十八大以来，中央政府更加重视就业工作，2014—2022年的《国务院政府工作报告都对“就业优先”多有着墨，并且部署呈现与时俱进、逐年升级的趋向。党的十九大报告尤其明确指出，在中国特色社会主义新时代，“就业是最大的民生。要坚持就业优先战略和积极就业政策，实现更高质量和更充分就业”。2019年，中央政府首次将就业优先政策置于宏观政策层面，旨在强化各方面重视就业，就业政策与财政政策、货币政策共同成为宏观政策逆周期调节的主要工具，为经济平稳运行创造条件。

就业优先战略是基于我国基本国情的选择，有着深刻的经济转型和社会转轨背景。一方面，就业是最基本的民生，就业稳，则民心安、社会稳。实施就业优先战略，促进高质量充分就业，是维护社会和谐、夯实我们党执政之基的必然要求，是适应我国基本国情和发展阶段的必然选择，是推进经济高质量发展的重要措施，是保障和改善民生的根本举措。另一方面，自2008年全球金融危机以来，随着我国经济步入新常态，劳动力市场面临经济“换档升级”的挑战，就业的总量压力与结构性矛盾将在长期内存在，这也决定了我国必须实施就业优先战略。

二、新时代就业优先战略的新内涵

党的十八大以来，中国特色社会主义进入新时代，全国人民踏上了向第二个百年奋斗目标挺进的新征程，迎来了迈向高质量发展和中国式现代化的新阶段。在此背景下，党的二十大报告提出“促进高质量充分就业”的目标要求，这是党中央牢牢把握我国发展的阶段性特征对就业工作作出的重大战略部署。高质量充分就业有两层含义：一是就业水平高，也就是实现与经济中高速增长相适应的稳定、充分的就业水平；二是就业质量高，表现为更高的劳动生产率和收入水平、更强的工作稳定性、更好的工作生活平衡、更广阔的技能提升与职业发展空间等，从而使劳动者有更强的获得感、幸福感和安全感。高质量充分就业是我国高质量发展的重要组成部分，也是实现中国式现代化的最主要标志。面对这一全新目标，就业优先战略被赋予了新的时代内涵与现实意义。

实施就业优先战略、促进高质量充分就业是全面贯彻习近平新时代中国特色社会主义思想的必然要求。习近平新时代中国特色社会主义思想内涵丰富、博大精深、系统完整，其最鲜明的特征就是“以人民为中心”。坚持以人民为中心是我国经济发展的根本立场，增进民生福祉是发展的根本目的。就业是最基本的民生，是人民的最基本的需要和需求，是人民最关心、最直接、最现实的利益问题。要坚持经济发展就业导向，实施就业优先战略和积极就业政策，千方百计稳定和扩大就业，实现更高质量和更充分就业。

实施就业优先战略、促进高质量充分就业是推进中国式现代化的应有之义。没有高质量充分就业就不是中国式现代化，不实施就业优先战略就不能有效促进高质量充分就业。中国式现代化是人口规模巨大的现代化；要在十四亿多人口的基础上实现高质量充分就业，艰巨性和复杂性前所未有，但势在必行。中国式现代化是全体人民共同富裕的现代化；就业既是全体人民通过勤劳智慧实现共同富裕的基本前提，也是通过勤劳创新致富来解决社会收入分配两极分化的根本路径。中国式现代化是物质文明和精神文明相协调的现代化；就业作为现代社会经济的基本特征，既是物质富足的根本来源，也是精神富有的本来内涵和实践基础。

实施就业优先战略、促进高质量充分就业是解决我国经济社会主要矛盾、构建新发展格局的必由之路。我国社会主要矛盾已经转化为人民日益增长的美好生活需要和不平衡不充分的发展之间的矛盾。党的二十大报告提出，我国“发展不平衡不充分问题仍然突出，推进高质量发展还有许多卡点瓶颈”，具体到劳动就业领域，则表现为劳动力技能供需不匹配、“就业难”与“招工难”并存、初次分配中劳动报酬比例偏低、收入分配差距较大、劳动力市场城乡二元分割、农民工劳动经济权益保障有待提升，等等。实施就业优先战略是对我国在就业领域中社会主要矛盾的直接回应。通过完善劳动力市场制度、健全就业公共服务体系、加强面向现代化产业体系的劳动者技能提升，促进高质量充分就业，进而促进共同富裕、做强做大国内市场。这不仅是满足人民群众美好生活向往的根本举措，也是畅通国民经济循环、构建新发展格局的必由之路。

三、面向高质量充分就业的就业优先战略实施路径

强化就业优先导向，就是要把就业摆在经济社会发展和宏观政策优先位置，将就业优先融入稳增长、促改革、调结构、惠民生、防风险等经济社会发展的各个领域，贯穿到制定各种区域发展战略、产业发展规划、公共投资项目等各个环节。围绕党的二十大报告的工作部署，就业优先战略应从创造劳动力需求、促进劳动力供给、优化劳动力供需匹配、强化劳动经济权益保障等方面入手，构建综合性就业政策体系。

创造更多优质的劳动力需求是实施就业优先战略的重中之重。

首先，要构建高水平社会主义市场经济体制，优化民营企业发展环境，支持小微企业发展，充分发挥民营企业特别是小微企业对就业的拉动作用，以促进创业带动就业。

其次，要坚持把发展经济的着力点放在实体经济上，加快现代化产业体系建设，推动战略性新兴产业集群发展，培育新的经济增长点，创造更多优质劳动力需求。

最后，要加强宏观经济政策的就业支持导向。2020年以来，我国经济发展面临需求收缩、供给冲击、预期转弱三重压力，经济发展环境的复杂性、严峻性、不确定性增强。为此，我国在实行积极的财政与货币政策、稳住总需求基本盘的同时，通过增值税留抵退税、房租减免、贷款延期还本付息、加大普惠小微贷款支持力度等政策组合，为企业纾困解难。

促进更加有效的劳动力供给是实施就业优先战略的核心要求。当前我国就业的主要矛盾逐渐从劳动力总量供大于求的矛盾逐渐转向劳动力技能供需不匹配的结构性矛盾。只有从供给端发力，立足技能人才短缺的系统性问题补短板，健全终身职业技能培训以及配套的技能人才使用、评价、选拔、激励等方面的制度体系，才能解决新形势下人力资本数量与质量不足的问题。学校教育更加着眼于认知能力、非认知能力和学习能力等软技能的培养，更加重视科学、技术、工程和数学等基础学科建设；要瞄准技术变革和产业优化升级的方向，推进产教融合、校企合作，促进教育链、人才链与产业链、创新链有效衔接，加快构建现代职业教育体系。

推进更加优化的劳动力市场匹配是实施就业优先战略的强效之举。

首先，完善社会主义市场经济制度，充分发挥劳动力市场在人力资源配置中的决定性作用，打造有利于劳动力流动的市场环境，是优化劳动力供需匹配的治本之策。

其次，着力打造覆盖全民、贯穿全程、辐射全域、便捷高效的全方位就业公共服务体系，加强需求驱动的就业指导。

最后，挖掘数字技术赋能劳动力市场匹配机制，充分利用大数据、人工智能、区块链等新兴数字技术，实现智能化的岗位信息推送、人才信息推荐、求职信息甄别、职业发展咨询，降低工作搜寻成本，提升人职匹配效率。

强化劳动经济权益保障既是就业优先战略的重要内容，又是发展的目的所在。

首先，要进一步完善有关基本劳动标准的法律、法规，创新工会体制机制与工作方式，推进工资集体协商与员工民主参与，构建和谐劳动关系。

其次，应逐步打破劳动力市场的城乡二元分割，构建更加公平普惠的社会保障与公共服务体系，弥补广大农民工群体的“体面劳动赤字”。

最后，要强化对新就业形态从业者的权益保障，补齐新就业形态从业者的劳动权益保护和社会保障的制度和法律短板。目前，我国已经启动了多个新就业形态就业人员职业伤害保障试点，相关法律规章和制度也正在逐步完善，以更好发挥新就业形态在经济下行压力加大背景下稳就业的作用。

资料来源：

[1] 杨伟国. 实施就业优先战略 促进高质量充分就业 [J]. 教学与研究，2023 (2)：28-36.

[2] 纪韶. 强调就业优先就是强化财政等宏观政策支持导向 [EB/OL]. (2022-10-31) [2023-09-08]. https://baijiahao.baidu.com/s?id=1748199793603587172&wfr=spider&for=pc.

本章小结

现实中的劳动力市场是不完善的市场，因此必然要求政府通过一系列行政的、法律的、经济的手段对市场运行进行全面系统的干预和调节，以稳定劳动力市场运行状况。

政府支出包括公共部门的工资支出和非工资支出，都对劳动力市场产生影响。政府的非工资支出包括政府采购、转移支付及补贴。政府购买产品或服务将导致对特定类型私人部门劳动力需求的增加；转移支付和补贴会引起对特定劳动力的需求，而对劳动力供给将产生正、负两方面的影响。

当劳动力供给完全无弹性时，员工承担全部个人所得税，个人所得税不影响市场均衡工资率和就业量。当劳动力供给有弹性时，员工和雇主共同承担个人所得税，个人所得税将导致劳动力供给量减少，工资率提高，就业量下降。

从表面上看，雇主负担全部的社会保障税，实际上员工以工资和就业水平的降低为代价在部分地承担社会保障税。

最低工资立法覆盖整个劳动力市场，可能导致失业增加；最低工资立法未完全覆盖整个劳动力市场，将导致覆盖部门的就业量减少，未覆盖部门的就业量增加，工资率下降。此外，最低工资立法将导致劳动力资源配置错位。

劳动力市场正常、稳定地发挥其劳动力资源配置的基础性作用，必须依赖一定的制度结构。劳动力市场的制度结构是市场竞争的重要条件。劳动力市场的制度结构包括最低劳动标准、最低社会保障和工会。

现实的劳动力市场是不稳定的，缺乏自动调节、自行恢复稳定均衡的功能，因此，有必要通过市场以外的制约手段和政策措施，如劳动力市场的制度结构，来防止劳动力供给曲线向右下方无限制地发散。

政府对就业和收入的宏观调控政策包括：①财政政策，如改变政府购买水平、转移支付水平、税率；②货币政策，如调节法定存款准备金率、调整贴现率、公开市场业务；③收入政策，如工资-物价指导、工资-物价管制；④人力政策，如加大人力资本投资力度、加强职业指导和职业介绍、激励就业、实施创业就业计划、开发临时性就业岗位。

关键术语

工会　财政政策　货币政策　收入政策　人力政策

基本训练

一、简答题

1. 征收个人所得税对劳动力市场有何影响？
2. 画图说明劳动力供给弹性和需求弹性对雇主转移社会保障税的影响。
3. 什么是最低工资？如何确定最低工资标准？
4. 在不稳定的劳动力市场中，劳动力市场的制度结构是如何起作用的？
5. 财政政策、货币政策、收入政策和人力政策的适用条件各有何不同？
6. 人力政策包括哪些内容？

二、案例分析题

美国的最低工资立法

制定最低工资法是政府干预劳动力市场的最普遍的形式。早在1938年美国联邦政府制定通过的《公平劳动标准法》中就规定了最低工资标准，当时每小时的最低工资标准为25美分。以后以货币形式表示的最低工资逐渐提高，1956年每小时为1美元，1965年为1.6美元，1979年为2.94美元，1981年为3.35美元，1991年为

4.25美元。1996年8月2日，美国国会通过一个法案：提高从1991年4月以来实行的每小时4.25美元的最低工资标准，从1996年10月1日起最低工资标准上升为每小时4.75美元，从1997年9月1日起提升至每小时5.15美元。截至2020年12月，美国的最低工资由2007年5月制定的《公平最低工资法》确定，每小时为7.25美元。

最低工资除了数量不断提高外，其覆盖面也不断扩大。最初的最低工资法主要适用于女工和未成年工人，但该法屡经修改，其适用范围和对象不断扩大，现约覆盖了全部非管理人员的90%以上。

资料来源：

[1] 伊兰伯格，史密斯. 现代劳动经济学——理论与公共政策 [M]. 刘昕，译. 10版. 北京：中国人民大学出版社，2011：99-100.

[2] 杨欣. 美国最低工资制度的发展及启示 [J]. 改革与战略，2012，28 (2)：175-178.

[3] 佚名. Minimum wage-federal [EB/OL]. [2020-12-28]. https://wageindicator.org/salary/minimum-wage/united-states-of-america/6950-federal.

思考题：

(1) 为什么美国政府不断提高最低工资标准?

(2) 提高最低工资标准、扩大最低工资立法的覆盖面对劳动力市场有何影响?

第 11 章　劳动关系

学习目标

通过本章的学习，你应该能够：

1. 理解劳动关系的内涵及调整机制。
2. 学会分析中国的劳动关系现状及趋势。

11.1　劳动关系及其调整

11.1.1　劳动关系的内涵

一般而言，劳动关系是指劳动者与劳动力使用者以及相关组织为实现劳动过程所构成的社会经济关系。劳动者行为总是在一定的劳动关系之中发生的，或者说，劳动者之间总是以一定的身份，在一定的社会关系背景下发生联系。劳动者身份与社会关系背景主要来自两个方面：一是产权；二是劳动分工。由产权因素决定的社会关系被称为劳资关系、工业关系、产业关系；由劳动分工决定的社会关系被称为业缘关系。劳资关系和业缘关系统称为劳动关系，这是广义上的劳动关系，狭义上的劳动关系仅指劳资关系。业缘关系是以职业为纽带而产生的一种人际关系，如上下级关系、同事关系、师徒关系和主客关系等，属劳动社会学的研究范畴。劳动经济学研究劳动关系中的劳资关系。

11.1.2　劳动关系的调整机制

劳动关系的调整机制大致包括劳动立法调整、企业内部调整、劳动争议处理和劳动监察等。

发达市场经济国家经过多年的实践和发展，在劳动关系的调整方面已形成了一整套制度化、法治化的综合体系。在这一体系中，三方协商是劳动关系的基本格局；集体协商制度和产业民主化反映了构成劳动关系的两个主体——员工和雇主的自行协商，这是劳动关系调整机制的基础环节；劳动立法、劳动争议处理以及劳动监察主要反映了在市场经济条件下政府对劳动关系的调整和规范。

11.1.2.1 三方协商机制

三方协商机制是市场经济国家或地区调整劳动关系的一项基本制度，是政府、雇主组织和工会就与劳动关系相关的社会经济政策、劳动立法以及劳动争议处理等问题进行沟通、协商、谈判和合作的原则与制度的总称。其中，政府代表国家，雇主组织代表雇主，工会代表员工。三方协商机制的实质是在不同利益的三方之间实行三方权利分享、协商、增进了解、求得共识。

从目前的社会效果来看，三方协商机制的作用还是比较显著的，可以概括为：

第一，能够涉及并解决单个基层经济组织劳资双方无力解决但又为其所关注的一些宏观劳动问题。从这个意义来说，三方协商机制能将劳动关系的调整范围，从各类基层经济组织扩大到整个产业社会的领域。显然，这对社会政治经济的平稳发展具有积极的意义。

第二，有助于政府向雇主组织和工会两大不同利益群体宣传自己的政策主张并赢得它们的支持。

第三，在一定程度上缓和了劳资矛盾，保护了员工的一些权利，这对提高员工的劳动积极性是很有好处的。

但是应当指出的是，三方协商机制的真正运作还必须依赖以下因素：

第一，雇主组织和员工组织相互合作的意愿；

第二，双方代表各自团体自由发表各自意见的权利；

第三，政府与社会团体分享决策权的意愿；

第四，各方对三方协商机制的正确理解和共识。

在我国，随着社会主义市场经济体制的逐步建立，正在建立符合我国国情并与国际惯例接轨的、多层次的劳动关系三方协商机制。2001年8月，原劳动和社会保障部、中华全国总工会、中国企业家协会/中国企业家协会建立了国家级三方协商机制，并于2002年8月联合发布《关于建立健全劳动关系三方协调机制的指导意见》。目前，我国23个省、5个自治区、4个直辖市都建立了省级三方协商机制，大部分地级市也已建立市级三方协商机制。三方协商机制在促进全国及地方劳动法规的颁布与实施、最低工资标准的确定与调整、劳动争议的调解与仲裁、行业或区域性集体协商等方面发挥了越来越大的积极作用。中国的三方协商机制要充分发挥作用，还需要做到雇主组织与工会组织定位准确、权责明确，需要进一步使协商机制法治化等。

11.1.2.2 劳动立法调整

现代劳动立法源于19世纪的工厂立法。第二次世界大战以后，劳动立法的效力范围进一步扩大，内容更趋全面，形成了一个完整的体系。各国的劳动立法普遍贯穿了共同的基本原则，即劳动保护原则、三方协商机制和国际劳动标准原则。用立法形式确定劳动标准，保护员工利益，调整劳动关系，使劳动关系领域的几个重要方面受到国家法律规范的制约与调整，在一定程度上保证了劳动关系运行的有序化、规范化。

各国政府通过制定一系列法律和规章制度对劳动关系进行协调。例如，美国劳动法分为两大部分：

一是劳动关系法，是对员工结社、集体谈判双方职能及集体谈判的程序进行规范的立法，如《美国国家劳资关系法》；

二是劳动实体法，是有关工资、工时和其他雇用条件等集体谈判主题事项的各种法规之总和，如《公平劳动标准法》《1946年就业法》《社会保障法》《限制雇用童工法》《职业安全卫生法》等。

中国也形成了一整套由《劳动法》《中华人民共和国劳动合同法》和各种劳动法规组成的独立的法律规范，对劳动关系进行调整，如《工会法》《集体合同规定》《国务院关于职工工作时间的规定》《最低工资规定》《女职工劳动保护特别规定》《中华人民共和国职业病防治法》《失业保险条例》《社会保险费征缴暂行条例》《中华人民共和国劳动合同法实施条例》《中华人民共和国社会保险法》《中华人民共和国就业促进法》《中华人民共和国劳动争议调解仲裁法》《劳动保障监察条例》等。上述法律和法规的实施进一步规范了当代中国劳动者和用人单位之间的劳动关系。

11.1.2.3 企业内部调整

在市场经济国家，企业内部协调劳动关系的机制主要包括集体协商制度和产业民主化。

（1）集体协商制度

其包含集体谈判和集体合同的内容，还包括劳动关系双方经常性的、多层次的、内容广泛的相互协商。团体交涉比较正规、严肃，但气氛不好，一旦破裂，就容易发生争议。集体协商则比较灵活，气氛融洽，有缓冲的余地。它可以在多层次开展，如在车间、分厂、总厂。协商的内容可以从日常生活到企业经营活动，无所不包。这种经常进行交流、沟通式的协商，是融洽、稳定的劳动关系的重要保证。

目前，集体谈判制度是国外市场经济国家对日常劳资关系问题，特别是利益划分问题进行经常性调整的一项重要制度。集体谈判是员工代表与经营者代表之间就双方建立劳动关系所涉及的各项条件进行谈判，以签订集体合同或集体协议。近些年来，随着员工参与权的扩大，集体谈判的内容也有所增加，有的已包括企业人事和投资等问题。但是由于企业自主权的扩大和参与国际市场竞争的需要，越来越多的企业不再采用行业集体合同，而是根据本企业的具体情况签订企业集体合同，这代表和反映了集体谈判由行业级向企业级发展的趋势。

集体谈判权对员工和工会来说是一项很重要的权利，它可以维护员工的合法权益。另外，随着谈判内容的扩大，它也成为实现员工参与权的一种方式。实践表明，集体谈判这种较为缓和的、非直接对抗性的方式，相当有效地缓解了劳资之间的矛盾，减少了劳动争议，在一定程度上维护了社会和经济秩序的稳定。

在我国，按照建立社会主义市场经济体制和现代企业制度的要求，客观上要求强化劳动合同管理制度，推进集体合同和集体协商制度。劳动合同是劳动者个人与企业之间就具体劳动关系、权利、义务所签订的协议。集体合同制度有助于克服劳动者一方与企业在订立劳动合同的过程中相对弱势的缺陷。集体合同是由工会组织代表本企业或者本行业的全体员工，就劳动报酬、工作时间、休息休假、劳动安全卫生、保险福利等事项，与企业经协商签订的书面协议。由工会作为劳动者的代表，与企业签订集体合同，可以从整体上维护劳动者的合法权益，发挥工会在稳定劳动关系中的作用，也为社会主义市场经济条件下协调劳动关系建立了一种新的机制。

（2）产业民主化

这是指员工参与权的获得与发展。它的显著特征是企业员工在一定范围内参与资本构成、管理决策和利润分配。分享权利、分享利润、尊重人格构成产业民主化的三大原则。

现代市场经济国家的工会组织把员工参与管理和劳动过程人性化作为产业民主化的目标。在产业民主化的运动过程中，承认生产是在员工控制下的物资组合，员工是整个生产的主人，因此在法律中承认并规定员工参与管理的权利，是保护人格发展的强制手段。

在现代市场经济国家中，实现产业民主化的途径各不相同，有的通过集体谈判，有的通过加入董事会、监事会、工厂委员会来争取共决权。概括来说，产业民主化的基本实践形式主要有：

① 员工参加董事会、监事会和管理委员会；

② 通过工厂委员会或其他类型的专门机构，员工依照合同规定参加企业咨询或管理活动；

③ 通过员工大会，实行企业自治或企业民主管理；

④ 通过车间、班组的自我管理小组，直接参与本小组的生产管理活动；

⑤ 共决合同制，即雇主与工会依据法律规定，通过谈判决定共决的内容、范围，签订“共决合同”，实现员工的民主参与。

由于社会化大生产的内在特性，所有权、经营权相分离是必然趋势，员工参与管理已成为客观现实，并且技术进步导致大批裁员，因此，实行产业民主化也就成了必然选择，它有利于缓和劳资矛盾，使政府、雇主和工会间寻求更大范围的合作。

11.1.2.4 劳动争议处理

通过处理劳动争议和不当劳动行为案件来调整劳动关系，是各国普遍采用的一种比较成熟的调整劳动关系的机制。对劳动争议进行处理，可以纠正劳动关系中的偏差行为，有利于维护劳动关系双方当事人的各项权益。

劳动争议是指劳动法律关系双方当事人关于劳动权利和劳动义务的争执和纠纷，其产生的根本原因是劳动关系双方的利益冲突。它是劳动关系处于不协调或不平衡状态的表现，不论其具体表现形式如何，都会对社会稳定、经济发展产生不良影响。因此，对以劳动争议形式出现的劳资纠纷进行处理，成为调整劳动关系的一个重要方面。

以下具体介绍我国的劳动争议处理。《劳动法》规定，我国目前的劳动争议处理机构为劳动争议调解委员会、劳动争议仲裁委员会和人民法院。这是解决劳动争议的3个现实的渠道。我国劳动争议处理遵循以下原则：①着重调解、及时处理；②在查清事实的基础上，依法处理；③当事人适用法律上一律平等。

（1）通过劳动争议调解委员会进行调解

《劳动法》规定，在用人单位内部可以设立劳动争议调解委员会，它由职工代表、用人单位代表、工会代表三方组成。在企业中，职工代表由职工代表大会推举产生；用人单位代表由厂长（经理）指定；工会代表由企业工会委员会指定。劳动争议调解委员会组成人员的具体人数由职工代表大会提出并与厂长（经理）协商确定，用人单位代表的人数不得超过劳动争议调解委员会成员人数的1/3。劳动争议调解委员会主任由用人单位工会代表担任，其办事机构设在用人单位工会委员会。

劳动争议调解委员会所进行的调解活动是我国劳动争议处理的一个独立的程序，是群众自我管理、自我教育的活动，具有群众性、非诉讼性和非强制性的特点。劳动争议调解委员会调解劳动争议遵循自愿、尊重当事人申请仲裁和诉讼权利的原则。调解的步骤如下：

① 申请：劳动争议当事人以口头或书面方式向本单位劳动争议调解委员会提出调解的请求，是自愿申请。

② 受理：劳动争议调解委员会接到当事人的调解申请后，经过审查，决定接受申请。

③ 调查：进行深入调查研究，了解情况，掌握证据材料，弄清争议的原委，确定调解争议的法律、政策依据等。

④ 调解：劳动争议调解委员会召开准备会，统一认识，提出调解意见；找双方当事人谈话；召开调解会议。

⑤ 制作调解协议书：经过调解，双方达成协议，即由劳动争议调解委员会制作调解协议书。

（2）通过劳动争议仲裁委员会进行仲裁

劳动争议仲裁委员会是依法成立的、独立行使劳动争议仲裁权的机构。它以市、市辖区、县为单位，负责处理本地区发生的劳动争议。

劳动争议仲裁委员会由劳动行政主管部门、同级工会、用人单位三方代表组成，劳动争议仲裁委员会主任由劳动行政主管部门的负责人担任。劳动行政主管部门的劳动争议处理机构为劳动争议仲裁委员会的办事机构，负责办理仲裁委员会的日常事务。劳动争议仲裁委员会是一个带有司法性质的特别行政执行机关，其生效的仲裁决定书和调解书具有法律强制力。劳动争议仲裁遵循以下原则：一次裁决原则、合议原则、强制原则、回避原则以及区分举证责任原则。

劳动争议仲裁一般分为以下步骤：受理案件阶段、调查取证阶段、调解阶段、裁决阶段、执行阶段。

（3）通过人民法院处理劳动争议

人民法院并不处理所有的劳动争议，只处理如下范围的劳动争议案件：

① 争议事项范围：因履行和解除劳动合同发生的争议；因执行国家有关工资、保险福利、培训、劳动保护的规定发生的争议；法律规定由人民法院处理的其他劳动争议。

② 企业范围：国有企业；县（区）属以上城镇集体所有制企业；乡镇企业；私营企业；外商投资企业。

③ 职工范围：与上述企业形成劳动关系的劳动者；经劳动行政机关批准录用并已签订劳动合同的临时工、季节工、农民工；依据有关法律、法规的规定，可以参照处理的其他职工。

人民法院受理劳动争议案件的条件是：

① 劳动关系当事人间的劳动争议，必须先经过劳动争议仲裁委员会仲裁。

② 必须在接到仲裁决定书之日起15日内向人民法院起诉，超过15日不予受理。

③ 属于受诉人民法院管辖。

11.1.2.5 劳动监察

劳动监察的任务主要有：

第一，监督劳动保护立法的贯彻执行。监察员通过提供技术知识，有权建议雇主实施有关劳动条件的法律规定；如果雇主无理拒绝，他可以依据事实向主管单位正式建议采取法律措施。

第二，协调劳资关系，促进生产和经济发展。监察员一般比较熟悉劳资双方纠纷的原因，因而能对症下药，使劳资双方找到一种双方都能接受的办法，以协调劳资关系。

劳动监察是劳动关系调整工作的“监控器”，能够及时纠正违法行为，维护劳动关系双方的合法权益，化解潜在的劳动争议。它不限于职业安全卫生方面的监督检查，而是对所有劳动关系基准政策和劳动合同执行情况的全面监察，可以在一定程度上减轻劳动争议处理工作的压力，还能为宏观预警系统提供多方面、多层次的劳动关系情报资料；一旦发现劳动关系中存在不稳定、不和谐的隐患，就采取有力措施予以排除。因此，劳动监察是调整劳动关系的重要基础。

劳动监察的主要内容是：

第一，社会劳务中介机构、社会培训机构遵守有关规定的情况；

第二，劳动合同的订立和履行情况；

第三，单位招聘员工的行为；

第四，劳动者的工作时间和休息休假等情况；

第五，企业遵守工资宏观调控规定的情况；

第六，单位支付员工工资情况；

第七，国有企业经营者的收入情况；

第八，用人单位和劳动者缴纳社会保险情况；

第九，社会保险金给付情况；

第十，用人单位遵守员工福利规定的情况；

第十一，用人单位和劳动者遵守职业技能开发规定的情况；

第十二，社会职业技能考核鉴定机构对劳动者职业技能考核鉴定及发给证书情况；

第十三，承办境外承包工程，对外劳务合作，公民、个人出境就业的机构维护境外就业人员合法权益的情况等。

在西方国家，劳动监察制度是劳动监察机构代表国家行使劳动监察职权，采取强制性措施保证各项劳动法律、法规实施的劳动法律制度。劳动监察的主体是政府，其特点是独立于劳资关系之外，以第三方的立场落实国家的劳动政策并监督法律的执行。第二次世界大战后，在劳动监察方面，雇主组织和员工组织参与劳动监察并对实施劳动法的情况进行监督极为普遍，但这并没有改变政府对劳动监察权的控制。

在中国，劳动监察是指由县级以上人民政府劳动行政部门，代表国家对用人单位遵守劳动法律、法规、规章的情况进行监督检查，并对违法行为予以制止、矫正和处罚的一种行政执法制度。劳动监察是一种专业性的行政执法，在保证劳动法律、法规的贯彻执行方面，有着与其他部门和群众监督不同的作用，因此它是《劳动法》监督检查体系中最主要的一种制度。

11.2 中国劳动关系的现状及发展趋势

我国坚持走中国特色社会主义道路，并且劳动力市场经历了由计划经济逐步向市场经济转轨的长期过程，因此中国的劳动关系呈现出许多与西方市场经济国家的劳动关系不同的特点。

11.2.1 计划经济向社会主义市场经济转变过程中的劳动关系

11.2.1.1 总体状况

向社会主义市场经济体制过渡是一种经济变革，在劳动关系方面，由计划经济体制下被异化为政治化和行政化的劳动关系，逐步转变为社会主义市场经济体制下的利益化和市场化的劳动关系。劳动关系从计划经济体制下的行政权归属关系，恢复为一种以不同产权主体之间的经济利益为基础的社会关系。同时，劳动关系从计划经济体制下以社会共同利益为出发点来实现利益关系，转变为以不同产权主体之间互利互惠、体现不同的利益差异为出发点来安排利益关系。

劳动关系的经济性质和制度的变化，集中表现为劳动关系的两个主体的产权从不被承认到被承认，从不明晰到明晰，并由此引起劳动关系在建立、运行和调整过程中的一系列变化。劳动关系在这个变化过程中最显著之处在于：一方面，计划经济体制逐渐退出劳动关系运行的舞台，留下许多空当，但其惯性并不能马上消除；另一方面，市场经济体制逐渐进入劳动关系运行的舞台，但填补空当和完善过程尚需假以时日。

在产权不明晰或不完全明晰的条件下，劳动关系运行的市场化程度较低。劳动关系运行的市场化程度是指劳动关系在建立、运行和调整过程中市场机制的渗透和调节作用的大小。在劳动关系双方的产权不明晰的条件下，市场机制对劳动关系的渗透和调节必然遇到许多障碍，国有企业更是如此。其具体表现在企业内部的人力资源配置上，由于各种客观条件的制约，仍未能真正按生产需要来灵活吞吐劳动力，大量不需要或不适应生产技术要求的劳动力不能分离出去，形成大量的富余人员，产生中国特有的“过度就业”或“隐性失业”问题。在工资分配上，虽然劳动力供求变动、居民消费价格指数对工资水平的确定有越来越大的决定作用，但远未能形成依照市场工资来确定企业工资的市场工资运行机制。

11.2.1.2 工会状况

中国的工会经历了从革命到建设、从作为推翻旧的社会制度的革命力量到探索社会主义市场经济体制下中国工会工作新道路的发展过程。中华人民共和国成立后，工会把组织和动员职工参加国家建设作为第一要务。1950年6月29日，毛泽东主席签发中央人民政府令，颁布实施《工会法》，规定了中国工会的性质是工人阶级自愿结合的群众组织。1953年，中国工会制定了“以生产为中心，生产、生活、教育三位一体”的工会工作方针。这种工会体制在组织群众性生产运动中曾经发挥过积极作用，但它忽视了工会在劳动关系协调中的特殊地位和作用，无法有效解决工人群众迫切需要解决的实际问题。与当时高度集中的计划经济体制相适应，中国工会实行的是一套自上而下的行政化管理体制，即中华全国总工会作为各地方总工会和各产业工会全国组织的领导机关，各地基层工会、地方各级总工会、全国或者地方产业工会组织的建立，必须报上一级工会批准，其工作也受上一级工会的指导。

随着我国由计划经济体制向社会主义市场经济体制过渡，企业与劳动者之间逐步形成市场经济意义上的劳动关系，中国工会也面临着由组织、动员职工参与生产活动向维护、争取劳动者权益的角色转变。

1992年颁布的《工会法》规定："工会在维护全国人民总体利益的同时，维护职工的合法权益。"2001年，《工会法》进行了第一次修正，明确规定："中华全国总工会及其各工会组织代表职工的利益，依法维护职工的合法权益。"2009年，《工会法》第二次修正，强调："维护职工合法权益是工会的基本职责。"2021年，第三次修正的《工会法》进一步申明："维护职工合法权益，竭诚服务职工群众是工会的基本职责。"经过《工会法》的数次修正与工会工作实践的持续改进，我国企业建会率与劳动者入会率持续提高，工会在推进劳动法规的完善、工资集体协商、劳动争议调解、为劳动者提供困难帮扶与社会服务方面的作用不断增强。

然而，不容否认的是，我国工会尚未完全适应劳动关系市场化所需的角色转变。一方面，根据《工会法》的规定，工会除了维护职工的合法权益之外，还兼具"参与管理国家事务、管理经济和文化事业、管理社会事务"等政治职能，并且有义务协助企业恢复秩序和发展生产，动员和组织职工"积极参加经济建设，努力完成生产任务和工作任务"等。这使得当工会面临职工、企业与地方政府的利益发生冲突的情况时，工会面临多重角色定位的掣肘。另一方面，对于基层的企业工会而言，其活动经费和工作场所均由企业提供，很多企业工会的专职干部就是企业的高层管理者，这使得工会成为企业的附属机构，无法真正代表职工的利益。

2008年以来，我国经济下行压力增加，"去产能""去杠杆"以及产业转型升级等供给侧结构性改革持续推进，就业形势趋于严峻，劳动关系矛盾呈多发态势。在此背景下，工会在调节劳动关系、收入分配中的特殊作用再次引起党中央和社会各界的高度关注。2013年中共十八届三中全会通过了《中共中央关于全面深化改革若干重大问题的决定》，提出"健全工资决定和正常增长机制，完善最低工资和工资支付保障制度，完善企业工资集体协商制度"，从而明确了新时期工会工作的重点。2015年11月，习近平总书记亲自主持召开中央全面深化改革领导小组[①]第十八次会议，通过了《全国总工会改革试点方案》，提出工会改革的重点在两方面：在工作作风上去除"机关化、行政化、贵族化、娱乐化"；在身份上增强"政治性、先进性、群众性"。这就是所谓的去"四化"、增"三性"，从而为工会更好地履行工作职责所需的体制机制和工作方式改革指明了方向。学者普遍同意，要切实发挥工会在调节劳动关系与收入分配中的重要作用，我国工会需要回归其作为劳动者的

① 2018年3月改为中央全面深化改革委员会。

利益代表与权益谈判者的身份定位，推进基层工会干部由企业职工民主选举，增强工会的代表性与独立性，加强工会干部的专业化与职业化建设，“自下而上”地发展行业工会，推动行业集体协商等。

11.2.2 中国劳动关系的发展趋势

随着社会主义市场经济体制日趋成熟，产权制度日益健全，劳动力市场制度不断规范，劳动关系双方的产权更加明晰。这使得我国当前的劳动关系与计划经济时期以及从计划经济向市场经济过渡时期的劳动关系存在重大区别，具体而言呈现出以下特征：

第一，劳动关系当事人双方的经济利益关系完全是由社会主义劳动法律规范和保障的产权主体之间的交易关系。企业追求和维持劳动力配置的自主性和灵活性、劳动效率和经济收益不断提高。劳动者追求通过劳动力使用权让渡取得报酬最大化，争取各种权益（包括经济、社会方面的）的全面保障。

第二，劳动关系当事人双方的经济合同规范和约束力强。合同的签订自愿平等；合同的内容全面而合理；合同的形式既有个人合同，也有集体合同；合同内容的变动必须在平等的基础上通过双方的协商、谈判来进行，毁约一方必须承担经济责任和社会责任。

第三，劳动关系的运行由市场机制引导和调节。劳动力的配置、就业条件和劳动条件的确定及相互关系的处理，主要通过劳动力市场机制来引导和调节。

第四，劳动关系由系统化的劳动法律体系来全面规范。产权明晰的劳动关系不仅要由劳动法律制度规范双方的产权关系、规范双方（尤其劳动者一方）的其他一系列权益，还必须由劳动法律制度规范劳动关系从建立、运行到调整等整个过程的行为，使劳动关系成为真正的劳动法律关系的具体表现。

第五，政府作为劳动关系两个主体之外的第三方，建立专门的监督、管理机构，运用经济机制和行政机构，对劳动关系的建立、运行和调整实行管理和监督，保证劳动关系和谐、稳定发展，创造社会安定的良好环境，促进国民经济和国民福利的持续增长。

第六，劳动者的劳动力产权明晰之后，劳动者除了运用法律手段保障自身的权益之外，还将寻求集体组织的形式，以强大的集体力量达到与企业力量的平衡。相比于西方发达国家，我国的集体劳动关系调整尚处于起步阶段。它要求工会进一步实现独立化和自主化，以法律为依据代表劳动者集体与企业在各种权益的争议和协调过程中进行谈判、协商，使劳动关系在协调中求发展。

总之，随着我国劳动力市场制度的逐步完善，我国的劳动关系治理正逐步向着法治化、规范化与参与主体多元化的方向发展。然而，由于我国处于经济社会转型时期，劳动关系的主体及其利益诉求日益多元化，劳动关系矛盾已进入凸显期和多发期，这为我国的劳动关系治理创新提出了新的要求。在此背景下，党的十八大明确提出构建和谐劳动关系。2015年3月21日，中共中央、国务院颁布《关于构建和谐劳动关系的意见》，为新时期我国的劳动关系治理指明了方向与路线。该意见指出，在坚持“以人为本”“依法构建”“共建共享”“改革创新”的原则下，“加强调整劳动关系的法律、体制、制度、机制和能力建设”，“实现劳动用工更加规范，职工工资合理增长，劳动条件不断改善，职工安全健康得到切实保障，社会保险全面覆盖，人文关怀日益加强，有效预防和化解劳动关系矛盾，建立规范有序、公正合理、互利共赢、和谐稳定的劳动关系”。2017年，党的十九大重申：“完善政府、工会、企业共同参与的协商协调机制，更好发挥政府的调节作用，构建和谐劳动关系。”这要求我国从劳动关系协调机制（劳动合同制度、集体协商和集体合同制度、协调劳动关系三方机制）、企业民主管理（职工代表大会制度、厂务公开制度、职工董事监事制度）、劳动关系矛盾调处机制（劳动保障监察制度、劳动争议调解仲裁机制、劳动关系群体性事件预防和应急处置机制）等方面，进行全方位的制度建设与创新。

第11章拓展阅读　“网约工作平台”带来的机遇与挑战

学思践悟

构建社会主义和谐劳动关系，让广大劳动者实现体面劳动

自20世纪80年代以来，随着世界经济全球化、数字化与劳动力市场自由化的不断深入，全球劳工面临着非正规就业比例提高、社会保障及议价能力弱化、收入分配差距扩大、技术性失业风险增加等诸多严峻挑战。作为对现实的回应，国际劳工组织（ILO）于1999年提出了“体面劳动”（decent work）的概念。在1999年ILO召开的第87届国际劳工大会上，国际劳工局局长胡安·索马维亚（Juan Somavia）在其向大会提交的主题报告中，提出“国际劳工组织当今的首要目标是促进人们在自由、平等、安全和保障人格尊严的条件下，无论男女均能获得体面的、生产性的工作机会”，并将“促进工作中的权利”“就业”“社会保护”“社会对话”作为推动体面劳动议程的四个战略目标。

“体面劳动”是国际劳工界对经济全球化打破劳资均衡态势、挑战劳动世界的有力回应，反映了不同社会制度下各国劳动者的普遍需求，因而一经提出即受到联合国及各国政府、工会、企业界与学界的广泛关注与积极响应。2005年9月，在联合国召开的世界首脑峰会对体面劳动成为全球目标这一愿景给予了强烈支持，并将体面劳动作为联合国系统推动实现的千年发展目标之一。2004年5月，ILO开始正式制订“体面劳动国别计划”（decent work country program），推动体面劳动在世界各国实现的政策议程。目前，已有超过110个国家加入了体面劳动国别计划。

尽管学界对体面劳动的内涵与评价指标尚未达成一致，但普遍认为体面劳动包含收入水平、社会保障、就业机会、工作稳定性、民主参与权利以及劳动保护和职业安全等多个方面。实现体面劳动与我国构建社会主义和谐劳动关系，实现更加充分、更高质量的发展目标高度契合。早在2001年5月，原中国劳动和社会保障部就与国际劳工组织就体面劳动议程签署合作谅解备忘录，开启了体面劳动在中国的实践过程；2007年4月，原中国劳动和社会保障部、中国企业联合会、中华全国总工会与国际劳工组织北京局签署了《中国体面劳动国别计划》（Decent Work Country Program in China）。习近平总书记多次公开强调要构建社会主义和谐劳动关系，让广大劳动者实现体面劳动。2015年4月28日，习近平总书记在庆祝五一国际劳动节暨表彰全国劳动模范和先进工作者大会上提出：“党和国家要实施积极的就业政策，创造更多就业岗位，改善就业环境，提高就业质量，不断增加劳动者特别是一线劳动者劳动报酬。要建立健全党和政府主导的维护群众权益机制，抓住劳动就业、技能培训、收入分配、社会保障、安全卫生等问题，关注一线职工、农民工、困难职工等群体，完善制度，排除阻碍劳动者参与发展、分享发展成果的障碍，努力让劳动者实现体面劳动、全面发展。”2016年4月26日，习近平在知识分子、劳动模范、青年代表座谈会上提出：“要切实维护广大劳动群众合法权益，帮助广大劳动群众排忧解难，积极构建和谐劳动关系。”党的二十大报告进一步提出：“健全劳动法律法规，完善劳动关系协商协调机制，完善劳动者权益保障制度，加强灵活就业和新就业形态劳动者权益保障。”

体面劳动不仅本身就是发展的目的与“美好生活”的重要组成部分，还被大量研究证实在促进其他社会经济与企业发展目标方面具有重要工具性价值。在宏观层面，体面劳动与劳动力市场稳定性和经济总体竞争力互促互进；在微观层面，体面劳动或者与其密切联系的主观感知对员工敬业度、组织承诺、工作绩效乃至创新行为具有显著的促进作用。让广大劳动者实现体面劳动，是实现党的十九大报告提出的“建设知识型、技能型、创新型劳动者大军，弘扬劳模精神和工匠精神，营造劳动光荣的社会风尚和精益求精的敬业风气”的前提条件，也是实现“更加充分、更高质量的就业”，进而转向效率、创新驱动型增长方式的必由之路。

资料来源：

[1] 林燕玲. 体面劳动——世界与中国 [M]. 北京：中国工人出版社，2012.

[2] 刘盾，徐岩. 职业能力与体面劳动——理论·测度·实践 [M]. 北京：北京交通大学出版社，2019.

本章小结

劳资关系来源于产权，是劳动力所有者——员工和资本所有者——雇主之间的关系。在劳动关系调整体系中，三方协商是劳动关系的基本格局；集体协商制度和产业民主化反映了构成劳动关系的两个主体——员工和雇主的自行协商，这是劳动关系调整机制的基础环节；劳动立法调整、劳动争议处理以及劳动监察主要反映了市场经济条件下政府对劳动关系的调整和规范。

在计划经济体制下，劳动关系被异化为行政隶属关系。在向社会主义市场经济体制转变后，中国的劳动关系逐渐协调发展，工会组织也有所创新。

关键术语

劳动关系　三方协商机制　集体协商制度　产业民主化

基本训练

1. 什么是劳动关系？其广义内涵和狭义内涵有何不同？
2. 劳动关系有哪些调整机制？
3. 比较计划经济体制下和社会主义市场经济体制下工会作用的异同。
4. 我国劳动关系和工会组织的发展前景如何？

中英文名词对照

罢工	strike
边际成本	marginal cost
边际生产率	marginal productivity
充分就业	full employment
动态均衡	dynamic equilibrium
多维劳动力市场	multi-dimensional labor market
菲利普斯曲线	Phillips Curve
个人劳动力供给曲线	individual labor supply curve
工会	labor union
工资差别	wage disparity
工资刚性	wage rigidity
工资形式	wage form
工资指导线	wage guideline
雇佣成本	employment cost
规范分析	normative analysis
规模效应	scale effect
宏观调控	macro-regulation
机会成本	opportunity cost
基尼系数	Gini Coefficient
集体谈判	collective bargaining
计件工资	piece wage
计时工资	time wage
技术性失业	technological unemployment
季节性失业	seasonal unemployment
结构性失业	structural unemployment
静态均衡	static equilibrium
就业	employment
就业水平	employment level
均衡	equilibrium

均衡工资率	equilibrium wage rate
劳动关系	labor relationship
劳动合同	labor contract
劳动经济学	labor economics
劳动力	labor force
劳动力参与率	labor force participation rate
劳动力短缺	labor shortage
劳动力供给	labor supply
劳动力供给弹性	labor supply elasticity
劳动力供给曲线	labor supply curve
劳动力过剩	labor surplus
劳动力人口	labor population
劳动力市场	labor market
劳动力市场均衡	equilibrium of labor market
劳动力需求	labor demand
劳动力需求弹性	labor demand elasticity
劳动力需求曲线	labor demand curve
劳动力再生产	reproduction of labor force
劳动立法	labor legislation
劳动能力	labor capacity
劳动社会学	labor sociology
劳动生产率	labor productivity
劳动争议	labor dispute
利润分享制	profit sharing system
名义工资	nominal wage
摩擦性失业	frictional unemployment
人力资本	human capital
人力资本投资	human capital investment
社会保险	social insurance
生命周期	life cycle
失业	unemployment
失业保险	unemployment insurance
失业率	unemployment rate
实际工资率	actual wage rate
实证分析	positive analysis
收入效应	income effect
替代效应	substitution effect

通货膨胀	inflation
投资报酬率	rate of return on investment
瓦尔拉斯均衡	Walrasian Equilibrium
无差异曲线	indifference curve
效用理论	utility theory
隐性失业	disguised unemployment
预期	expectation
在职培训	on-the-job training
政府干预	government intervention
职位空缺	job vacancy
职业培训	vocational training
周期性失业	cyclical unemployment
蛛网理论	Cobweb Theory
自然失业率	natural unemployment rate
最低工资	minimum wage

主要参考文献

［1］斯密．国民财富的性质和原因的研究（上册）［M］．郭大力，王亚南，译．北京：商务印书馆，1972.

［2］李嘉图．政治经济学及赋税原理［M］．郭大力，王亚南，译．北京：商务印书馆，1976.

［3］伊万诺夫，麦奇科夫斯基．劳动经济学［M］．袁伦渠，劳保忠，刘学忠，等译．北京：生活·读书·新知三联书店，1981.

［4］贝克尔．人力资本［M］．梁小民，译．北京：北京大学出版社，1987.

［5］岛田晴雄．劳动经济学［M］．杨河清，王守志，等译．北京：北京经济学院出版社，1989.

［6］凯恩斯．就业、利息和货币通论［M］．高鸿业，译．北京：商务印书馆，1999.

［7］桑普斯福特，桑纳托斯．劳动经济学前沿问题［M］．卢昌崇，王询，译．北京：中国税务出版社，2000.

［8］伊兰伯格，史密斯．现代劳动经济学——理论与公共政策［M］．刘昕，译．10版．北京：中国人民大学出版社，2011.

［9］傅康生．现代劳动经济学［M］．北京：中国商业出版社，1993.

［10］董克用，潘功胜．西方劳动经济学教程［M］．北京：中国劳动出版社，1995.

［11］陈秉权．中国工会的改革与建设（1984—1993）［M］．北京：中国工人出版社，1996.

［12］华民．公共经济学教程［M］．上海：复旦大学出版社，1996.

［13］宋晓梧．中国人力资源开发与就业［M］．北京：中国劳动出版社，1997.

［14］卢福财，周小亮．人力资源经济学［M］．北京：经济管理出版社，1997.

［15］赵士廉，袁伦渠，唐治凤．劳动经济学教程［M］．成都：西南交通大学出版社，1997.

［16］黄少军，何华权．政府经济学［M］．北京：中国经济出版社，1998.

［17］赵履宽，杨体仁，姚先国，等．劳动经济学［M］．北京：中国劳动出版社，1998.

[18] 张德远. 西方劳动经济学 [M]. 上海: 上海财经大学出版社, 1999.

[19] 蒋晓光. 西方劳动经济学简论 [M]. 北京: 中国铁道出版社, 1999.

[20] 李建民. 人力资本通论 [M]. 上海: 上海三联书店, 1999.

[21] 刘延平. 宏观经济学 [M]. 北京: 中国铁道出版社, 1999.

[22] 林玳玳, 叶龙. 人力资源开发与管理 [M]. 北京: 中国铁道出版社, 2000.

[23] 王裕国, 陈爱民. 中国劳动力市场与就业问题 [M]. 成都: 西南财经大学出版社, 2000.

[24] 温海池. 劳动经济学 [M]. 天津: 南开大学出版社, 2000.

[25] 姚开建, 雷达. 新经济 [M]. 北京: 中国经济出版社, 2000.

[26] 张抗私, 周鹏, 姜广东. 当代劳动经济学 [M]. 北京: 经济科学出版社, 2000.

[27] 陆铭. 劳动经济学——当代经济体制的视角 [M]. 上海: 复旦大学出版社, 2002.

[28] 汪祥春, 夏德仁. 西方经济学 [M]. 2版. 大连: 东北财经大学出版社, 2003.

[29] 蒋选. 我国中长期失业问题研究——以产业结构变动为主线 [M]. 北京: 中国人民大学出版社, 2004.

[30] 袁方, 姚裕群. 劳动社会学 [M]. 2版. 北京: 中国劳动社会保障出版社, 2004.

[31] 宋承先, 许强. 现代西方经济学: 微观经济学 [M]. 3版. 上海: 复旦大学出版社, 2005.

[32] 杨燕绥. 劳动和社会保障法 [M]. 北京: 中国劳动社会保障出版社, 2005.

[33] 姚裕群. 走向市场的中国就业 [M]. 北京: 中国人民大学出版社, 2005.

[34] 王守志. 劳动经济学 [M]. 北京: 中国劳动社会保障出版社, 2006.

[35] 章昌裕. 西方经济学原理 [M]. 北京: 清华大学出版社, 2007.

[36] 常凯. 中国劳动关系报告——当代中国劳动关系的特点和趋向 [M]. 北京: 中国劳动社会保障出版社, 2009.

[37] 文魁, 杨宜勇, 杨河清. 中国人力资源和社会保障发展研究报告 [M]. 北京: 中国劳动社会保障出版社, 2009.

[38] 李建民. 中国劳动力市场、前景、问题与对策 [M]. 天津: 南开大学出版社, 2010.

[39] 林嘉. 劳动法和社会保障法 [M]. 4版. 北京: 中国人民大学出版社, 2016.

[40] 孙光德, 董克用. 社会保障概论 [M]. 6版. 北京: 中国人民大学出版社, 2019.

[41] 曾湘泉. 劳动经济学 [M]. 3版. 上海: 复旦大学出版社, 2019.